国内外经典教材辅导系列·心理类

林崇德《发展心理学》

（第3版）

笔记和典型题（含考研真题）详解

主编：圣才考研网

www.100xuexi.com

中国石化出版社

内 容 提 要

本书是林崇德主编的《发展心理学》(第3版)的学习辅导书。本书遵循该教材的章目编排,共分11章,每章由两部分组成:第一部分为复习笔记,总结本章的重难点内容;第二部分是典型题(含考研真题)详解,精选部分与教材相关的典型习题及参考价值较高的考研真题(含全国统考和高校自主命题),并提供详细解答。

圣才考研网(www.100xuexi.com)提供林崇德《发展心理学》电子书、题库。购买本书享受大礼包增值服务【本书电子书+配套题库(手机版、电脑版)】。手机扫码(本书封底)领取本书大礼包。

图书在版编目(CIP)数据

林崇德《发展心理学》(第3版)笔记和典型题(含考研真题)详解/圣才考研网主编.—北京:中国石化出版社,2021.7
国内外经典教材辅导系列·心理类
ISBN 978-7-5114-6384-5

Ⅰ.①林… Ⅱ.①圣… Ⅲ.①发展心理学-研究生-入学考试-自学参考资料 Ⅳ.①B844

中国版本图书馆CIP数据核字(2021)第142802号

中国石化出版社出版发行

地址:北京市东城区安定门外大街58号
邮编:100011 电话:(010)57512500
发行部电话:(010)57512575
http://www.sinopec-press.com
E-mail:press@sinopec.com
武汉市盛宏源印务有限公司印刷
全国各地新华书店经销
*
787×1092毫米 16开本 11.75印张 289千字
2021年12月第1版 2021年12月第1次印刷
定价:55.00元

序　言

我国各大院校一般都把国内外通用的权威教科书作为本科生和研究生学习专业课程的参考教材，这些教材甚至被很多考试(特别是硕士和博士入学考试)和培训项目作为指定参考书。为了帮助读者更好地学习专业课，我们有针对性地编著了一套与国内外教材配套的复习资料，并提供配套的名师讲堂、电子书和题库。

林崇德主编的《发展心理学》(第3版)是我国高校采用较多的心理学经典教材。作为该教材的配套辅导书，本书具有以下几个方面的特点：

1. 整理名校笔记，浓缩内容精华

每章的复习笔记以林崇德主编的《发展心理学》(第3版)为主并结合其他心理学教材对本章的重难点知识进行了整理，并参考了国内名校名师讲授《发展心理学》的课堂笔记，因此，本书的内容几乎浓缩了经典教材的知识精华。

2. 解析典型习题，巩固重点知识

本书精选部分与林崇德《发展心理学》(第3版)相关的典型习题，并进行了详细的分析和解答，对相关重要知识点做了一定的延伸和拓展。

3. 精选考研真题，培养应试能力

为了强化对重要知识点的理解，本书精选部分参考价值较高的考研真题(含全国统考和高校自主命题)，并提供详细解答。这些题目基本体现了各个章节的热点和难点。

要深深牢记：第一，目前，部分高校研究生院往往会给考研专业课的复习指定一些参考书目，作为备考考生，这些参考书目无疑是最重要的复习对象，但是，研究生入学考试作为一种筛选具有科研潜力的人才的选拔性考试，这一属性决定考生仅仅把对专业知识的了解与掌握拘囿于一、两本参考书目是远远不够的，必须是对该专业的学术体系有一个整体性的了解，基于此，本书对笔记的编写和题目的选择融合了整个学科的重要资源，而不是只以一本教材作为依据。第二，考研不同一般考试，概念题(名词解释)要当作简答题来回答，简答题要当作论述题来解答，而论述题的答案要像是论文，有的论述题的答案简直就是一份优秀的论文(其实很多考研真题就是选自一篇专题论文)，完全需要当作论文来回答。总之，答得多不扣分，答得少则可能漏掉采分点！

购买本书享受大礼包增值服务。手机扫码(本书封底)领取本书大礼包。具体包括：①本书电子书；②配套题库(手机版、电脑版)。

圣才考研网(www.100xuexi.com)是圣才学习网旗下的考研考博专业网站，提供全国各高校教育类专业考研考博辅导班、电子书、题库、全套资料(历年真题及答案、笔记讲义等)、国内外经典教材名师讲堂、考研教辅图书等。

考研辅导：kaoyan.100xuexi.com(圣才考研网)

资格考试：www.100xuexi.com(圣才学习网)

圣才考研网编辑部

目 录

第1章　绪　论

1.1　复习笔记

【知识框架(庖丁解牛)】

- 绪论
  - 发展心理学的界说
    - 心理学与发展心理学
    - 种系心理发展与个体心理发展
    - 发展心理学的研究内容
  - 发展心理学的变迁
    - 科学儿童心理学的诞生和演变
    - 从儿童发展到个体毕生全程发展的研究
    - 发展心理研究的中国化
  - 发展心理学的进展与展望
    - 发展心理学的进展
    - 对发展心理学的展望

【考点归纳(游刃有余)】

考点一、发展心理学的界说

1. 心理学与发展心理学

(1)心理学

表1－1　心理学

要点	具体内容
心理学	是研究心理活动和行为表现的一门科学
心理活动	是指人在实践活动和生活活动中，与周围的环境发生交互作用，必然产生的主观活动和行为表现
心理现象	是指人的心理过程(认知过程、情感过程、意志过程)和人格(不同的人在能力、气质、性格、兴趣、动机和价值观等方面会表现出差异)
心理科学的特殊性	①人的行为受到心理活动的支配和调节。 ②人的心理非常复杂，甚至可以有意识地掩盖自己的某些心理活动。 ③人的心理可以被研究

(2)发展心理学

表1－2　发展心理学

要点	具体内容
定义	①广义：是研究种系和个体心理发生与发展的科学。 ②狭义：是研究个体毕生心理发展特点和规律的科学

续表

要点	具体内容
个体心理发展的年龄特征	①两个主要部分 a. 人的认知过程发展的年龄特征。 b. 人的社会性发展的年龄特征。 ②四个有关方面 a. 心理发展的社会生活条件和教育条件。 b. 生理因素的发展。 c. 动作和活动的发展。 d. 言语的发展

2. 种系心理发展与个体心理发展

(1)种系心理发展

表1-3 种系心理发展

要点	具体内容
阶段	可分为刺激感应性阶段、感觉阶段、知觉阶段、思维萌芽阶段
特点	①人类的心理是有意识的心理。 ②人类的心理是社会性的心理。 ③人类的心理是有语言功能的心理

(2)个体心理发展

表1-4 个体心理发展

要点	具体内容
定义	是指人类个体从出生到成熟再到衰老的过程中心理发生发展的历史
特点	既是个体自身发展成熟的过程，又是一个社会化的过程

3. 发展心理学的研究内容

表1-5 发展心理学的研究内容

要点	具体内容
关于人类发展基本原理或规律的争论	①人类心理与行为是先天的还是后天的。 ②人类对于环境是主动的还是被动的。 ③人类心理发展是分阶段的还是连续的，是量变还是量变和质变的统一。 ④人类心理发展是普遍的还是特殊的，是多样的还是固定的。 ⑤发展的终点是开放的(发展变化能持续下去)还是有最终目标的
年龄特征的研究	①个体心理的年龄特征和年龄有联系的，但又不是完全由时间决定的。它是心理发展的各个阶段中形成的一般特征、典型特征或本质特征。 ②在一定的条件下，心理发展的年龄特征既是相对稳定的，同时又可以随着社会生活和教育条件等文化背景的改变而有一定程度的可变性。 ③心理现象是复杂的，既指心理整体的综合发展，又指各种心理现象的发展

考点二、发展心理学的变迁

1. 科学儿童心理学的诞生和演变

表1－6 科学儿童心理学的诞生和演变

要点	具体内容
科学儿童心理学的诞生	1882年，德国生理学家和实验心理学家普莱尔出版的《儿童心理》一书，是第一部科学的、系统的儿童心理学著作，标志着科学儿童心理学的诞生
儿童心理学的演变	①准备期：19世纪后期之前。 ②形时期：从1882年至第一次世界大战。 ③分化发展期：两次世界大战之间。 ④演变增新期：二战之后

2. 从儿童发展到个体毕生全程发展的研究

表1－7 从儿童发展到个体毕生全程发展的研究

要点		具体内容
霍尔		①将儿童心理学研究扩大到青春期。 ②最早正式研究老年心理
精神分析学派	荣格	最早对成年期心理发展进行研究
	埃里克森	将弗洛伊德划分到青春期的年龄阶段扩充到老年期
发展心理学的问世	霍林沃思	出版世界第一部发展心理学著作《发展心理学概论》(1927)，展开对人的心理发展全貌的研究
	古迪纳夫	出版更科学与系统的《发展心理学》(1935)
	巴尔特斯	提出毕生发展研究的六条基本原则

3. 发展心理研究的中国化

(1)以中国人为研究对象。
(2)选择性地摄取外国理论。
(3)形成中国式的理论体系。

考点三、发展心理学的进展与展望

1. 发展心理学的进展

表1－8 发展心理学的进展

要点	具体内容
研究体制进展	①新的交叉学科不断出现。 ②研究范围向人生的两极延伸。 ③研究重点指向人类的具体实践领域
研究方法进展	①系统科学原理成为发展心理学研究的方法论基础。 ②发展心理学研究思路的生态化取向。

续表

要点	具体内容
研究方法进展	③重视聚合交叉研究。 ④研究方式的跨学科与跨文化特点。 ⑤研究方法的综合化与研究手段的现代化。 ⑥研究结果的数量化特征
理论进展	目前，美国《儿童心理学手册》(第七版，即2015年版)代表发展心理学的新进展

2. 对发展心理学的展望

(1)物质文明的发展使个体与环境之间的冲突加剧，这客观上为发展心理学的深化提出了挑战。

(2)未来发展心理学面临思维方式、研究方法、研究内容、整体化等方面的变革。

1.2 典型题(含考研真题)详解

一、单项选择题

1. 将发展心理学的研究范围扩展到生命全程的第一部标志性著作是(　　)。[统考2020年研]

A. 霍尔(G. S. Hall)的《衰老：人的后半生》

B. 霍林沃思(H. L. Hollingworth)的《发展心理学概论》

C. 古迪伊纳芙(F. L. Goodenough)《发展心理学》

D. 包尔特斯(P. B. Baltes)的《毕生发展与行为》

【答案】B

【解析】霍林沃思最先提出了要追求人的心理发展全貌，而不是满足于孤立地研究儿童心理，并于1927年出版了《发展心理学概论》一书。

2. 普莱尔(W. Preyer)奠定科学儿童心理学基石的代表作是(　　)。[统考2018年研]

A.《一个婴儿的传略》

B.《儿童心理》

C.《科学儿童心理学》

D.《儿童心理之研究》

【答案】B

【解析】德国生理学家和实验心理学家普莱尔是儿童心理学的创始人。他对自己的孩子从出生到3岁每天进行系统观察，有时也进行一些实验性的观察，最后把这些观察记录整理成一部有名的著作《儿童心理》，于1882年出版。这本书被公认是第一部科学的、系统的儿童心理学著作。

3. 下列不正确的是(　　)。[统考2012年研]

A. 荣格最先开展对个体毕生发展研究

B. 霍尔将儿童心理学研究范围扩大到青春期

C. 普莱尔出版《儿童心理学》，创立科学的儿童心理学

D. 皮亚杰以活动特点为标准将心理发展划分四个阶段

【答案】D

【解析】皮亚杰以儿童认知特点将儿童的发展划分四个阶段。即感知运算阶段、前运算阶段、具体运算阶段、形式运算阶段。

4. 根据布朗芬布伦纳(U. Bronfenbrenner)的生态系统理论，下列说法错误的是(　　)。[统考2011年研]

A. 微观系统指儿童直接接触的环境

B. 环境是动态的、不断变化的

C. 生态系统理论强调个体与环境的相互作用

D. 外层系统包括社会意识形态、法律、文化等

【答案】D

【解析】布朗芬布伦纳提出的生态系统理论，从内到外分别是：微观系统、中间系统、外层系统、宏观系统。最外层的宏观系统包含文化、亚文化和社会环境。布朗芬布伦纳提出的个体发展模型，强调发展个体嵌套于相互影响的一系列环境系统之中，在这些系统中，系统与个体相互作用并影响着个体发展。外层系统指的是那些儿童并未直接参与但却对他们的发展产生影响的系统。例如，父母的工作环境就是外层系统。

5. 艾里康宁和达维多夫划分儿童年龄阶段的标准是(　　)。

A. 生理发育　　B. 智力发展　　C. 个性特征　　D. 活动特点

【答案】D

【解析】根据以往资料，20世纪60年代以后，艾里康宁在维果茨基的思想基础上，借鉴列昂节夫的活动理论，系统地提出其儿童心理发展阶段论。他的学生达维多夫是这个理论的积极推崇者，并进一步发展了这个理论。艾里康宁和达维多夫分期的标准是儿童发展的主导活动。其儿童心理发展阶段论强调主导活动与儿童心理，特别是个性形成的一致性。因此答案选D。

6. 发展心理学研究包括两个主要部分，即(　　)。

A. 儿童心理和成人心理

B. 生理机制和心理现象

C. 思维发展和言语发展

D. 个体认知过程发展的年龄特征和社会性发展的年龄特征

【答案】D

【解析】发展心理学研究个体从受精卵开始到出生、成熟直至衰老的生命全程中心理发生发展的特点和规律。具体来说，发展心理学研究心理发展的年龄特征。这包括两个主要部分：①人的认知过程(智力活动)发展的年龄特征，包括感觉、知觉、记忆、思维、想象等；②社会性发展的年龄特征，包括兴趣、动机、情感、价值观、自我意识、能力、性格等。

7. 个体发展心理学的研究对象是(　　)。

A. 人生全过程各个年龄阶段的心理发展特点

B. 人生全过程各个年龄阶段的认知发展特点

C. 从动物到人的心理变化

D. 从幼儿到成人的心理变化

【答案】A

【解析】从广义上来说，发展心理学是研究种系和个体心理发生发展的科学。C 项，种系心理发展是指从动物到人类的心理演变过程。A 项，个体发展心理学则是对人生全过程各个年龄阶段的心理发展特点进行研究，以揭示现代人心理发展的规律。BD 两项，单研究认知发展特点或仅涉及从幼儿到成人的心理发展变化都不能够全面地说明个体心理发展过程。

8. 所谓种系心理发展指的是(　　)。

A. 从动物到人类的心理演变　　B. 从猿人到现代人的心理演变

C. 从胎儿到成年个体的心理演变　　D. 从原始社会到现代社会的心理演变

【答案】A

【解析】种系心理发展是指从动物到人类的心理演变过程，包括两个部分：①动物心理的进化过程，其主要受生物原理或生物规律的支配；②人类心理的进化过程，主要受社会原理或规律的支配。

9. 关于个体心理发展与种系心理发展关系的理论，最有代表性的是(　　)的复演说。

A. 霍尔　　B. 夸美纽斯　　C. 达尔文　　D. 普莱尔

【答案】A

【解析】霍尔采用了生物学上的复演学说来说明儿童心理的发展。在霍尔看来儿童在出生前的胎儿时期复演了动物的进化过程，如胎儿在一个阶段是有鳃裂的，这就复演了鱼类。儿童出生以后，心理的发展是人类进化过程的复演。

10. 将儿童心理学研究的年龄范围扩大到青春期的心理学家是(　　)。

A. 埃里克森　　B. 霍尔　　C. 荣格　　D. 柯林渥斯

【答案】B

【解析】1904 年，霍尔出版了《青少年：它的心理学及其与生理学、人类学、社会学、性、犯罪、宗教和教育的关系》，将儿童心理学研究的年龄范围从普莱尔的婴幼儿阶段扩展到青年期。

二、多项选择题

1. 20 世纪中期以后，儿童心理学进入了演变和增新的时期，其主要表现是(　　)。

A. 已有研究的深化

B. 新的研究领域的开拓

C. 心理发展机制的进一步探讨

D. 心理发展基本理论的增新以及研究方法的创新

【答案】ABCD

【解析】儿童心理学是研究儿童心理发生、发展的特点及其规律的发展心理学分支。自

19世纪末至20世纪初是儿童心理科学的形成和发展的时期。20世纪中期以后，儿童心理学的发展进入了演变和增新的时期，其主要表现是：①已有研究的深化；②新的研究领域的开拓；③心理发展机制的进一步探讨；④心理发展基本理论的增新以及研究方法的创新。

2. 下列说法正确的是(　　)。

A. 年龄是心理发展的一个维度

B. 心理发展的水平与年龄之间具有对应关系

C. 心理发展与年龄之间存在因果关系

D. 不同年龄阶段表现出不同的心理发展特征

【答案】ABD

【解析】发展心理学认为个体心理的年龄特征是心理发展的各个阶段中形成的一般特征，即普遍性，它和年龄是有联系的。因为年龄是时间的标志，代表一定的时期和阶段，一切发展都是和时间相联系的，但是它又不是完全由时间决定的，所以不存在因果关系。

3. 广义的发展心理学主要包括(　　)。

A. 个体发展心理学　　B. 认知心理学

C. 比较心理学　　D. 民族心理学

【答案】ACD

【解析】心理发展的含义有广义和狭义之分，从广义而言，心理发展包含：①心理的种系发展，又称为比较心理学或动物心理学；②心理的种族发展，又称为民族心理学；③个体心理发展，又称为个体发展心理学。狭义的发展心理学就是个体发展心理学。

三、名词解释

1. 心理发展的年龄特征[四川师范大学2015年研]

答：心理发展的年龄特征是指心理发展的各个阶段具有的一般特征、典型特征或本质特征。一般特征是指那些带有普遍性的特征，典型特征是指那些具有代表性的特征，本质特征是指某个阶段所特有的而其他阶段没有的特征。人的身心在生命进程中表现出量和质两方面的变化，既表现出连续性又表现出发展的阶段性。发展心理学正是研究各种心理活动的年龄特征，从各个年龄阶段的大量个别心理特征中，概括出心理发展的一般的、典型的或本质的特征，以此揭示各个年龄阶段心理发展的整体特征。研究心理发展的年龄特征范围，应包括人的认知过程(智力活动)的发展的年龄特征和社会性发展的年龄特征两个主要部分和心理发展的社会生活条件和教育条件、生理因素的发展动作、活动的发展和言语的发展四个有关方面。

2. 发展心理学

答：发展心理学是心理学的一个分支学科，有广义和狭义之分。广义的发展心理学是研究种系和个体心理发生与发展的科学。种系心理发展是指从动物到人类的心理演变过程。狭义的发展心理学就是个体发展心理学，是研究个体从受精卵开始到出生、成熟直至衰老的生命全程中心理发生、发展的特点和规律，即研究毕生心理发展特点和规律的科学。通常所说的发展心理学指狭义的发展心理学。它研究各种心理活动的年龄特征。具体地说，研究心理发展的年龄特征范围，应当包括两个主要部分和四个有关的方面。两个主要部分：一是人的认知过程(智力活动)发展的年龄特征，二是社会性发展的年龄特征。为了研究生命全程或个体毕生心理发展年龄特征的这两个主要部分，还必须结合研究四个方面的问题：一是心理发展的社会生活条件和教育条件；二是生理因素的发展；三是动作和活动的发展；四是言语的发展。

3. 社会化

答：社会化是个体掌握和积极再现社会经验、社会联系和社会关系的过程。社会化的过程正是在一定的社会环境中，个体在生理和心理两方面的发展而形成适应社会的人格，并掌握社会认可的行为方式的过程。社会化过程包括学习、适应、交流人类个体借以发展自己的社会属性、参与社会生活的一切过程。社会化过程是人类学会共同生活和彼此有效交互作用的过程，也是个体与社会环境交互作用的过程。

4. 年龄特征

答：年龄特征是指个体生理心理发展在各个年龄阶段表现出来的质的特征。人的身心在生命进程中表现出量和质两个方面的变化，且与年龄有密切联系，表现为连续性和阶段性。就心理发展的年龄阶段而言，在一定环境条件下，人从出生到死亡，一般经历婴儿期、幼儿期、童年期、青少年期、青年期(成年初期)、中年期(成年中期)、老年期(成年晚期)；就心理在一定年龄阶段中那些一般的、典型的、本质特征而言，各种心理现象发展的敏感期、关键期、成熟期、转折期，其实质就是各个阶段各种心理现象的质变年龄。心理特征与个体生理发展阶段有关系，但不完全是由年龄决定的。在一定条件下，心理发展的年龄特征既是相对稳定的，同时又可以随着社会生活和教育条件等文化背景的改变而变化。

四、简答题

简述西方儿童心理学产生和发展的基本历史过程。

答：科学儿童心理学产生于19世纪后半期。1882年，德国生理学家和实验心理学家普莱尔所著的《儿童心理》的出版，标志着科学儿童心理学的诞生。西方儿童心理学的产生、形成、演变和发展，可以分为四个阶段：

(1)西方儿童心理学形成的准备时期(19世纪之前)

在近代社会发展、近代自然科学发展、近代教育发展的推动下，经过许多科学家对儿童发展研究的促进，终于在19世纪后期诞生了科学的儿童心理学。

(2)西方儿童心理学形成时期(1882年~第一次世界大战)

在欧洲和美国出现了一批心理学家，开始用观察和实验的方法来研究儿童心理发展。此外，继普莱尔之后，有一些先驱者和开创者，如美国的霍尔、鲍德温、杜威、卡特尔，法国的比内，德国的施太伦等，都以他们各自的成就，为这门学科的建立和发展做出了贡献。

(3)西方儿童心理学的分化和发展时期(第一次世界大战~第二次世界大战)

由于整个心理学的发展，这一时期儿童心理学的研究和著作在数量和质量上都有了很大提高，出现了各种心理学流派，如精神分析、行为主义、格式塔学派等；一些著名心理学家也相继出现，如瑞士的皮亚杰、美国的格赛尔、奥地利的彪勒夫妇、法国的瓦龙等，说明儿童心理学已达到相当成熟的阶段。

(4)西方儿童心理学的演变和发展时期(第二次世界大战以后)

这种变化主要表现在两个方面：

①理论观点的演变。原来的学派，有的影响逐渐减小，如霍尔的复演说、施太伦的人格主义以及格式塔学派；有的则以新的姿态出现，如测量学派；有的学派在革新后，仍具有很强的势力，如新精神分析、新行为主义等。

②具体研究方法上的变化。特别是20世纪60年代以后，由于研究方法的不断现代化，发现了许多关于儿童发展的新事实，从而丰富了儿童心理学的理论。

五、综合分析题

1. 试述儿童心理学发展到发展心理学的演变趋势。[苏州大学2016年研]

答： 儿童心理学发展到发展心理学的演变趋势可归纳如下：

(1)儿童心理学的诞生

①《儿童心理》

1882年，德国生理学家和实验心理学家普莱尔出版的《儿童心理》一书，是第一部科学、系统的儿童心理学著作，标志着科学儿童心理学的诞生。它包括三部分：儿童感知的发展，儿童意志(或动作)的发展，儿童理智(或言语)的发展。《儿童心理》标志着科学儿童心理学的诞生。

②《儿童心理》的内容

a. 在《儿童心理》中，普莱尔肯定了儿童心理研究的可能性，并系统地研究了儿童心理发展。

b. 他比较正确地阐述了遗传、环境与教育在儿童心理发展上的作用，并旗帜鲜明地反对当时盛行的“白板说”。

c. 他运用了系统观察和儿童传记的方法，开展了比较研究，对比了儿童与动物的异同点，对比了儿童与成人，特别是有缺陷的成人在智力上的异同点。

③儿童心理学的奠基人

普莱尔的《儿童心理》问世的时间、目的和内容、方法和手段及影响这几个方面共同决定了他成为儿童心理学的奠基人。

a. 从时间上看

《儿童心理》一书于1882年出第一版，是儿童心理研究一类著作中较早出版的一本。

b. 从写作的目的和内容上看

普莱尔之前的学者，不完全是以儿童心理发展作为科学研究的课题。而普莱尔写书的目的是研究儿童心理的特点，即对儿童的体质发育和心理发展分别加以专门的研究，他也是从这一角度来展开研究内容的。因此，从一开始《儿童心理》就是以儿童心理学的完整体系出现的。

c. 从研究方法和手段上看

普莱尔对其孩子从出生起直到3岁，不仅每天进行系统观察，也进行心理实验。这些方法中有霍尔强调的使用反应时间、心理程序和证明感知觉之间关系的内省法，即科学心理学的实验研究。

d. 从影响上看

《儿童心理》一问世，就受到国际心理学界的重视，各国心理学家都把它看成是儿童心理学最早的经典著作，儿童心理学研究也随之蓬勃地开展起来。

(2)儿童心理学的发展过程

西方儿童心理学的产生、形成、演变和发展，大致可分为四个阶段：

①准备时期

19世纪后期之前为准备时期。在近代社会发展、近代自然科学发展、近代教育发展的推动下，经过许多科学家对儿童的研究，终于在19世纪后期诞生了科学的儿童心理学。

②形成时期

从1882年至第一次世界大战，是西方儿童心理学形成时期。在欧洲和美国出现一批心理学家，开始用观察和实验方法来研究儿童心理发展。普莱尔是最杰出的奠基人。继普莱尔之后，美国的霍尔、鲍德温、杜威、卡特尔，法国的比奈和德国的施太伦等开拓者，都为这门科学的建立和发展，做出了各自的贡献。

③分化和发展时期

两次世界大战之间，是西方儿童心理学的分化和发展时期。由于整个心理学的发展，儿童心理学研究工作和著作在数量和质量上都有了飞速发展。儿童心理学理论受到了各种心理学流派，如精神分析、行为主义、"格式塔"心理学的影响，出现了各种心理学家，如瑞士的皮亚杰、美国的格赛尔、奥地利的彪勒夫妇和法国的瓦龙等。儿童心理学达到比较成熟的阶段。

④演变和增新时期

二战之后，是西方儿童心理学的演变和增新时期。主要表现为两个方面：理论观点的演变和具体研究工作上的演变。

(3)儿童心理学到发展心理学有一个演变的过程

①霍尔将儿童心理学研究的年龄范围扩大到青春期

a.《青少年：它的心理学及其与生理学、人类学、社会学、性、犯罪、宗教和教育的关系》

霍尔出版了《青少年：它的心理学及其与生理学、人类学、社会学、性、犯罪、宗教和教育的关系》，确定了儿童心理学研究的年龄范围，即儿童心理学研究儿童从出生到成熟各个阶段心理发展的特征。

b.《衰老：人的后半生》

霍尔也是最早正式研究老年心理的心理学家，他于1922年出版了《衰老：人的后半生》，但他没有明确提出心理学要研究个体一生全程的发展。

②精神分析学派对个体一生全程的发展率先做了研究

荣格是最早对成年期心理发展进行研究的心理学家。荣格对个体全程发展，特别是对成年期心理发展的研究始于20世纪20年代，形成理论于30年代。荣格的发展观主要涉及三个方面：提出前半生与后半生分期的观点；重视"中年危机"；论述老年心理。在荣格研究的基础上，埃里克森将精神分析创始人弗洛伊德划分到青春期的年龄阶段扩充到老年期。

③发展心理学的问世及研究

a. 美国心理学家霍林沃思最先提出要追求人的心理发展全貌，并于1927年出版了《发展心理学概论》一书，这是世界上第一部发展心理学著作。

b. 美国《心理学年鉴》用“发展心理学”代替了惯用的“儿童心理学”作章名。此后，西方心理学家对发展心理学开展了较深入的研究，特别是对成人的心理发展做了有创新意义的研究。在研究的基础上，西方发达国家发表和出版了大量毕生发展或生命全程发展心理学的论文和著作。

c. 西方发达国家发表和出版了大量的毕生发展或生命全程发展心理学的论文和著作。有影响的毕生发展心理学家是巴尔特斯，他提出毕生发展研究的六条基本原则：

第一，发展与人的毕生相伴。

第二，发展的过程是一个有得有失的过程。

第三，生物学与文化的影响在毕生发展中会有所变化。

第四，发展涉及资源配置的变化。

第五，发展具有可塑性。

第六，发展会受历史－文化环境的影响。

2. 什么是“遗传与环境之争”？［南京师范大学2014年研］

答：(1)从科学心理学创建以来，关于遗传与环境的争论就开始了，直到现在仍未休止，其争论大体经历了三个时期。

①第一个时期

心理学家们对遗传、环境所持的观点是非此即彼的绝对的二分法。

②第二个时期

遗传、环境两者缺一不可，开始注意到遗传、环境都是人类心理发展必不可少的条件，关注的重心转移到分析各自在发展起多少作用。

③第三个时期

遗传、环境相辅相成，相互制约，探究的重心又转移到“如何起作用”，分析两者复杂的相互制约关系。

(2)绝对决定论

争论的双方对遗传、环境所持的观点是完全对立的，要么认为心理发展完全是由遗传决定的，即遗传决定论；要么认为完全是由环境决定的，即环境决定论。

①遗传决定论

极度强调遗传在心理发展中的作用，认为个体的发展及其个性品质早在遗传的基因中就决定了，只是这些内在因素的自然展开，环境与教育仅仅起一个引发的作用。优生学的创始人——英国的高尔顿是遗传决定论的鼻祖。

②环境决定论

认为儿童心理的发展完全是受环境影响的，遗传在这儿没有其立足之地，由此片面地强调和机械地对待环境教育的作用。其典型代表是行为主义的创始人——华生。华生认为行为主义的目的在于客观明了地通过已知刺激预言反应，反过来，通过已知反应亦能推断先行的刺激，完全无视有机体本身的内在条件。所以他的行为主义就是典型的S-R说。

(3)二元论

随着研究的深入，极端的遗传决定论和极端的环境决定论逐渐失去其影响力，许多事实证明，儿童心理的发展不可能没有遗传的作用，也不可能没有环境的作用，于是争论进入了二元论时期，这是一种折中主义的发展观，二元论的代表人物是德国心理学家斯特恩和美国心理学家格塞尔。

(4)相互作用论

相互作用论的观点是现在心理学家们普遍承认的观点。它摒弃了绝对决定论的极端、片面，改变了二元论的孤立、机械，以一种辩证的观点来看待遗传与环境的辩证关系。其代表人物皮亚杰认为遗传与环境是相互依存、相互制约、缺一不可的，即一种因素作用的大小、性质都依赖于另一种因素，它们之间不是简单地相加或调和。

第 2 章　发展心理学理论

2.1　复习笔记

【知识框架(庖丁解牛)】

- 发展心理学理论
  - 精神分析的心理发展观
    - 弗洛伊德的发展心理学理论
    - 埃里克森的心理发展观
  - 行为主义的心理发展观
  - 维果茨基的心理发展观
  - 皮亚杰的心理发展观
    - 皮亚杰的发展心理学理论
    - 新皮亚杰主义的简述
  - 朱智贤的心理发展观
    - 探讨心理发展的基本理论问题
    - 强调用系统的观点研究心理学

【考点归纳(游刃有余)】

考点一、精神分析的心理发展观

1. 弗洛伊德的发展心理学理论

表 2-1　弗洛伊德的发展心理学理论

要点	具体内容	
人格理论及人格发展观	①驱力:“力比多”——人与生俱来就有性本能。 ②三种人格成分: a. 本我:遵循快乐原则。 b. 自我:遵循现实原则。 c. 超我:遵循道德原则	
心理发展阶段说	口唇期(0~1 岁)	本能需要的满足来自吸吮、咬和吞咽等口腔活动
	肛门期(1~3 岁)	本能需要的满足来自肛门或排便过程
	性器期(3~6 岁)	本能需要的满足来自玩弄性器官,此期男孩会经历“恋母情结”(俄狄浦斯情结),女孩经历“恋父情结”(厄勒克特拉情结)
	潜伏期(6~11 岁)	本能需要的满足来自外界、好奇心和知识满足,娱乐和运动等
	青春期(11~13 岁开始)	本能需要的满足来自两性关系

2. 埃里克森的心理发展观

表2-2 埃里克森的心理发展观

要点	具体内容	
婴儿期	出生~2岁	信任-不信任：一致性、连续性和同一性的经验导致信任感；不合适的、不一致的或消极的照料会产生不信任感
儿童早期	2~4岁	自主-羞愧/怀疑：有机会按自己的速度、自己的方式尝试技能导致自主感；过分受保护或缺乏支持会造成对控制自我或环境的能力发生怀疑
学前期(游戏期)	4~7岁	主动-内疚：自由地从事活动和运用言语表达新的认识导致主动感；限制活动或父母不对儿童的看法与问题做出反应可导致内疚感
学龄期	7~12岁	勤勉-自卑：被允许创造一些东西，做一些事情，完成后又受到表扬可导致勤奋；限制活动，并批评所做的事可导致自卑感
青年期	12~18岁	同一性-角色混淆：使在不同的情况下，在不同的人对其做出不同的反应时亦能认识一个人个性的连续性和同样性，导致同一性；不能确立稳定性(尤其是性别角色和职业选择)就导致角色混乱
成年早期	18~25岁	亲密-孤立：与别人的同一性融合导致亲密感；与别人竞争和争斗导致孤独感
成年中期	25~50岁	繁衍-停滞：关心和指导下一代会产生繁衍感；反之，其人格贫乏和停滞，是一个自我关注的人
老年期(成年晚期)	50岁~死亡	自我完善-绝望：坦然地接受度过了的一生导致完善感；想要补偿失去的机会又感到为时已晚，导致失望感

考点二、行为主义的心理发展观

表2-3 行为主义的心理发展观

要点	具体内容
华生的发展心理学理论	①认为心理的本质是行为，强调环境决定论，否认遗传的作用。 ②重点研究儿童在非学习性的情绪反应基础上形成的条件反射。 ③重视研究儿童嫉妒和羞耻的情绪行为
斯金纳的发展心理学理论	①把由可观察到的刺激引起的行为反应称为应答性行为(S-R)，把没有任何能观察到的刺激引起的行为反应称作操作性行为(R-S)。 ②除经典性条件反射机制外，人或动物能通过操作性条件反射来学习，即一种行为的结果改变着该行为发生频率的学习机制。 ③强调塑造、强化与消退、及时强化等原则。积极的结果称作强化，消极的结果称作惩罚；强化会提高一种行为频率的发生，而惩罚则会降低一种行为的发生频率
班杜拉的发展心理学理论	①重视观察学习，即通过观察他人(榜样)所表现的行为及其结果而进行的学习。 ②强化可以分为直接强化、替代强化和自我强化。 ③特别重视社会学习在社会化过程中的作用，重点研究了社会学习对儿童的攻击性行为、性别角色的获得及亲社会行为发展的作用。 ④攻击性的社会化也是一种操作性条件作用，强化在其中起着重要作用；模仿在性别化的过程中起着重要作用；自我强化也是社会学习模式影响的结果；社会学习的适当模式在亲社会行为形成过程中产生重要影响

考点三、维果茨基的心理发展观

表 2－4　维果茨基的心理发展观

要点	具体内容
文化－历史发展理论	由于工具的使用引起了人的新的适应方式，即物质生产的间接方式，人类便区别于动物，以物质生产的间接方式适应自然，导致人类心理上出现了精神生产工具，即人类社会所特有的言语和符号
发展的实质	人的心理发展的实质就是心理在环境和教育影响下，从低级心理机能向高级心理机能发展的转化过程。言语和符号起核心的中介作用
教学与发展的关系	提出"最近发展区"，即儿童现有发展水平与在得到环境的一定支持或指导的条件下可能达到的潜在发展水平之间的范围，因而强调教学应当走在发展的前面；还认为学习存在最佳期限
智力的"内化"学说	智力是外部形式的活动"内化"到人脑的结果。儿童通过对工具的掌握，就将人类社会发展的产物——文化转化为自己的内部心理结构了，这个过程就是内化过程

考点四、皮亚杰的心理发展观

1. 皮亚杰的发展心理学理论

表 2－5　皮亚杰的发展心理学理论

要点	具体内容
心理发展的本质	心理、智力、思维起源于主体的动作。这种动作的本质是主体对客体的适应，适应的本质在于取得机体与环境的平衡，而适应则通过同化与顺应两种形式完成
发展的因素与结构	支配心理发展的因素是：成熟、物理因素、社会环境、平衡；心理发展的结构包括图式、同化、顺应、平衡
认知发展阶段论	心理发展过程具有连续性、阶段性和顺序性。每个阶段具有其独特的结构。儿童思维发展依次经过感知运动(0～2 岁)、前运算(2～7 岁)、具体运算(7～12 岁)、形式运算(12～15 岁)四个阶段

2. 新皮亚杰主义的简述

促使皮亚杰理论获得新的进展的主要原因及其表现：

(1)对皮亚杰的研究方法和结果的修订。

(2)将皮亚杰理论与信息加工论结合。

(3)日内瓦新皮亚杰学派的理论发展。

考点五、朱智贤的心理发展观

1. 探讨心理发展的基本理论问题

表 2－6　探讨心理发展的基本理论问题

要点	具体内容
先天与后天的关系	先天来自后天，后天决定先天的观点
内因与外因的关系	环境和教育只是儿童心理发展的外部原因，它必须通过儿童心理发展的内部矛盾起作用

续表

要点	具体内容
教育与发展的关系	儿童心理发展不是由内因或外因孤立决定的，而是由适合于内因的一定外因决定
年龄特征与个别特点的关系	心理发展的年龄特征既有稳定性，又有可变性；在同一年龄阶段中，既有本质的、一般的、典型的特点，又有人与人之间的差异性

2. 强调用系统的观点研究心理学

(1)在中外心理学史上第一次非常系统、辩证地提出对上述四大理论问题的分析和阐述。

(2)提出了“儿童心理学研究中国化”的思想，倡导建立中国的儿童心理学体系，在实际研究中确定中国儿童的心理特点和常模。

(3)朱智贤主持出版的《中国儿童青少年心理发展与教育》(1990)是儿童心理学研究中国化的一个成果。

2.2 典型题(含考研真题)详解

一、单项选择题

1. 不同年龄儿童认识能力的差异主要是由加工容量、加工策略等方面的差异造成的。持此观点的学派是(　　)。[统考2019年研]

A. 皮亚杰学派　　B. 新皮亚杰学派

C. 社会文化历史学派　　D. 精神分析学派

【答案】B

【解析】A项，皮亚杰学派的主要代表人物是皮亚杰。他以儿童心智发展为基础，进而研究人类认识的发生和变化，创立了发生认识论。B项，新皮亚杰学派是对皮亚杰学派的修正和发展。皮亚杰之后的发展心理学家认为应该通过将皮亚杰理论与信息加工理论结合起来，从而研究儿童智力的发展。如果能用信息加工理论来建立一个不同年龄阶段儿童智力发展的程序模式，就可以对儿童的智力发展设计出比较确切的模式。C项，社会文化历史学派认为人的高级心理机能是在与周围人的交往过程中产生和发展的，受人类的文化历史所制约。D项，精神分析学派由弗洛伊德开创。弗洛伊德主要着重于精神分析和治疗，并由此提出了人的心理和人格的新的独特的解释。弗洛伊德精神分析学说的最大特点，就是强调人的本能的、情欲的、自然性的一面，它首次阐述了无意识的作用，肯定了非理性因素在行为中的作用，开辟了潜意识研究的新领域；它重视人格的研究、重视心理应用。

2. 根据生态系统理论，在个体发展的环境因素中，父母属于(　　)。[统考2019年研]

A. 微观系统　　B. 中间系统　　C. 规则学习　　D. 问题解决学习

【答案】A

【解析】布朗芬布伦纳的生态系统理论认为人的发展嵌套于一系列相互影响的环境之中，包括微观系统，中间系统，外层系统，宏观系统。A项，微观系统为个体直接接触并对个体产生直接影响的系统，因此父母属于微观系统。B项，中间系统指各微观系统之间的联系。CD两项，与题意无关。

3. 发展心理学家劳拉认为：所有儿童在智力发展过程中都会经历同样的阶段；儿童之间会有差异，聪明的父母会生出聪明的孩子；只要儿童面临疑难或挑战，其才能就会显现出来。劳拉所持的发展观是(　　)。[统考2019年研]

A. 连续观、教养观和被动观　　B. 阶段观、天性观和主动观

C. 阶段观、天性观和被动观　　D. 连续观、教养观和主动观

【答案】B

【解析】"所有儿童在智力发展过程中都会经历同样的阶段"属于阶段观，即个体的发展会经历各个不同的阶段，它们都具有自己独有的特征；"聪明的父母生出聪明的孩子"，属于天性观，即遗传因素对个体发展起着重要的影响；"只要面临疑难或挑战，儿童才能就会显现"属于主动观，即个体面临困难时，会自己解决问题，从而获得发展。

4. 皮亚杰认为，思维起源于动作，而动作的本质是主体对客体的(　　)。[统考2018年研]

A. 同化　　B. 顺应　　C. 平衡　　D. 适应

【答案】D

【解析】皮亚杰认为心理因素不是起源于先天的成熟，也不是起源于后天的经验，而是起源于主体对客体的动作。主体通过动作对客体的适应才是心理发展的真正原因与本质。

5. 向幼儿讲述"东郭先生和狼"的故事，告诉幼儿东郭先生让狼藏进了自己的书袋，后来猎人赶来了。这时候向儿童提问"猎人知不知道书袋里藏有狼"，这一问题考察的是(　　)。[统考2017年研]

A. 空间认识　　B. 道德判断　　C. 自我观念　　D. 心理理论

【答案】D

【解析】心理理论是指个体对自己或他人的内在心理状态与外在行为的认知能力，即对自己或他人的信念、愿望和意图的理解能力。对心理状态的成熟认识以"信念-愿望系统"为基础，个体4岁左右开始形成，成功的标志为完成"错误信念任务"。本题中"猎人知不知道书袋里藏有狼"，即为"二级错误信念任务"。

6. 认为儿童的侵犯行为是通过替代强化而获得的理论是(　　)。[统考2017年研]

A. 生态系统理论　　B. 社会学习理论　　C. 知觉学习理论　　D. 条件反射学说

【答案】B

【解析】班杜拉的社会学习理论，强调观察学习或模仿学习对儿童攻击性行为的影响。班杜拉将强化划分为直接强化、替代强化和自我强化三种强化形式，其中替代强化是指观察者因看到榜样受强化而受到的强化。

7. 在人生的不同发展时期，智力活动的任务(性质)不同，儿童青少年时期智力发展的根本特征是获取，而成年时期智力活动的性质是运用。该理论的提出者是(　　)。[统考2017年研]

A. 沙伊　　B. 莱文森　　C. 哈维格斯特　　D. 埃里克森

【答案】A

【解析】沙伊提出智力适应理论，认为智力功能在一定程度上根据环境的要求发展，他将人的智力发展过程划分为不同阶段：①获取阶段——儿童青少年时期；②实现阶段——青年期；③责任阶段——中年期；④行政阶段——承担领导责任；⑤整合阶段——老年期。

8. 持后天决定论的是(　　)。[北京师范大学2017年研]

A. 经典行为主义　　B. 精神分析　　C. 皮亚杰　　D. 人本主义

【答案】A

【解析】A项，经典行为主义是后天(环境)决定论，否定先天遗传的作用。B项，精神分析学派主张遗传与环境的作用并重。C项，皮亚杰的认知发展理论主张遗传与环境的作用并重。D项，人本主义主张人性本善，人会变坏是后天环境造成的，即遗传与环境的作用并重。

9. 下列关于皮亚杰认知发展理论中“图式”的表述，错误的是(　　)。[统考2016年研]

A. 图式是知识的一种表征方式　　B. 图式是概括化的动作模式

C. 图式是动作的结构或组织　　D. 图式是具有可逆性的一种操作

【答案】D

【解析】皮亚杰认为，“图式是指动作的结构或组织，这些动作在同样或类似的环境中由于重复而引起迁移或概括；图式是人脑中已有的知识经验的网络，表征特定概念、事物或事件的认知结构，它影响对相关信息的加工过程”。皮亚杰认为图式内涵包括：①是知识的一种表征方式；②是概括化的动作模式；③是动作的结构或组织；并把图式分为“动作图式”“符号图式”和“运算图式”。

10. 下列选项中，可以把儿童作为被试的实验研究选题是(　　)。[统考2015年研]

A. 延迟满足　　B. 习得性无助

C. 长期感觉剥夺　　D. 长期恐怖情绪诱导

【答案】A

【解析】延迟满足是指为了长远的、更大的利益资源延缓或放弃目前较小的满足对象，属于人格中自我控制的一个部分，是心理成熟的表现。因此，可以选择儿童作为实验研究对象，考察其有效地自我调节和成功适应社会行为发展的能力。在心理学实验研究中要求尽可能不对被试造成任何的身心损害，因此其他项中的实验不适合选择儿童作为被试。

11. 与皮亚杰的认知发展理论相比，维果茨基的认知发展理论更强调(　　)。[统考2014年研]

A. 社会起因　　B. 个体起因　　C. 婴儿期的发展　　D. 青少年期的发展

【答案】A

【解析】维果茨基更强调，心理发展的高级机能是人类物资产生过程中发生的人与人之间的关系和社会－历史发展的产物，他提出了社会文化－历史发展观。

12. 儿童在其发展早期，往往认为所有会动的东西都是有生命的。后来，当他们看到越来越多会动的东西(如纸飞机等)并没有生命时，就会修正自己原来的认识。这种构建知识的方式是(　　)。[统考 2013 年研]

A. 同化　　B. 顺应　　C. 图式　　D. 平衡

【答案】B

【解析】A 项，同化是指把环境因素纳入机体已有的图式或结构之中，以加强和丰富主体的动作。B 项，顺应是指即改变原有的认知结构以处理新的信息。C 项，图式是指一个有组织的、可重复的行为或思维模式。如骑自行车就是一种行为图式。D 项，平衡是指个体通过自我调节机制使认知发展从一个平衡状态向另一种较高平衡状态过渡的过程。

13. 根据生态系统理论，下列选项中属于儿童成长外层系统的是(　　)。[统考 2012 年研]

A. 父母工作单位　　B. 家长与学校关系

C. 社会文化　　D. 家庭

【答案】A

【解析】外层系统是指那些儿童并未直接参与但却对他们的发展产生影响的系统。例如，父母的工作环境就是外系统影响因素。B 项，属于中间系统，C 项，属于宏观系统，D 项，属于微观系统。

14. 根据科尔伯格的理论，道德发展的最高阶段是(　　)。[统考 2011 年研]

A. 法律和秩序的取向　　B. 社会契约的取向

C. 工具性的相对主义　　D. 普遍的道德原则取向

【答案】D

【解析】科尔伯格提出了道德发展的三水平六阶段论，第六个阶段为普遍道德原则的定向阶段。个人到达这个阶段，他能超越某些规章制度，更多考虑道德的本质，而非具体原则。

15. 霍尔(G. S. Hall)提出的解释儿童心理发展的理论是(　　)。

A. 白板说　　B. 复演说　　C. 进化说　　D. 成熟势力说

【答案】B

【解析】霍尔提出复演说来解释儿童的心理发展，他认为儿童心理的发展是对人类进化史的复演。A 项，白板说是洛克提出的，强调后天的环境在个体发展中的重要作用。C 项，进化说是达尔文提出的，该理论强调心理在人类进化过程中的适应功能。D 项，成熟势力说是格赛尔提出的，强调生理成熟在个体发展中的重要作用。

16. 班杜拉认为，学习者不一定亲自产生行为或接受强化，而只是看到他人的成功或受到赞扬的行为，就会增强产生同样行为的倾向，班杜拉称之为(　　)。

A. 直接强化　　B. 替代强化　　C. 自我强化　　D. 观察强化

【答案】B

【解析】班杜拉认为，强化可分为直接强化、替代强化和自我强化。A 项，直接强化是指通过外界因素对学习者的行为直接进行干预。B 项，替代强化是指学习者不一定亲自产生行为或接受强化，而只是看到他人的成功或受到赞扬的行为，就会增强产生同样行为的倾向；相反，如果看到了他人的失败或受惩罚的行为，就会削弱或抑制产生同样行为的倾向。C项，自我强化是指行为达到自己设定的标准时，以自己能支配的报酬来增强、维持自己行为的过程。

17. “最近发展区”和“教育要走在发展的前面”是(　　)学派所倡导的。

A. 精神分析论　　B. 行为学习论

C. 社会文化历史论　　D. 认知发展论

【答案】C

【解析】维果茨基创立了文化－历史发展理论，用以解释人类心理本质上与动物不同的那些高级的心理机能。在教学与发展的关系上，他提出了三个非常重要的思想：①最近发展区；②教学应该走在发展前面；③学习最佳期限。

18. “请给我十几个强健而没有缺陷的婴儿，让我放在我自己特制的世界中教养……我都能任意训练他成为一个医生，或一个律师，或一个艺术家……”提出这一论断的人是(　　)。

A. 高尔登　　B. 华生　　C. 弗洛伊德　　D. 皮亚杰

【答案】B

【解析】华生是行为主义学派的创始人，他认为心理的本质是行为，在心理发展问题上突出的观点是环境决定论：否认遗传的作用，片面夸大环境和教育的作用。并从刺激－反应的公式出发，认为环境和教育是行为发展的唯一条件，提出了教育万能论。

19. 认为一个人的心理，是在环境与教育影响下，在低级的心理机能的基础上，逐渐向高级的心理机能转化的是(　　)。

A. 皮亚杰　　B. 维果茨基　　C. 弗洛伊德　　D. 埃里克森

【答案】B

【解析】A项，皮亚杰认为主体通过动作达到对客体的适应，乃是心理发展的真正原因。B项，维果茨基认为发展的实质是个体在环境与教育的影响下，由低级心理机能逐渐向高级心理机能转化的过程。高级心理机能是外部活动不断内化的结果。C项，弗洛伊德认为存在于无意识中的性本能是人心理发展的基本动力，是决定个人和社会发展的永恒力量。D项，埃里克森认为在人格发展中，逐渐形成的自我在个人与周围环境的交互作用中起着主导的和整合的作用。

20. 下面影响个体心理发展的因素中，维果茨基最为强调的是(　　)。

A. 遗传因素　　B. 社会交往　　C. 榜样　　D. 强化安排

【答案】B

【解析】维果茨基强调社会交往在认知发展过程中的重要性，他认为儿童的认知发展是在和更善于思考、思维水平更高的人的交往活动中发展的，这些人作为指导者为儿童的发展提供必要的信息支持。

21. 人们常说，暴力的家庭产生暴力的孩子。对此现象能够进行合理解释的理论是(　　)。

A. 埃里克森的人格理论
B. 斯金纳的操作性条件反射理论
C. 班杜拉的社会学习理论
D. 桑代克的试误学习理论

【答案】C

【解析】C 项，班杜拉社会学习理论的基本概念是观察学习，即通过对他人的行为及其强化性结果的观察，一个人获得某些新的行为。在暴力的家庭中，孩子观察到父母的处理问题方式并学会了也以此种方式解决问题，这支持了班杜拉的社会学习理论。

二、多项选择题

1. 根据维果茨斯的观点，心理机能由低级向高级发展的标志有(　　)。[统考 2013 年研]

A. 心理活动的随意机能
B. 心理活动的个性化
C. 形成以符号为中介的心理结构
D. 心理活动的抽象－概括机能

【答案】ABCD

【解析】维果茨基主张文化－历史发展观，认为人的心理机能发展标志分 4 个方面：①心理活动随意机能；②心理活动的抽象概括机能；③形成以符号为中心的心理结构；④心理活动个性化。

2. 班杜拉重点研究了社会学习在(　　)等方面的社会化过程中的作用。

A. 攻击性行为　B. 亲社会行为　C. 性别角色　D. 延迟满足行为

【答案】ABC

【解析】班杜拉的社会学习理论把攻击性行为视为通过直接强化或观察学习而习得的；所有亲社会行为都是观察学习和强化的结果；儿童性别角色的发展是通过观察学习和工具性条件反射的形成而获得的；自我强化也是通过观察学习获得的。

3. 皮亚杰是著名心理学家，他把儿童发展分为四个阶段，(　　)不是区分这四个阶段的指标。

A. 情绪结构　B. 年龄结构　C. 生理发展　D. 智力结构

【答案】ABC

【解析】皮亚杰认为人的心理(智力、思维)既不是来源于先天的成熟，也不是来源于后天的经验，而是来源于主体的动作。主体通过动作对环境的适应是心理发展的真正原因。皮亚杰以主体适应环境的主导方式，即认知结构(智力结构)的性质为依据把儿童心理发展划分为四个阶段。ABC 三项，都不是区分四个阶段的指标。

4. 维果茨基和皮亚杰(　　)。

A. 都强调主体的活动在发展中的重要作用
B. 都强调主体与环境的相互作用
C. 都认为儿童的发展存在阶段性
D. 都认为发展的关键在于儿童的独立探索活动

【答案】AB

【解析】皮亚杰认为心理发展的实质在于主体通过动作对环境的适应，成熟、物理因素、社会环境制约了发展，并且心理发展是一个连续的、阶段性的过程。维果茨基的文化－历史发展理论同样强调个体心理发展过程中社会环境的影响作用，心理的发展是主体在与成人交往的活动过程中通过掌握高级心理机能的工具——语言、符号这一中介环节实现的，他强调心理过程是一个质变的过程。

5. 埃里克森的心理发展阶段理论的主要特点是(　　)。

A. 人格发展是自我逐渐形成的过程　　B. 阶段性与连续性统一的观点

C. 人格发展是连续一生的发展进程　　D. 二维性的发展阶段说

【答案】ABCD

【解析】埃里克森心理发展阶段理论的主要特点如下：①人格发展是自我逐渐形成的过程，不同的阶段性发展主题和目标共同塑造了个体独特的人格；②阶段性和连续性统一的观点，即他将个体一生人格发展视为连续的而又具有不同阶段特质的统一的过程；③人格发展是连续一生的发展进程，其心理发展阶段划分包括从出生到衰亡整个人生历程；④二维性的发展阶段说，即他不是一维的纵向发展观，而是强调人格发展成功与否与横向维度上的两极内容有关。

6. 现代西方关于儿童心理发展的主要理论流派有(　　)。

A. 皮亚杰认知学派　　B. 社会历史文化学派

C. 精神分析学派　　D. 新行为主义学派

【答案】ABCD

【解析】现代西方关于儿童心理发展的主要理论流派有皮亚杰的认知学派、维果茨基的社会历史文化学派、弗洛伊德和埃里克森的精神分析学派、班杜拉的新行为主义学派以及以蒙纳德为代表的日内瓦新皮亚杰主义流派。

7. 按照维果茨基的社会－历史文化理论，下列属于低级心理机能范畴的是(　　)。

A. 随意注意　　B. 情绪　　C. 不随意记忆　　D. 形象记忆

【答案】BCD

【解析】维果茨基提出了两种心理机能：①由生物进化而来的低级心理机能，如感知觉、不随意记忆、形象记忆、情绪等心理过程；②由社会历史发展而来，受社会历史发展规律制约的高级心理机能，如随意注意、逻辑记忆、抽象思维、高级情感等心理过程。

8. 关于埃里克森人格发展的“主动对内疚”阶段的描述，正确的是(　　)。

A. 儿童的主动性增强

B. 积极主动地实现自己的目标

C. 如果父母肯定儿童的主动行为，儿童就易于解决这个阶段的危机

D. 如果父母经常嘲笑儿童的主动行为，儿童就会感到内疚

【答案】ABCD

【解析】“主动对内疚”对应埃里克森人格发展的第三阶段，该阶段儿童主要发展任务是获得主动感，克服内疚感，体验着目的的实现，所以他们能积极主动地进行探索以实现目

标。同时，父母的教养方式对儿童的心理发展起着重要影响，如果父母及时给予儿童鼓励和肯定，他们就能顺利获得主动感。

三、名词解释

1. 发展关键期［华东师范大学2016年研］

答： 发展关键期是指某一特定经验必须在个体发展的特定时间获得，某种反应必须在这个特定时间发生，否则发展就会产生持久性问题，这种反应就很难获得。关键期的最基本特征是，它只发生在生命中一个固定的短暂时期。一般认为有四个领域的研究可以证实关键期的存在：①鸟类的印刻；②恒河猴的社会性发展；③人类语言的习得；④哺乳动物的双眼视觉。缺失了关键期内的有效刺激，往往会导致认知能力、语言能力、社会交往能力低下，且难以通过教育与训练得到改进。

2. 观察学习

答： 观察学习是班杜拉社会学习理论的一个基本概念，是指通过观察他人（榜样）所表现的行为及其结果而进行的学习。观察学习表现为一定的过程，班杜拉认为这个过程包括注意过程、保持过程、运动复现过程和动机过程四个组成部分。儿童的很多社会行为都是通过观察学习获得的。观察和模仿在儿童良好行为习得中起着十分重要的作用。

3. 最近发展区

答： 最近发展区是维果茨基关于学习理论中的一个概念。他认为，儿童有两种发展水平：①儿童的现有水平，即由一定的、已经完成的发展系统所形成的儿童心理机能的发展水平，如儿童已经完全掌握了某些概念和规则；②即将达到的发展水平，是在有指导的情况下借别人的帮助所达到的解决问题的水平，即通过教学获得的潜力。这两种水平之间的差异，就是“最近发展区”。教学创造着最近发展区，第一个发展水平与第二个发展水平之间的动力状态是由教学决定的。

四、简答题

1. 简述科尔伯格的道德发展阶段理论。［南京师范大学2018年研；北京大学2017年研；华中师范大学2017年研］

答： 科尔伯格提出了道德发展的三水平和六阶段理论。

（1）前习俗水平（0～9岁）

第一水平的儿童处于外在控制时期，服从权威人士的道德规范，遵循获得奖赏、逃避惩罚的道德原则。

①阶段一为避免惩罚阶段。儿童专注于行为后果，遵从他人的规则以避免惩罚、得到奖赏。

②阶段二为相对功利阶段。儿童开始基于自己的利益和他人将给予的回报来考虑是否服从，以被满足的程度来评价行为。

（2）习俗水平（9～16岁）

第二水平的儿童将权威的标准加以内化，他们服从法则以取悦他人或维持秩序。

①阶段三为寻求认可阶段。儿童希望取悦他人、帮助他人，会根据行为者的动机、特点以及当前情境评估行为。

②阶段四为顺从权威阶段。儿童开始考虑到社会体系、良心、自己的责任，显示出对较高权威的尊重，并力图维持社会秩序。

(3)后习俗水平(16岁以后)

第三水平的儿童有了真正的道德概念，道德观完全内化，儿童认识到道德原则之间的冲突以及如何从中进行选择。

①阶段五为法制观念阶段。人们以理性的方式思考，重视多数人的意愿和社会福利，认为依法行事是最好的行为方式。

②阶段六为价值观念阶段。人们依据自己内在的标准行事，行为受到自我良心的约束。

2. 试述斯金纳的操作性条件反射原理，并举例说明如何应用该原理来培养和塑造儿童的良好行为。[统考2013年研]

答：(1)操作性条件反射

①操作性条件反射原理认为，学习的实质是建立刺激与反应间的联结，联结强度可以通过外界的强化来改变。具体而言，操作性条件反射建立的过程是：操作-强化。在特定情境下，有机体自发地做出某种行为，紧随一个强化刺激，该行为再次出现则再次给予强化，那么该行为出现的概率就会增加，从而形成特定情境中的特定行为，这就是学习过程。斯金纳认为，任何学习或行为的发生和变化都是强化的结果，要控制人的行为，就要设法控制对行为的强化。

②斯金纳强调及时强化，认为强化不及时是不利于人的行为发展的。教育者要及时强化希望在儿童身上看到的行为。强化还可以分为正强化和负强化，正强化通过在个体行为反应之后，呈现愉快刺激使该行为反应频率增加，负强化通过在个体反应后，消除厌恶刺激，从而导致反应概率增加。除了强化，也可以通过惩罚来降低行为发生的概率，即呈现厌恶刺激或消除愉快刺激，但惩罚只能暂时抑制行为不能使行为发生永久性的改变。

(2)举例

要塑造儿童养成饭前洗手的习惯，根据该原理，当儿童执行了饭前洗手的行为时，给予口头上的夸奖，或者奖励给儿童他喜欢吃的食物。通过反复的正强化，儿童最终养成饭前洗手的习惯。

3. 简述埃里克森人格发展理论。[天津师范大学2012年研；南开大学2012年研；浙江师范大学2011年研；曲阜师范大学2011年研；华东师范大学2011年研]

答：埃里克森是美国现代最有名的精神分析理论家之一。埃里克森的人格发展学说，既考虑到了生物因素的影响，也考虑到了社会文化因素的影响。他认为，个体的发展过程是自我与周围环境相互作用和不断整合的过程。

(1)内容

他将个体的发展划分为八个阶段，同时指出了每一个阶段的主要发展任务：

第一阶段为婴儿期，是从出生到2岁。婴儿在本阶段的主要任务是满足生理上的需要，发展信任感，克服不信任感，体验着希望的实现。婴儿从生理需要的满足中，体验着身体的康宁，感到了安全，于是对其周围环境产生一种基本信任感；反之，婴儿便对周围环境产生不信任感，即怀疑感。

第二阶段为儿童早期，从2岁到4岁。这个阶段的儿童主要是获得自主感而克服羞怯和疑虑，体验着意志的实现。如果能顺利解决这一阶段的发展任务，将有利于儿童对未来社会秩序和法律生活的适应；如果不能顺利解决，儿童就会产生对自己的羞怯和对他人及生活的疑虑。

第三阶段为学前期，从4岁到7岁。本阶段儿童的主要发展任务是获得主动感和克服内疚感，体验目的的实现。本阶段又称为游戏期，儿童在各种游戏中体会着自我的功能，实现着自我教育。儿童在此阶段主动性的发展程度，将与以后在工作与经济上取得的成就有关。如果这一阶段的任务不能很好地完成，儿童就会因感到自己无用而产生内疚感。

第四阶段为学龄期，从7岁到12岁。本阶段的发展任务是获得勤奋感而克服自卑感，体验着能力的实现。儿童开始了学校生活，需要努力去完成学习任务。儿童在这个时期所形成的勤奋精神将与其以后的工作态度有关，如果儿童不能很好地完成学习及其他方面的任务，就会产生自卑感。

第五阶段为青年期，从12岁到18岁。这一阶段的发展任务是建立同一感和防止同一感混乱，体验着忠实的实现。他提出了"合法延缓期"的概念。他认为这时的青年承继儿童期之后，自觉没有能力持久地承担义务，感到要做出的决断未免太多太快。因此，在做出最后决断以前要进入一种"暂停"的时期，用以千方百计地延缓承担的义务，以避免同一性提前完结的内心需要。虽然对同一性寻求的拖延可能是痛苦的，但它最后是能导致个人整合的一种更高级形式和真正的社会创新。

第六阶段是成年早期，从18岁到25岁，发展任务是获得亲密感以避免孤独感，体验着爱情的实现。这个阶段的青年男女已具备能力并自愿准备着去分担相互信任、工作调节、生儿育女和文化娱乐等生活，以期最充分而满意地进入社会，但有时由于各种原因而不能与他人或伴侣形成相互信任的关系，因而产生孤独感。

第七阶段是成年中期，从25岁到50岁，发展任务是获得繁殖感而避免停滞感，体验着关怀的实现。这时男女建立家庭，他们的兴趣扩展到下一代，若缺乏这种对下一代的关心，会有一种停滞感。

第八阶段为老年期(成年晚期)，从50岁直到死亡，发展任务是获得完善感和避免失望、厌倦感，体验着智慧的实现。这时人生进入了最后阶段，如果对自己的一生比较满意，则产生一种完善感。这种完善感包括一种长期形成的智慧感和人生哲学。如果一个人没有这种感觉，就不免恐惧死亡，觉得人生短促，对人生感到厌倦和失望。

(2)评价

埃里克森的个体发展理论认为，发展过程不是一维的纵向发展观——一个阶段不发展，另一个阶段就不能到来，而是多维的，每个阶段实际上不存在发展不发展的问题，而是发展的方向问题，即发展方向有好有坏，这种发展的好坏在横向维度上两极之间。

4. 皮亚杰是如何用生物适应的观点解释认知发展的心理机制的？［北京师范大学2006年研；中国科学院2003年研］

答：皮亚杰认为儿童认知发展是通过动作所获得的对客体的适应而实现的。适应的本质在于主体取得自身与环境之间的平衡，达到平衡的具体途径主要有同化和顺应。

(1)几个重要概念

①同化。皮亚杰认为，“同化就是外界因素整合于一个正在形成或已形成的结构”，也就是把环境因素纳入机体已有的图式或结构之中，以加强和丰富主体的动作。也可以说，同化是通过已有的认知结构获得知识(本质上是旧的观点处理新的情况)。同化的概念不仅适用于有机体的生活，也适用于行为。

②顺应。皮亚杰认为，顺应是“同化性的格式或结构受到它所同化的元素的影响而发生的改变”，即改变主体动作以适应客观变化，或者说是改变认知结构以处理新的信息(本质上即改变旧观点以适应新情况)。

皮亚杰指出，同化和顺应并不是彼此分离的两个独立的过程，而是相互联系、相互依存的。在同一个智力活动中常常是包含着两个过程，只是在某些活动中可能同化占有支配地位，而在另一些活动可能顺应占有支配地位。

③平衡。皮亚杰认为，平衡是个体保持智力结构处于一种稳定状态的内在倾向性。这种倾向性是潜藏在个体发展背后的一种动力因素，当某种作用于儿童的信息不能与其现有的智力结构相匹配时，就会引起一种不平衡的状态，其内部感受是一种不协调、不满足感，儿童会努力去克服这种消极感受，以恢复旧的平衡或建立新的平衡。儿童就是在这种不断寻求平衡的过程中，实现了智力的发展。

(2)智力发展的具体机制

当智力结构处于平衡状态下的儿童遇到新的信息时，由于新信息与原有的智力结构之间存在着差异，就会出现不平衡状态，儿童会试图克服这种不平衡状态。克服不平衡状态有三种基本途径：同化、顺应和忽略。因此，儿童的智力就是通过这种不断地从平衡－不平衡－平衡的运动中获得发展的。

5. 简述新老精神分析学派发展观的异同。［浙江大学2004年研；华南师范大学2003年研］

答：(1)老精神分析学派的发展观

老精神分析学派主要是指弗洛伊德的精神分析理论。

①弗洛伊德认为人的意识有意识和无意识之分，意识是与直接感知有关的心理部分，是人能体验到的部分；而无意识是包括个人的原始冲动、各种本能与本能有关的欲望部分，这些欲望和冲动因受到禁忌和法律等的控制而压抑到意识之下，虽然不被意识到但未被泯灭，仍在不断活动，随时有可能被召回到意识之中。

②人被压抑的欲望以性欲为主，弗洛伊德认为性的后面有一种潜在的力量促使人去寻求一种不受约束的快乐或快感，他称之为“力比多”。“力比多”是人的本能能量，是人做出一切行为和人格发展的原动力，个体人格的形成与发展与性欲有密切关系。

③他把人格分为本我、自我和超我。本我是冲动而非理性的，以寻求快乐为原则；超我则按社会的道德准则行动，按至善的原则活动，遵循伦理原则；自我既要满足本我的即刻要求，又要按超我的客观要求行事，自我是按现实原则活动。人格这三个系统在人格发展的各阶段——从口唇期一直到生殖器期的五阶段中相互联系，相互作用。

④心理性欲发展阶段的理论是弗洛伊德关于心理发展的主要理论。弗洛伊德既提出了

划分心理发展阶段的标准，又具体规定了心理发展阶段的分期。

弗洛伊德把力比多的发展分为五个阶段：

a. 口唇期：0~1岁，弗洛伊德认为力比多的发展是从嘴开始的。吮吸本能也能产生快感。弗洛伊德认为，每个人都经历口唇期的阶段。往后的发展阶段直至成人，出现的吮吸或咬东西(如咬铅笔等)的愉快或抽烟和饮酒的快乐，都是口唇快感的发展。

b. 肛门期：1~3岁，儿童的性兴趣集中到肛门区域。例如，大便产生肛门区域黏膜上的愉快感觉，或以排泄为快乐，以抹粪或玩弄粪便而感到满足。

c. 性器期：3~6岁，儿童进入前性器期。男孩出现恋母情结，女孩也产生恋父情结。也就是说，到了这个阶段，儿童变得依恋于父母的异性的一方。

d. 潜伏期：6~11岁，儿童进入潜伏期，其性的发展便呈现一种停滞的或退化的现象，也可能完全缺乏，也可能不完全缺乏。潜伏期是一个相当平静的时期。

e. 青春期：11或13岁开始，经过暂时的潜伏期，青春期的风暴就来到了，从年龄上讲，女孩约从11岁，男孩约从13岁开始进入青春期。

(2)新精神分析学派的发展观

精神分析理论在发展的过程中，受到原来追随弗洛伊德的心理学家的批评和反对，不再坚持弗洛伊德的“一切行为决定于性本能发展”的泛性论观点，加之受到社会学和人类学发展的影响，开始转向重视和研究人格发展过程中的社会文化影响的因素，这些观点和理论称之为“新精神分析理论”。其中比较有影响力的包括荣格、阿德勒、沙利文、霍妮、弗洛姆、埃里克森。

新精神分析理论主张品德或道德是人格的一部分，个体的人格发展过程也是其品德发展过程，重视文化因素在人格形成和发展中的作用，把注意力放在人本身和社会上，并强调人格特征的可变性，认为人格在整个一生中都在发展变化着，儿童早期的失败可以在以后的成功中得到补救，这样就为人格的培养提供了希望。

(3)新老精神分析理论发展观的相同点

①新精神分析实际上是对老精神分析理论的继承、扩展与修正。

②都认为早期童年经验对一个人现实的心理活动和发展起着重要的作用。

③人格结构上都承认潜意识的因素存在。

④都重视生物因素与人格关系。

(4)新老精神分析理论的不同点

①新精神分析反对人格是对早年经验的反应，并由早先经验所决定，认为人格是持续发展的。

②新精神分析不过分强调潜意识因素与人格的关系，强调自我的独立性和自主性，而不是依附于本我。

③新精神分析认为文化、社会条件和人际关系在人格的形成过程中有决定性意义，即更注重社会文化因素对人格的影响，弱化了弗洛伊德的泛性论。新精神分析学派还赋予人性更多积极的特征，认为性本善。

6. 简述维果茨基的心理发展观。

答：维果茨基在心理的种系发展和个体发展上都做了研究，特别是他关于人类心理的社会起源的学说和儿童心理发展对教育、教学的依赖关系的学说，都做了较深入的探讨。

(1)文化－历史发展理论

文化－历史发展理论用以解释人类心理本质上与动物不同的那些高级的心理机能。他认为，由于工具的使用，引起了新的适应方式，即物质生产的、间接的方式，而不像动物一样是以身体的直接方式来适应自然。人类的心理发展规律不再受生物进化规律所制约，而受社会历史发展的规律所制约。

(2)心理发展的实质

维果茨基认为人类心理发展是指一个人的心理在环境和教育作用下，从低级心理机能逐渐向高级机能发展的过程。发展过程的标志主要表现在四个方面：

①心理活动的随意机能。

②心理活动的抽象概括机能。

③各种心理机能之间关系的不断变化、组合，形成一定的心理结构。

④心理活动的个性化。

(3)教学与发展的关系

①最近发展区

儿童智力发展有两种水平：

a. 现有发展水平，即儿童当前所达到的智力发展状况。

b. 在现有状况的基础上，经过努力所能达到的一种新的发展状态。

这两种水平状态之间存在着差异，这个差异区域就是最近发展区。

②教学应该走在发展前面

这是他对教学与发展关系的最主要的理论。维果茨基认为，教学必须走在儿童发展的前面，教学的目的是引导儿童发展，它决定儿童智力发展的内容、表现、水平和速度。

③学习的最佳期限

他认为儿童学习任何知识或技能都有一个最佳年龄的问题，必须重视这些成熟与发育的前提，否则可能造成儿童智力发展的障碍。

(4)内化学说

维果茨基指出，教学最重要的特征是教学创造着最近发展区这一事实，也就是教学激起与推动学生一系列内部的发展过程，从而使学生通过教学将全人类的经验内化为儿童自身的内部财富。

7. 简述生态系统理论。

答：发展心理学中的生态系统理论(ecological systems theory)是由布朗芬布伦纳提出的个体发展模型，强调发展个体嵌套于相互影响的一系列环境系统之中，在这些系统中，系统与个体相互作用并影响着个体发展。换句话说，发展的个体处在从直接环境(比如家庭)到间接环境(比如宽泛的文化)的几个环境系统的中间或嵌套于其中。每一系统都与其他系统及个体交互作用，影响着发展的许多重要方面。具体如下：

(1)最里层的环境层次是微观系统(microsystem)，是指个体活动和交往的直接环境，这个环境是不断变化和发展的。对大多数婴儿来说，微观系统仅限于家庭。随着婴儿的不断成长，活动范围不断扩展，幼儿园、学校和同伴关系不断纳入婴幼儿的微观系统中来。对学生来说，学校是除家庭以外对其影响最大的微观系统。

(2)第二个环境层次是中间系统，是指各微观系统之间的联系或相互关系。布朗芬布伦纳认为，如果微观系统之间有较强的积极的联系，发展可能实现最优化；相反，微观系统间的非积极的联系会产生消极的后果。儿童在家庭中与兄弟姐妹的相处模式会影响到他在学校中与同学间的相处模式。如果在家庭中儿童处于被溺爱的地位，在玩具和食物的分配上总是优先，那么一旦在学校中享受不到这种待遇则会产生极大的不平衡，就不易于与同学建立和谐、亲密的友谊关系，还会影响到教师对其指导教育的方式。

(3)第三个环境层次是外层系统，是指那些儿童并未直接参与但却对他们的发展产生影响的系统。例如，父母的工作环境就是外层系统影响因素。儿童在家庭的情感关系可能会受到父母是否喜欢其工作的影响。

(4)第四个环境层次是宏观系统(macrosystem)，是指存在于以上 3 个系统中的文化、亚文化和社会环境。宏观系统实际上是一个广阔的意识形态，它规定如何对待儿童，教给儿童什么以及儿童应该努力的目标。在不同文化中，这些观念是不同的，但是这些观念存在于微观系统、中层系统和外层系统中，直接或间接地影响儿童知识经验的获得。例如，在反对体罚儿童、提倡以非暴力方式解决人际冲突的(宏观系统)家庭(微观系统)中，虐待儿童的几率也很低。

此外，布朗芬布伦纳的模型还包括了时间维度，或称历时系统。布朗芬布伦纳强调儿童的变化或者发展，生态环境的任何变化都影响着个体发展的方向，例如，青春期的认知和生理变化加剧了父母与青少年的冲突。环境变化带来的影响也取决于时间变量——儿童的年龄，例如，离婚对所有年龄的儿童都会有很大打击；但是，相比幼儿，青少年认为是自己造成了父母离婚所引起的负罪感要小一些。

8. 弗洛伊德强调童年早期经验对毕生人格发展的影响，他的依据是什么？你的看法如何？

答：(1)弗洛伊德强调童年早期经验对毕生人格发展的影响，其依据是他所提出的人格发展理论。该理论认为所有人的人格发展都源于婴幼儿时期心理性欲发展的变化，一个人人格的发展和适应都源于力比多能量的变化和发展。每个儿童都要经历几个先后顺序的发展阶段，儿童在这些阶段中获得的经验决定了他的人格特征。他按力比多能量贯注于人体有关部位的变化和发展把人格发展分为五个时期：

①口唇期(0 ~ 1 岁)

这个时期儿童主要通过吮吸、咀嚼等口腔活动来获得性的满足，口腔一带成为其获得快感的中心。如果这个时期性的满足不适当，就会形成口腔类型的人格。弗洛伊德认为成人乐观、开放等积极人格特点与悲观、被动、退缩等消极人格特点都可以由这个阶段偶然产生的事件引起。

②肛门期(1 ~ 3 岁)

这个时期肛门一带成为快感的中心，儿童对肛门粪便的排出与克制都能得到快感。如果出现停滞现象，成人后可能形成“肛门排泄型人格”和“肛门滞留型人格”。

③性器期(3 ~ 6 岁)

这一时期主要特点是出现男孩的恋母情结和女孩的恋父情结。弗洛伊德认为此时期的矛盾冲突不易解决，因而产生滞留现象的机会很多，这也是造成日后许多不良行为，如侵略性人格和异常性行为的主要原因。

④潜伏期(6~11岁)

这一时期儿童对性的兴趣消失，实际上是儿童的发展受到外界的影响和某种精神力量压抑的结果。但是，这只意味着儿童的性活动暂时被潜伏起来，并不意味着它的中断或消失。

⑤青春期(11或13岁开始)

从这个时期开始，由于性器官已趋向成熟。个人的兴趣逐渐地开始从自己的身体刺激的满足转变为异性关系的建立和满足。

以上各时期都有与性有关的特殊的矛盾冲突，人格的差异与个人早期发展中性冲突解决的方式有关。如果某一时期的矛盾没有顺利解决，性的需求没有得到满足或者过度满足，儿童就会在以后保持这个时期的某些行为，就可能产生迟滞现象，即固着作用。另外还有一种与固着有关的现象是退化，即指个人寻求回到早期的满足方式。儿童若在不同的发展阶段出现迟滞现象则会相应表现出不同的人格特征。弗洛伊德的人格发展学说十分重视个体生殖器官成熟的前三个阶段，这三个阶段均在五岁前，因而弗洛伊德强调五岁之前是人生发展的最重要的阶段，强调儿童早期经验对个体终生发展的决定性作用。

(2)弗洛伊德的人格发展理论揭示了儿童心理发展的历程和动力性，但又存在过分夸大本能作用的倾向。对此我的看法为：

①弗洛伊德的人格发展理论为人的心理、行为的动力方面的研究开辟了一个崭新的领域，第一次提出了心理异常并不都是由脑的生理和解剖结构的损害引起的，内在心理矛盾冲突同样也能造成异常心理，从而使心理学家们从研究生理过程本身转向研究异常行为表现的动力和内容，同时，对于探讨儿童心理健康教育的途径也具有积极的启示。

②弗洛伊德的人格发展理论存在过分夸大本能作用的倾向。该理论不仅把性欲本能视为儿童心理发展中起决定作用的因素，而且还突出强调性本能冲突对精神疾病的巨大作用。当然，他强调本能在儿童心理发展中的作用并不错，但是，本能的作用是有限的，其作用是有一定阶段、范围和条件的。事实上，从个体的发展史来看，对于幼儿期的人来说，本能是起着主要的作用，但到了幼儿期之后，就是社会因素逐渐起主要作用，所以，弗洛伊德的人格理论存在一定的不合理性。

总之，弗洛伊德的人格发展理论既有合理的思想，又有不足之处，应准确全面地理解其发展思想，谨慎借鉴其理论，以促进当代儿童发展与心理科学的理论与实践。

9．简述影响心理发展的因素及其相互关系。

答：(1)影响心理发展的因素

①遗传因素

遗传因素主要是指生理因素，它包括儿童的先天素质和后天的生理发展。先天素质主要是指那些与生俱来的，在机体构造、形态、感官和神经系统等方面的解剖生理特征，这些特征通过遗传而获得。儿童的先天素质是心理发展的必要物质前提。随着儿童生理(特别是神经系统)的不断生长、发育、成熟，其心理日益由简单到复杂、从低级向高级发展。遗传因素在儿童心理发展中是必要的物质前提和基础。

②环境因素

环境因素主要是指社会环境和教育因素。社会环境主要是指社会生产方式及由此决定的国家政治、经济、思想、教育等，此外，还有家庭、邻里、亲友等。这些因素在一定意义上决定儿童心理发展的水平、方向和个别差异。在环境因素中，教育又具有特殊的作用。教育作为一种决定性的条件制约着认知发展的过程和方向。科学的教育能促进儿童的认知发展，没有适当的教育措施就无法指导儿童的认知发展。

(2)遗传与环境之间的关系

现代研究者已开始深入地研究遗传和环境之间的动态关系，最典型的有以下几种：

①皮亚杰的儿童发展观

他的相互作用论认为，两种因素之间的关系并非各占若干比例或简单相加的关系，而是一种相互交织、相互渗透和相互影响的关系。而且这种理论认识到两种因素之间动态的、历史的相互影响，即有机体当前的行为不仅受当前环境及遗传物质的影响，而且可能受其遗传基因和过去环境因素的相互作用的影响。

②维果茨基的心理发展观

维果茨基认为心理的发展是指一个人的心理(从出生到成年)，在环境与教育影响下，由低级的心理机能逐渐向高级的心理机能转化的过程。

③朱智贤的心理发展观

朱智贤承认先天因素在心理发展中的作用，遗传因素和生理成熟都是儿童与青少年心理发展的生物前提，它们提供了发展的可能性；而环境与教育则将这种可能性变成为现实性，决定着儿童心理发展的方向和内容。环境和教育不是机械地决定心理的发展，而是通过心理发展的内部矛盾而起作用，这个内部矛盾是主体在实践中，通过主客体的交互作用而形成的新需要与原有水平的矛盾，是心理发展的动力。

五、综合分析题

1. 平平出生于2005年8月16日，从他出生起，妈妈一直为他记成长日记。妈妈发现，这些日记能够很明显地反应平平的成长过程，下面是妈妈记下的四篇日记：

2008年9月12日

晚饭后，陪着平平在院子里玩，遇到对门的乐乐。乐乐手里拿着一个很漂亮的小汽车，平平看到后，马上过去把小汽车抢了过来，还推倒了乐乐。我告诉平平不能这样做，让他把玩具还给乐乐。

2009年6月28日

晚饭后，带平平在院子里玩耍，遇到隔壁的丽丽。丽丽正抱着个大石榴吃。平平没有见过大石榴，眼巴巴地看着人家。丽丽很大方地把大石榴递给平平。平平一点不客气地伸手去接，被我拦住了。最后，丽丽妈把石榴掰了一半给平平。

周围人都夸丽丽懂事，我也给平平讲了半天道理，让他学学丽丽姐姐，有好东西要和小朋友分享。

2010年8月21日

晚饭后，带平平到院子里玩滑板，幼儿园同班的大力正在空地上玩遥控车，平平看见了很高兴。他问大力能不能把遥控车借给他玩一会儿，并且主动把滑板借给大力玩。两人轮流玩玩具，还互相教对方怎么玩，一起玩得很高兴。

2012年9月20日

晚饭后，平平数着自己平时攒下来的零花钱，准备买玩具给福利院的孩子。我问他："这些钱不是你留着买变形金刚的吗?"他说："我是很想要变形金刚，但现在福利院的小朋友更需要玩具。老师给我们讲了他们的不幸故事，如果用这些钱买玩具能够给他们带来欢乐，我会很开心的!"

根据上面的四篇日记，请从弗洛伊德、班杜拉和皮亚杰的理论中任选两个理论来分析平平在这几年的道德行为发展。[统考2017年研]

答：(1)弗洛伊德理论——人格理论

①本我，遵循快乐原则，指向本能需要的直接满足。在材料中，可以看到，平平在2008年时，直接抢别人的玩具玩，是本我在驱动个体进行行动。

②自我，是人格的执行者，遵循现实性原则，即寻找一种现实的途径来满足本能需要。2011年平平虽然想玩遥控车但是在经过大力的同意之后才玩，表明他的自我在起作用。

③超我，是人格当中内化了的道德标准，遵循道德原则。2012年，超我的道德感促使平平将自己平时攒下来的零花钱，准备买玩具捐给福利院，可以看出他的超我力量变得强大了。

(2)班杜拉——观察学习

①观察学习指通过观察他人所表现的行为及其结果而进行的学习。

②观察学习包括注意过程、保持过程、动作复现过程和动机过程。

a. 注意过程调节着观察者对示范活动的探索与知觉。

b. 保持过程使得学习者把瞬间的经验转变为符号概念，形成内部表征。

c. 动作再现过程是以内部表征为指导，做出反应。

d. 动机过程则决定所习得的行为中哪一种将被表现出来。

③在材料中2008年平平抢别人的玩具，之后通过母亲的教导，平平得知抢别人的东西是不对的，所以2009年见到别人吃石榴时，平平就没有做出任何行为。后来平平通过观察丽丽和丽丽母亲的分享行为，产生了亲社会的经验，继而影响到了他之后的行为——平平用自己的零花钱买了玩具给福利院的孩子，这一过程说明了平平通过观察习得了"分享"的观念。

(3)皮亚杰——道德认知发展理论

皮亚杰将儿童道德认知发展分为三个阶段：前道德判断阶段、他律道德或道德实在论阶段、自律道德或道德相对论阶段。

①前道德阶段，年幼的儿童对引起事情的原因只有模糊的了解，他们的行为直接受行为的结果所支配，因而这个年龄阶段的儿童既不是道德的，也不是非道德的。平平在看到乐乐玩玩具时直接抢过来玩，说明此年龄阶段的儿童无法判断自己的行为对错，只是受到玩具的吸引而已。

②他律道德或道德实在论阶段，儿童认为规则是绝对的、固定不变的，是由权威所给予的，而不理解规则可以经过集体协商来制订或改变，儿童的行为具有从他性和情境性的

特点。在经过了母亲的教导之后，平平意识到不能直接夺取他人的物品，但又没有发展出分享的概念，所以看到丽丽吃石榴并没有做出更多举动。后来丽丽的母亲分了一半给平平，让他意识到“分享”的观念，规则可以进行变动，并不是所有的都是绝对一面，所以产生了后面的先询问大力意愿、互学互换的行为。

③自律道德或道德相对论阶段，皮亚杰认为儿童的道德认知发展与儿童的认知能力发展是相对应和平行的。儿童产生他律性就是自我中心与实在论发展的反应，平平能够运用自己的零花钱买玩具给福利院的小朋友，说明他可以对自己行为的道德性进行判断。

2. 试比较皮亚杰与维果茨基关于心理发展的基本观点，对教育实践有什么启示？［浙江师范大学 2011 年研；北京师范大学 2002 年研］

答：(1)皮亚杰与维果茨基关于心理发展的基本观点

①皮亚杰的心理发展观

皮亚杰心理发展理论坚持内外因相互作用的发展观，既强调内外因的相互作用，又强调在这种相互作用中心理不断产生量和质的变化。他认为心理、智力、思维起源于主体的动作，这种动作的本质是主体对客体的适应。主体通过动作对客体的适应，是心理发展的真正原因。适应的本质在于取得机体与环境的平衡，它是通过同化和顺应两种方式实现的。皮亚杰认为，在环境和教育的影响下，人的动作图式经过不断的同化、顺应、平衡的过程，就形成了本质不同的心理结构，这也就形成了心理发展的不同阶段。皮亚杰把儿童心理或思维发展分成四个阶段，即感知运动阶段(0～2 岁)、前运算思维阶段(2～7 岁)、具体运算思维阶段(7～12 岁)、形式运算阶段(12～15 岁)。

②维果茨基的心理发展观

维果茨基创立了文化－历史发展理论，用以解释人类心理本质上和动物不同的高级心理机能。他进一步探讨了人类心理发展的实质，认为人类心理发展是指一个人的心理在环境和教育作用下，从低级心理机能逐渐向高级机能发展的过程。同时，他着重研究了教学与发展，特别是教学与儿童智力发展的关系，并提出了以下三个重要的思想：“最近发展区”的思想；“教学应该走在发展前面”的思想；“学习的最佳期限”的思想。此外，维果茨基还是智力发展内化学说的最早提出者之一。

(2)皮亚杰与维果茨基心理发展观的比较

①相同点

a. 都强调主体的活动在发展中的重要作用。

b. 都强调主体与环境的相互作用。

②不同点

a. 皮亚杰认为个体发展是生物适应的过程，强调个体对外部信息主动的建构，强调人的自然本性，维果茨基认为个体发展受社会文化历史因素的制约，强调社会文化环境的影响，强调人的社会本性。

b. 在发展的关键问题上，皮亚杰认为发展的关键在于儿童的独立探索活动，成人的直接教育是不重要的，维果茨基则强调教育的重要性，认为环境、教育的质量决定着智力发展的质量。

c. 在发展是否存在阶段性上，皮亚杰认为儿童的发展存在阶段性，维果茨基认为发展是连续的没有绝对的阶段。

d. 在思维与语言的关系上，皮亚杰认为思维发展决定语言的发展，维果茨基认为语言的发展决定思维的发展。

(3)对教学实践的启示

①维果茨基的心理发展理论启发人们要重视社会文化环境对儿童心理发展的作用，同时要探讨儿童的最近发展区，由此确定合适的教学内容，另外还要注重学生知识的内化过程。

②皮亚杰的心理发展理论启发人们要对儿童的认知结构和知识建构过程进行深入的分析，根据儿童所处的不同的思维阶段来设计教育训练活动。

3. 试述弗洛伊德和埃里克森的心理发展观，并比较其异同。[统考2010年研]

答：(1)弗洛伊德的心理发展观

弗洛伊德认为，人格是由本我、自我和超我组成的，三者相互联系、相互制约，它们之间的关系决定着个人人格的基本面貌。人格发展的基本动力是本能，人格的发展就是性(心理性欲)的发展。儿童人格发展分为口唇期(0~1岁)、肛门期(1~3岁)、性器期(3~6岁)、潜伏期(6~11岁)和生殖期(青少年期)五个阶段。

(2)埃里克森的心理发展观

埃里克森接受了弗洛伊德理论的基本框架，但更强调自我的作用，认为人格是生物、心理和社会三方面因素组成的统一体，个体人格发展要经过一系列的阶段，每个阶段都有其特定的目标、任务和冲突。各个阶段互相依存，后一阶段发展任务的完成依赖于早期冲突的解决。人的心理发展分为八个阶段：阶段1(0~1岁)信任对怀疑、阶段2(1~3岁)自主对羞怯、阶段3(3~6岁)主动对内疚、阶段4(6~12岁)勤奋对自卑、阶段5(12~18岁)同一性对角色混乱、阶段6(成年初期)亲密对孤独、阶段7(成人中期)繁殖对停滞、阶段8(成年晚期)完美对绝望。

(3)区别与联系

①区别：

a. 弗洛伊德强调本能的作用，将人格发展局限于母亲-儿童-父亲这个狭隘的三角关系中，特别强调早期经验在人格形成中的作用；而埃里克森则更强调自我的作用，将个体发展置于更广阔的社会背景上，重视社会文化对人格发展的影响，认为人格发展是一个渐成的过程。

b. 弗洛伊德对人格发展阶段的划分只到青春期为止；而埃里克森则将人格发展阶段扩展到了人的一生。

②联系：埃里克森的发展理论是对弗洛伊德的发展理论的继承、扩展与修正。埃里克森也没有排除生物因素对人格的影响。

4. 述评皮亚杰、科尔伯格关于道德认知发展理论及其对于当代道德教育的启示。[华南师范大学2004年研；华中师范大学2000、2001年研]

答：瑞士儿童心理学家皮亚杰开创了从认知领域对道德发展研究的先河；美国当代著名发展心理学家和道德教育家科尔伯格采用实证的方法建立了道德认知发展理论。两者的道德认知发展理论都对当代道德教育产生了深刻的影响。

(1)皮亚杰的道德认知发展论

①理论内容

皮亚杰采用对偶故事法，研究了儿童的道德认知发展，并形成了有关道德发展的四阶段理论：

a. 前道德阶段(约0~3、4岁)

该阶段儿童处于感知运动时期，行为主要与满足生理本能有关，还未有任何道德观念的发展。

b. 他律道德阶段(约4、5岁~8、9岁)

该阶段儿童正向具体运算思维过渡，其道德判断是根据客观的效果，而不考虑主观动机，对他律规则、权威的绝对服从和崇拜为特征。

c. 自律道德阶段(约9、10~12岁)

该阶段又称可逆性阶段，此时儿童思维达到具体运算阶段，有守恒和可逆性的特点。儿童在其道德判断中获得了独立，不再绝对服从成人的命令或把规则看成不可改变的从而导致一定程度的自律。

②评价

皮亚杰以科学方法研究道德发展，用认知发展的观点来解释道德发展，对道德认知的研究做出了重要贡献，其研究结论得到了普遍的认同。但皮亚杰忽视了社会因素在儿童认知发展当中的作用。

(2)科尔伯格的道德认知发展理论

①理论内容

科尔伯格继承了皮亚杰的儿童认知发展观点，将儿童的道德发展视为整个认知发展的一部分，提出了道德发展的阶段模型，把个体的道德发展划分为三种水平、六个阶段：

a. 水平1：前习俗水平(约0~9岁)

第一，以惩罚和服从为定向。这阶段儿童顺从准则以避免惩罚。

第二，以工具性的相对主义为定向。这阶段儿童把有利于满足自己需要和偶然地满足别人需要的行为当作正确的行为、相信天真的平等主义和可逆关系、为了获得奖赏而遵从准则。

b. 水平2：习俗水平(约9~16岁)

第一，“好孩子”定向。这阶段儿童倾向于赞许、愉悦和帮助别人，具备维护良好关系的道德品质，为了免遭非难而遵从准则。

第二，以社会秩序和法则为定向。这阶段儿童维护权利和社会秩序的道德取向，倾向于“尽本分”和表示尊重权威及为社会秩序而维护社会秩序，通过遵从权威避免遭到指责。

c. 水平3：后习俗水平(约16岁以后)

第一，以社会契约和个人权利为定向。这时期儿童认识到共同约定的准则是用来保护而不是限制个人自由的，可根据需要加以改变。有害社会的行为即使不违法，也是有错的。强调人人都有平等的生存权利。

第二，以普遍的伦理原则为定向。这时候人们不只倾向于实际规定的社会准则，而且也倾向于选择的权利。强调在超越法律之上有普遍的道德原则。相信每个人都有个人的价值，理应受到尊重。

②评价

科尔伯格的个体道德发展阶段论，注重儿童思想品德的形成和发展过程，将个体道德形成与儿童身心健康发展相结合，对细化道德教育过程，提升教育效果意义重大。但该理论相对忽视了情感和行为。

(3)皮亚杰和科尔伯格的道德认知发展理论对于当代道德教育的启示

①当代道德教育可从促进道德认知发展入手

道德教育是以促进儿童就道德问题和道德决定进行积极的思维为基础的，认知、判断或推理是道德和道德教育的核心。因此，道德教育首先应当促进个体道德认知的发展。

②当代道德教育应在实践活动中得到实施

科尔伯格认为，道德规范不会自动地作用于人，它必须在儿童与成人、儿童与同伴的社会交往的社会合作活动中，在道德实践活动中得到传递。儿童的道德认识、道德情感和道德行为习惯也只有通过这种社会交往传递和产生。

③当代道德教育应适应学生现有的道德发展水平

在道德教育的过程中，应依据儿童道德发展的水平和阶段，制定学校道德教育的培养目标、阶段要求和实施方法，使之符合儿童和青少年道德发展的年龄特征和规律，从而促进我国学校道德教育走向科学化。

④当代道德教育应该与学科教学有机结合

当代道德教育可以贯穿于整个教育教学过程中，也就是通常所说的寓教于学、教书育人。

⑤当代道德教育应当注意确立学生在德育中的主体地位

当代道德教育应当克服命令式和权威式的居高临下的灌输和机械训练，给学生提供更多参与的机会。

5. 个体成长过程中某些同样的行为会随着发展有不同的表现。根据弗洛伊德本我、自我、超我的人格理论，试以一具体行为为例加以分析。

答：(1)弗洛伊德的人格“三我”结构

弗洛伊德将人格结构分为三个层次：本我、自我和超我。

①本我位于人格结构的最底层，是由先天的本能、欲望所组成的能量系统，包括各种生理需要。本我具有很强的原始冲动力量，弗洛伊德称其为力比多。本我是无意识、非理性、非社会化和混乱无序的，它遵循快乐原则。

②自我是从本我中逐渐分化出来的，位于人格结构的中间层。其作用主要是调节本我与超我之间的矛盾，它一方面调节着本我，一方面又受制于超我。它遵循现实原则，以合理的方式来满足本我的要求。

③超我位于人格结构的最高层次，是道德化了的自我，由社会规范、伦理道德、价值观念内化而来，其形成是社会化的结果。超我遵循道德原则，它具有三个作用：

a. 抑制本我的冲动。

b. 对自我进行监控。

c. 追求完善的境界。

在人格结构里，本我、自我和超我三者相互交织在一起，构成人格的整体。它们各自代表了人格的某一方面，本我是生物本能我，自我是心理社会我，超我是道德理想我。它们各自追求不同的目标，本我追求快乐，自我追求现实，超我追求完美。当三者处于协调状态时，人格表现出一种健康状况；当三者互不相让，产生敌对关系时，就会产生心理疾病。

(2) 以攻击性行为为例加以分析

弗洛伊德认为人生来具有的死亡本能追求生命的终止，从事各种暴力和破坏性活动，是攻击性冲动产生的根源。儿童的攻击性行为受本我控制，遵循快乐原则。

①儿童2岁左右产生物主意识，有了占有感；4岁左右，一些儿童的攻击性行为指向引起他不快的人；3~6岁的儿童的攻击性行为随年龄增长，攻击形式会发生变化：身体攻击减少，言语攻击增多。

②儿童在5岁以后，攻击性行为开始减少。攻击性行为开始受到自我的影响，因为父母和老师不容许攻击性行为，攻击他人会受到批评和惩罚，为了避免惩罚，儿童就服从自我的限制，遵循现实原则，减少了攻击性行为。

③儿童随着年龄的增长，受到社会道德和价值观的影响，能够抑制本我的冲动，对自我进行监控，这时儿童开始受到超我的影响，并严格要求自己，减少攻击性行为，对同伴及他人更宽容，但同时也会受到本我和自我的影响。

第3章　发展心理学研究方法

3.1　复习笔记

【知识框架(庖丁解牛)】

- 发展心理学研究方法
  - 发展心理学研究概述
  - 发展心理学研究的设计
  - 发展心理学研究的基本方法
    - 观察法和访谈法
    - 问卷法和测验法
    - 心理生理学方法
    - 实验法
  - 发展心理学研究结果的分析
  - 发展心理学研究方法发展的新趋势

【考点归纳(游刃有余)】

考点一、发展心理学研究概述

表3-1　发展心理学研究概述

要点	具体内容	
主要功能	按层级的递进关系依次为：描述、解释、预测、控制	
研究的特殊性	①年龄是特殊的自变量。 ②从新生儿到老年都是研究对象，年龄跨度大	
原则	客观性原则	对每个数据和个案事实，都实事求是地具体分析
	特殊性原则	应考虑到心理发展的特殊事实、个别差异以及发展的不平衡性
	教育性原则	不能对被试造成身心损害

考点二、发展心理学研究的设计

表3-2　发展心理学研究的设计

要点	具体内容
定义	是指研究者根据研究目的，选择研究对象，经过周密的思考而制订出包括最后如何统计分析搜集到的数据在内的整个研究工作的具体计划和安排

续表

要点	具体内容		
研究设计的分类	横断研究设计	定义	在某一特定时间同时对不同年龄的被试进行横向比较研究设计
		优点	在短时间内确定研究对象的心理发展特征
		缺点	可能会受同辈效应的干扰，也无法获得个体发展趋势情况
	纵向研究设计	定义	对同一研究对象在不同的年龄阶段进行纵向比较研究设计
		优点	有助于精确地了解某一群体的心理发展规律
		缺点	花费大、耗时长，存在样本流失、信度降低、变量增多的情形
	聚合交叉设计	定义	融合横断研究设计和纵向研究设计的综合性研究设计
		优点	能扬长避短，既能掌握心理发展的连续过程，又能进行大面积测查
	微观发生学设计	定义	在某个短时间内通过重复给被试施加一定的诱发变化的刺激因素以观测其实时变化的研究设计
		优点	研究者能够追踪特定行为的个体发展轨迹，也够观察到个体的内部差异，还能够确定变化最有可能发生的条件
		缺点	耗时费力，只适用于动机强的被试，且难以分清被试已具备的能力和变化后的能力
	传统行为遗传学研究设计	①双生子研究：通过比较同卵双生子和异卵双生子之间在某种行为特征上的相似性，探索遗传和环境对这种行为特征的影响程度。 ②其他研究：还包括家族研究和收养研究等	
	基因研究设计	两个趋势： ①采用大样本和多个独立样本，保证行为特质全基因组关联研究的可重复性和稳固性。 ②通过整合基因——环境——脑——行为研究深入揭示先天与后天对心理发展与脑发育的影响	

考点三、发展心理学研究的基本方法

1. 观察法和访谈法

表3-3　观察法和访谈法

要点	具体内容	
观察法	定义	是指研究者通过感官或借助于一定的科学仪器，在一定时间内有目的、有计划地考察和描述客观对象(如人的各种心理活动、行为表现等)并收集研究资料的一种方法
	分类	①参与观察与非参与观察。 ②结构性观察与非结构性观察。 ③连续性观察和非连续性观察。 ④自然观察和实验观察
	设计步骤	确定观察内容→选择观察策略→制定观察记录表

续表

要点	具体内容	
观察法	注意事项	①了解观察对象，明确观察目的。 ②隐蔽观察行为。 ③善于记录。 ④综合分析观察对象的相关材料
	评价	①优点：收集的资料比较客观、全面和准确。 ②缺点：对观察者能力水平要求高；有些观察活动可能会影响观察对象的正常行为，导致观察结果失真；花费较大
访谈法	定义	是指研究者通过与研究对象进行口头交谈的方式来收集对方有关心理特征和行为数据资料的一种研究方法
	分类	①结构访谈和非结构访谈。 ②直接访谈和间接访谈。 ③一般访谈和特殊访谈。 ④个人访谈和集体访谈
	设计步骤	明确访谈研究的目的→详细列出研究涉及的所有变量→选择访谈问题形式→编制具体访谈问题
	注意事项	①熟悉访谈内容，了解背景情况，选择时间地点，带齐所需材料等。 ②消除双方陌生感，营造友好的访谈气氛。 ③及时捕捉有用信息，灵活记录访谈内容
	评价	①优点：有针对性地收集研究数据，回收率和有效率较问卷法高。 ②缺点：对访谈者素质要求高，所得资料不易量化，效果易受限制

2. 问卷法和测验法

表3－4　问卷法和测验法

要点	具体内容	
问卷法	定义	是研究者用设计的问卷来收集被试心理和行为的数据资料的一种研究方法
	特点	①标准化程度较高。 ②能在较短的时间内收集到大量资料。 ③所得资料便于进行定量分析
	注意事项	①问卷问题应是研究对象熟悉并愿意积极配合，认真回答的。 ②形式应以封闭式为主，开放式为辅，答案要便于归类、统计。 ③成分考虑研究对象的思想顾虑和所填内容的真实性
	评价	①优点：标准化程度较高，能在较短的时间内收集到大量的资料；匿名性强，回答相对真实；所得的资料也便于进行定量处理和分析。 ②缺点：问题和回答方式固定，灵活性不强；不能有效地指导被试填写问卷；只能研究一些比较简单、表面的问题

续表

要点		具体内容
测验法	定义	是研究者采用标准化题目(量表等)来收集被试心理和行为的数据资料的一种研究方法
	常用的测验	中国比奈测验、韦克斯勒智力量表、瑞文测验、中国儿童和青少年认知能力测验、中国儿童和青少年学业成就测验、卡特尔 16 项人格因素问卷、画人测验、中小学生团体智力筛选测验、托兰斯创造思维测验、超常儿童认知测验、丹佛发展筛选测验、艾森克人格问卷(EPQ)、明尼苏达多相人格量表(MMPI)、808 神经类型测验表等
	注意事项	①做好准备，熟悉材料。 ②建立与被试的良好关系。 ③选择测试被试的环境。 ④根据被试的特点选择合适的测验方法。 ⑤严格执行指导说明
	评价	①优点：量表种类较多，编制严谨，结果处理方便。 ②缺点：测试结果可能受练习、经验的干扰；测验结果难以进行定性分析

3. 心理生理学方法

表 3－5　心理生理学方法

要点		具体内容
电生理测量方法	原理	利用体表或者神经元上记录到电信号来研究心理活动的生理机制
	应用	如脑电图、脑磁图、多导生理记录仪等
磁共振成像	原理	利用人体中的氢原子在强磁场内受到脉冲激发后产生的电磁波等参数形成图像
	应用	用于功能性磁共振研究、结构性磁共振研究、纤维追踪研究、静息态磁共振研究等方面
功能性近红外光谱成像	原理	利用近红外光检测大脑皮质功能活动的技术
	应用	用于新生儿的语言研究、婴儿大脑皮质网络的功能连接研究、多动症研究、认知老化的脑功能研究、阿尔茨海默病研究、帕金森症研究等
经颅磁刺激	原理	利用磁场变化来兴奋或抑制大脑皮质神经元的活动
	应用	用于大脑与视觉、躯体感觉、语言、情绪等关系的测定
生化指标的测量技术	原理	捕捉人脑化学信号
	应用	出现收集大脑生化活动的脑血流图技术、同位素标定 2－脱氧葡萄糖技术、神经递质的染色标定技术等

4. 实验法

表 3－6　实验法

要点		具体内容
定义		是指对研究的某些变量进行操纵和控制，创设一定的情境，以探讨心理发展的原因和规律的研究方法
类型	实验室实验	①优点：控制严密，结果客观，便于分析。 ②缺点：样本数量小，脱离现实生活
	现场实验	①优点：实用价值较大，内部和外部效度较高。 ②缺点：样本的代表性不易控制，自然情境较为复杂

考点四、发展心理学研究结果的分析

表3-7 发展心理学研究结果的分析

要点		具体内容
研究结果的定性分析	含义	是采用一定的逻辑方法(如归纳、演绎、分析、综合、比较、分类等)，对获得的资料和研究结果进行思维加工和意义分析，以认识心理现象和行为的本质，揭示其发生发展的规律的研究方法
	特点	①定性分析是建立在描述基础上的逻辑分析或推断。 ②定性分析侧重揭示心理或教育过程中的现象或行为的“意义”。 ③定性分析倾向于对研究结果进行归纳分析。 ④定性分析重视对过程和相互关系进行分析
	关键步骤	①研究结果的分类与汇总一般采取适宜于计算机处理的形式——编码，即将研究所获得的资料转换成计算机可识别的数码或代码的过程。 ②编码者根据指导手册对被试的反应或答案进行编码，并将代码或数码填写入编码表，以便于计算、列表或输入计算机
研究结果的定量分析	定义	是采用一定的数学方法(如数理统计、多元分析、计算机运算等)，对获得的资料和研究结果进行统计、分析和处理，以认识心理现象和行为的数量关系，掌握数量特征和数量变化，进而揭示其发生发展的规律的研究方法
	统计方法	①描述统计：对资料进行整理、分类和简化，以揭示研究对象的某些性质和特点。 ②推断统计：根据研究问题提出需要检验的假设，然后根据通过抽样而收集到的数据，运用统计检验的方法对假设的合理性做出判断；推论统计包括总体参数特征的估计方法和假设检验方法两部分，其中假设检验方法又分为参数假设检验和非参数检验方法

考点五、发展心理学研究方法发展的新趋势

1. 多层面和多学科研究相互整合。
2. 多变量统计方法的大量使用。
3. 新的数据收集手段的广泛使用。
4. 训练研究和教育实验越来越受重视。

3.2 典型题(含考研真题)详解

一、单项选择题

1. 能够区分具体运算阶段和形式运算阶段的实验是(　　)。[统考2021年研]

A. 钟摆实验　　B. 守恒实验　　C. 三山实验　　D. A非B错误

【答案】A

【解析】A项，皮亚杰的钟摆实验证明形式运算阶段的儿童能够运用假设演绎推理，小学儿童虽然能够提出少许可能的因素，但尚缺乏运用假设演绎推理解决问题的能力。C项，三山实验证明了前运算阶段幼儿思维的自我中心性。B项，守恒实验证明了具体运算阶段具有去中性化的特点，儿童在8岁左右达到守恒。D项，感知运动阶段的婴儿客体永久性

认识不完全，会发生“A 非 B”错误。因此答案选 A。

2. 横向研究是(　　)。[中山大学 2017 年研]

A. 相同的人在不同时间的再次测量

B. 不同年龄组在同一时间被测量

C. 个体的不同性格属性在同一时间内被测量

D. 一个群体的行为被不同研究者同时测量

【答案】B

【解析】横向研究是指在某一特定的时间，同时对不同年龄的被试进行比较的研究设计。

3. 下列描述正确的是(　　)。[首都师范大学 2016 年研]

A. 横断研究发现智力在 25 岁左右开始下降

B. 纵向研究发现成年人的智力稳定不变

C. 横向研究的主要缺点在于练习效应

D. 纵向研究的主要缺点在于同辈效应

【答案】B

【解析】A 项，横断研究无法获得个体发展趋势或发展变化的数据资料，因此横断研究无法发现智力随年龄发展变化的资料。B 项，纵向研究能系统地、详尽地了解心理发展的连续过程和从量变到质变的规律，因此能发现成年时期智力的稳定情况。C 项，横断研究只测量一次，因而不存在练习效应。D 项，横断研究可能出现同辈效应，而纵向研究可能出现跨代效应。

4. 下列方法中，不适宜用来研究婴儿知觉能力的是(　　)。[统考 2015 年研]

A. 陌生情景法　　B. 视觉偏爱法

C. 习惯化与去习惯化　　D. 操作性条件反射法

【答案】A

【解析】婴儿知觉研究最大的障碍在于，他们既不能用言语报告自己的知觉活动，也不能用熟练的行为做出反应。A 项，陌生情景法是用来研究婴儿的依恋现象。B 项，视觉偏好法是考察婴儿对几个物体或图形的注视时间，以此判断婴儿对某一物体或图形的偏好。C 项，习惯化和去习惯化，可以用于有效地研究婴儿的图形知觉、深度知觉和颜色知觉等能力。D 项，运用操作性条件反射法可以研究婴儿的知觉辨别能力，在建立目标刺激与探索行为后，改变目标刺激，观察婴儿的探索行为。

5. 在同一时间内对某一年龄(年级)或某几个年龄(年级)的被试的心理发展水平进行测查并加以比较的研究是(　　)。[四川师范大学 2015 年研]

A. 横断研究　　B. 聚合交叉研究　　C. 质的研究　　D. 纵向研究

【答案】A

【解析】横断研究设计是在某一特定的时间，同时对不同年龄的被试进行比较，以描绘心理随年龄增长而发生的变化的方法。纵向研究设计，又称追踪研究，是对同一研究对象在不同的年龄或阶段进行长期的反复观测，考察同一组人心理的连续变化特点的方法。聚合交叉研究是横断研究和纵向研究的结合，同时对几个年龄组的人进行多次测查。质的研究，又称定性研究，是指研究者参与到自然情境而非人工控制的实验环境之中，充分地收集资料，对社会现象进行整体性的研究，采用归纳而非演绎的思路来分析资料形成理论，通过与研究对象的实际互动来理解他们的行为，如观察法、访谈法等。

6. 纵向设计和横断设计的共同缺陷是(　　)。

A. 费时　B. 易丢失样本　C. 存在世代效应　D. 成本大、费用高

【答案】C

【解析】纵向设计的缺点：①由于要追踪被试，整个研究持续的时间较长，随着时间的推移，会加入许多新的无关变量；②人力、物力有时也花费较大；③被试流失严重；④反复测量可能导致被试厌倦；⑤同层人效应；⑥限制新技术的使用。横断设计的缺点：①缺乏系统性和连续性，看不到同一个体在发展上的连续性；②年龄和出生年代的效应不能区分；③取样复杂。它们的共同缺点是存在世代效应，横断设计同一时间的不同年龄被试有世代效应；而纵向设计的同一被试经过了很长一段时间也存在世代效应。

7. 临床法实际上是谈话法、观察法和实验法的综合运用，它是(　　)率先应用的。

A. 霍尔　B. 普莱尔　C. 华生　D. 皮亚杰

【答案】D

【解析】皮亚杰的临床法是指在单纯观察法的基础上，扬弃测验法的优缺点，汲取实验法的长处而创造出来的对儿童智慧进行研究的方法，其最终目的是要求研究者通过谈话和观察抓住隐藏在儿童言行表面现象背后的本质东西。

8. 假设在1955年，对20岁(1935年出生)群体样本进行性别角色态度评定，然后在他们40岁(在1975年)和60岁(在1995年)时，再作重新评估。在1975年对另一组20岁(1955年出生)群体样本进行性别角色态度评定，以后每隔20年再重新评定一次。这种研究方式是(　　)。

A. 个案设计　B. 纵向设计

C. 横断设计　D. 横断与纵向设计相结合的交叉设计

【答案】D

【解析】聚合交叉设计是指将纵向设计和横断设计综合在一起的一种研究方法，其基本设计思想是在纵向设计图式中分段进行横断设计，取长补短，保留纵向设计和横断设计的优点，克服其缺点。根据题干表述，既有对同一被试的纵向设计，又有在1975年比较了两个不同年龄阶段的横断设计，是这两种设计的有机结合。所以是横断与纵向设计相结合的交叉设计。

二、多项选择题

1. 导致纵向研究使用较少的原因有(　　)。

A. 样本因时间延续而丢失　B. 阶段性资料不易保存

C. 研究人员变动频繁　D. 反复测查影响数据的可靠性

【答案】AD

【解析】纵向研究的局限性；第一，样本的减少，随着研究时间的延续，部分被试可能会因各种原因而流失；第二，反复测量，这可能影响被试的发展，影响被试的情绪，从而影响到某些数据的可靠性；第三，时间较长，长期追踪要经历时代、社会、环境的变化，这通常会造成变量的增多。因此答案选 AD。

2. 访谈法主要包括(　　)。

A. 结构访谈　　B. 非结构访谈　　C. 直接访谈　　D. 间接访谈

【答案】ABCD

【解析】访谈法是指研究者通过与访谈对象进行口头交谈，了解和收集其心理特征和行为数据资料的一种研究方法。根据访谈的方式可以将访谈法分为结构访谈与非结构访谈、直接访谈与间接访谈。

3. 个案法的缺点包括(　　)。

A. 只使用少数案例　　B. 结果推广时有较大限制

C. 不需要其他方法协助　　D. 无法独立验证假说

【答案】ABD

【解析】个案法是指对某一个体在较长时间内(几个月、几年乃至更长时间)连续进行调查、了解、收集全面的资料，从而研究其心理发展变化的全过程的方法。个案法的缺点在于它只使用少数案例，在结果推广时有较大限制。在具体研究中，个案法往往用于提出理论或假说，验证理论和假说还需要其他方法协助。

4. 自然观察法的缺点包括(　　)。

A. 对同种现象难以进行重复观察

B. 观察的结果难以进行验证和证实

C. 用观察法得到的结果，往往难以进行精确的分析

D. 观察者的结果容易受到观察者本人的兴趣、愿望、知识经验和观察机能的影响

【答案】ABCD

【解析】观察法分为自然观察法和实验观察法。自然观察法是指在不加任何控制的条件下观察自然情境中被试的行为表现，它的局限性在于：①观察资料的质量在很大程度上受到观察者本人的能力水平、心理因素的影响；②许多发展心理学研究者希望观察到的行为的发生有时是难以预知的；③它只是简单描述性的，以至于人们无法评估事件之间的关系；④有时它提供的资料不太充足。许多自然观察，比如个案研究的结果是无法再现，故而引来了其他研究人员的怀疑。

三、名词解释

1. 横断设计[首都师范大学 2016 年研；天津师范大学 2012 年研；首都师范大学 2012 年研；曲阜师范大学 2011 年研；曲阜师范大学 2011 年研]

答：横断设计，又称为横向研究，是指在同一时间内对不同年龄的被试进行比较的研究范式。这种范式在实际工作中使用较多。研究者可以通过选取生理成熟度不同的群体或不同年龄阶段的群体，来研究某一个特定发展领域在不同年龄的发展状况。横断研究的优

点有：①能够在短时间内发现同一年龄或不同年龄群体的发展相似性和差异性，确定发展的年龄特征；②由于能够同时对几个年龄群体进行调查测量，获得的信息量大；③经济且费时短。横断研究的缺点有：①年龄效应可能会与同辈效应相混淆；②由于在横断研究设计中每个人只在某个时间点上接受测查，因而研究者无法获得个体发展趋势或发展变化的数据资料。

2. 量化研究与质性研究[西南大学2012年研]

答：①量化研究，又称定量分析，是对发展研究结果的量的分析，它可以帮助人们从复杂纷乱的数据中抽取出规律性的信息，进而使研究者能够深刻地理解、全面地描述、准确地推断和预测研究对象及其发展变化，使之成为研究者提出或检验假设、建构理论的依据，如问卷法等研究方法；②质性研究，又称定性分析，是对发展研究结果的质的分析，是运用分析和综合、比较和分类、归纳和演绎等逻辑分析方法，对研究所获得的资料进行思维加工，从而认识研究对象的本质特征，揭示其发生、发展的规律，为研究结果的解释和理论的构建提供依据，如观察法、访谈法等研究方法。

3. 双生子研究

答：双生子研究是指利用双生子作为样本，通过特征的差异来研究遗传与环境对个体心理和生理特征发展的影响或作用。双生子有同卵双生和异卵双生两种，前者由一个受精卵分裂而来，所带基因相同，后者由两个卵子接受不同的精子受精发育而成，在遗传特点上无异于两次妊娠，基因的相似程度与同胞兄弟一样，大约有50%的共同基因。双生子研究多应用于智力、人格方面的研究。

4. Sequential design

答：Sequential design中文译为“序列研究设计”。序列研究设计是指一种在几个月或几年内对不同年龄群的被试反复进行研究的设计。它是将纵向研究设计与横向研究设计交叠在一起构成的、研究个体心理发展的方法。其主要特点在于：①发扬了纵向研究设计系统、详尽的特点，使心理发展的连续过程及其特点易于掌握，同时发扬了横断研究设计较大面积测定的优势，加强统计处理，克服纵向研究设计样本少、时间限制等问题；②将心理发展既作为特殊的运动形式，又看到其共同之处，从而横向延伸到各个年龄段，又通过追踪的纵向研究，以获得心理结构、属性、规律发展的较全面的资料；③将共时性和历时性统一起来，采用静态和动态相结合的原则缩短了长期追踪研究的时间。

5. 纵向研究

答：纵向研究是指对同一研究对象在不同的年龄或阶段进行长期的反复观测的方法，故也称为追踪研究。纵向研究要求在所研究的时间内反复观察和测量同一群体，它可以得到同一群体在某一或某些心理发展领域前后一贯的材料，有助于更为精确地了解该群体的心理发展过程或变化趋势。因此，纵向研究设计的优点是能系统地、详尽地了解心理发展的连续过程和从量变到质变的规律，其缺点是费时费力，难以进行大量研究，且不易查明或控制影响被试的各种条件，当被试的生活条件变化时，不易有效地进行前后比较等。

四、简答题

1. 举例说明发展研究中的同辈效应(Cohort effect)。[北京大学 2018 年研]

答:(1)同辈效应(Cohort effect)是指在横断设计中，由于个体出生在特定时期并成长在特定历史情境中所带来的对个体发展研究的干扰效应，也就是说两个年龄组被试之间的差异可能并不是由个人发展造成的，而是由两组被试所经历的社会历史情境不同造成的。

(2)例如，“90 后”与“70 后”相比，思想更加开放。此现象除了与个人发展有关，还与所经历的社会历史情境有关。“70 后”生活在极左思潮泛滥的后期及改革开放刚刚启动的时期，而“90 后”生活在信息化的程度越来越高的时代，这就使得 90 后相比 70 后，更愿意接触新事物，思想更开放。

2. 比较横断研究、纵向研究和聚合交叉研究并说其优缺点。[浙江师范大学 2018 年研]

答:(1)横断研究

横断研究是指在同一时间内对不同年龄的被试进行比较的研究范式。

①横断研究的优点有：a. 可同时研究较大样本；b. 可在较短时间内收集大量数据资料；c. 省钱、省时、省力；d. 不存在重复测量的问题。

②横断研究的缺点有：a. 无法获得个体发展趋势或发展变化的数据资料，缺乏连续性；b. 难以确定因果关系；c. 取样程序较为复杂；d. 存在世代效应。

(2)纵向研究

纵向研究是指对同一个体或年龄组的被试，在较长的时间内，对其心理发展水平进行有系统的、定期的连续观察和研究，也称为追踪研究。

①纵向研究的优点有：a. 系统详尽地了解发展的连续过程、显著的阶段特征和量变质变规律；b. 有助于确定因果关系。

②纵向研究的缺点有：a. 被试的流失；b. 反复测量引起练习效应，降低数据可靠性；c. 研究周期长，额外变量增多；d. 费时费力，成本较高。

(3)聚合交叉研究

聚合交叉研究是指选取不同年龄的被试对其心理发展水平进行追踪研究。

①聚合交叉研究的优点有：a. 克服横断研究与纵向研究各自的不足之处，汲取它们各自的长处，科学性和适用性很强；b. 既将心理发展作为特殊的运动形式，又看到其共同之处，从而横向延伸到各个年龄阶段，还通过追踪研究、获得心理结构、属性、规律发展的较全面资料；c. 将共时性和历史性统一起来，采用静态和动态相结合的原理，缩短了长期追踪的研究时间。

②聚合交叉研究的缺点有：a. 成本高；b. 取样复杂。

3. 举例说明纵向研究设计和横断研究设计结合起来的优点。[北京大学 2016 年研]

答:(1)聚合交叉设计是一种把纵向研究设计和横断研究设计相结合构成的研究个体心理发展的方法，它通过选择不同年龄的群体为研究对象，在短时期内重复观察这些对象。与横断研究设计和纵向研究设计相比，它有如下的优点：

①克服了横断研究设计和纵向研究设计的不足，汲取了它们的长处，即发扬纵向研究

设计系统、详尽的特点，使心理发展的连续过程及其特点易于掌握，同时发扬横断研究设计能够进行较大面积测定的优势，加强统计处理，克服纵向研究设计样本少、有时间限制等缺陷。

②该设计采用静态和动态相结合的原则，缩短了长期追踪的研究时间，使发展研究充分考虑到发展过程的复杂性，兼顾教育与发展的关系。

③聚合交叉设计将心理发展作为特殊的运动形式，看到其共同之处，从而横向延伸到各个年龄段，又通过追踪的纵向研究，以获得心理结构、属性、规律发展的较全面的资料。

④聚合交叉设计可以排除组群效应，而且可以不断补充被试，避免被试流失，耗时也比纵向研究少。

总之，运用聚合交叉设计既可分析心理现象发展的一般趋势，又能挖掘心理发展的潜力和可能性，能在较短时间内了解各年龄阶段儿童心理发展的总体情况，又从发展的角度了解样本中个体年龄增长出现的各种变化以及社会历史因素对心理发展的影响，提高了研究的科学性。

(2)举例：在研究450名一至三年级小学儿童数概念与运算能力发展状况时，运用课堂测验的方式，由数学教师为主试，使用同一指导语，对研究对象进行观察和问卷测查。选择三个年级，利用三年时间进行纵向追踪，在三年时间内完成对一至五年级小学儿童的全部追踪研究，不仅缩短了研究时间，而且获得了有关小学儿童数概念和运算能力发展变化的数据。

4. 简述发展心理学的主要研究方法。

答：发展心理学的研究方法主要有观察法、访谈法、问卷法和测验法。

(1)观察法

①定义：观察法是研究者通过感官或仪器设备，有目的、有计划地观察被观察者的心理和行为表现，并由此分析被观察者心理发展特征和规律的一种方法。观察法是发展心理学研究中最基本、最普遍的一种方法。发展心理学早期的许多研究大都是采用这种方法进行的。例如，达尔文的《一个婴儿的传略》和陈鹤琴的《儿童心理学之研究》等，都主要是通过观察法收集资料完成的。

②观察设计：进行观察研究首先必须进行观察设计。观察设计通常包括如下三个步骤：首先是确定观察内容和对象；其次是选择观察策略；最后是制订观察记录表。

③观察法的优点：可以在行为发生的当时及现场进行观察、记录，能够收集到行为发生、发展过程的资料，具有很强的生态效度。

④观察法的缺点：a. 观察资料的质量在很大程度上受到观察者本人的能力水平、心理因素的影响；b. 许多发展心理学研究者希望观察到的行为的发生有时是难以预知的；c. 观察法的运用往往需要花费较大的人力、物力和较多的时间。

(2)访谈法

①定义：访谈法是研究者通过与访谈对象进行口头交谈，了解和收集其心理特征和行为的数据资料的一种研究方法。

②访谈法的特点：a. 整个访谈过程是访谈者与访谈对象相互影响、相互作用的过程。所以，在访谈中，访谈者应争取掌握访谈过程的主动权，积极影响访谈对象，尽可能使研

究按照预定的计划开展；b. 它具有特定的研究目的和一整套设计、编制和实施的原则。

③访谈法的优点：a. 能有针对性地收集研究数据；b. 适用于一切具有口头表达能力的不同文化程度的访谈对象；c. 具有较问卷法更高的效率。

④访谈法的缺点：a. 访谈结果的准确性、可靠性受访谈者自身的素质影响较大；b. 费时费力；c. 所得资料不易量化；d. 访谈效果受环境、时间和访谈对象特点的限制。

(3)问卷法

①定义：问卷法是指用经过严格设计的、具有固定结构的问卷对被试群体进行调查的研究方法。

②问卷法的特点：a. 问卷结构化程度较高，避免了盲目性和主观性；b. 能在较短的时间内收集到大量资料；c. 所得资料便于进行定量分析。

③问卷法的优点：a. 内容客观统一；b. 结果处理分析方便；c. 节省了人力、物力和财力；d. 匿名性强，能够获得被试较为真实的回答。

④问卷法的缺点：a. 对被试的言语发展水平有一定要求，因而不适于年幼被试；b. 被试的回答可能带有一定的主观性，因而由此获得的有些数据资料还需用其他方法加以印证。

(4)测验法

①定义：测验法是采用经过标准化的测验量表对被试进行测量的研究方法，可以将结果与常模做比较，对心理发展水平或特点做出评定或诊断。

②测验法分类：纸笔测验或计算机测验，个别测验或团体测验，能力测验或人格测验等。

③测验法的优点：a. 测验量表的编制十分严谨，结果处理方便，量表有现成的常模，可以直接进行对比研究；b. 量表的种类较多，可以适应不同研究目的的需要。

④测验法的缺点：a. 使用灵活性差，对主试的要求较高；b. 结果难以进行定性分析；c. 被试的成绩也可能受练习、测验经验的影响等。

5. 简述发展心理学研究的特殊性。

答：发展心理学是专门研究个体心理如何随着个体年龄的增长而发展变化的，这就决定了其研究具有特殊性，具体体现在以下几个方面：

(1)年龄是一个特殊的自变量

在发展心理学研究中，年龄通常被视为一个特殊的自变量(即独立变量)，但它是一个不可以进行人为操纵的变量，因而只有通过相关方法加以改变、操作。正由于此，发展研究在得出结论时，不能将因变量的变化完全归于年龄。即使对年龄变量本身，也要做全面分析。因为发展心理学研究的年龄变量有历法年龄(实际年龄)、生理年龄、心理年龄和被试自己或他人知觉的年龄等多种变量。

(2)研究对象的年龄跨度大

发展心理学研究的特殊性还表现在它的研究对象的年龄跨度很大，从新生儿到老年，都是发展心理学的研究对象。由于年龄的差距，在研究方法学上和具体研究方法的选择上需要考虑不同方法的年龄适应性。

6. 在对发展心理学研究结果进行分析时，如何处理好定性分析和定量分析方法的关系？

答：定性分析就是对发展研究结果的质的分析，定量分析是对发展研究结果的量的分析。在对发展心理学研究结果进行分析时，要处理好定性分析和定量分析方法的关系，应注意以下两点：

（1）定性分析与定量分析存在着巨大差异

①着眼点不同

定性分析着重事物质的方面，定量分析则着重事物量的方面。

②依据不同

定量分析的依据主要是调查得到的现实资料数据，定性分析的依据则是大量历史事实和生活经验材料。

③手段不同

定量分析主要运用经验测量、统计分析和建立模型等方法；定性分析则主要运用逻辑推理、历史比较等方法。

④学科基础不同

定量分析是以概率论、社会统计学等为基础，而定性分析则以逻辑学、历史学为基础。

⑤结论表述形式不同

定量分析主要以数据、模式、图形等来表达；定性分析结论多以文字描述为主。定性分析是定量分析的基础，是它的指南，但只有同时运用定量分析，才能在精确定量的根据下准确定性。

正因为两者存在以上方面的不同，因此在对发展心理学研究结果进行分析时，要根据研究目的和研究结果的性质采取相应的分析方法。

（2）定性分析与定量分析的相互联系

定量、定性分析虽然具有不同的基础假设、不同的程序，但两者不是对立的，它们是从不同的角度、在不同的层面、用不同的方法对事物的本质进行分析，各有所长，在对发展心理学很多分析结果进行分析时，可以将定性、定量分析的成果相互补充，加深认识；同时，它们又可各施其长，如定量分析比较适合在宏观层面对事物进行大规模的调查和预测；而定性分析比较适合在微观层面对个别事物进行细致、动态的分析。在很多研究中，可以将两种方法以不同方式（如马克斯威尔提到的整体式结合、分解式结合）适当地结合起来使用，相互取长补短，提高研究结果的信度。

五、综合分析题

1. 请简述发展心理学关于聚合交叉研究（3～6岁儿童字母阅读能力）的数据分析思路以及横断设计、纵向设计和聚合交叉设计的特点。［统考2020年研］

答：（1）数据分析思路

聚合交叉研究可以进行三种比较：横向比较可以看出儿童发展的一般特征；纵向比较可以看出比较完成的发展趋势；比较不同时代同一年龄被试可以看出是否存在组群效应。

（2）三种设计的特点

①横断设计

a. 定义

横断设计是指在同一时间对不同年龄被试的心理进行测量和比较，以探讨其心理发展的特点和规律。比如同时对全国23个省市的青少年思维发展进行研究，就属于横断设计。

b. 特点

第一，横向研究比较节省时间和经费，易于实施。由于横向研究可以对较多被试进行研究，故被试的代表性往往较强，研究所得结果也具有较好的概括性。横向研究的时效性比较强，可以较快获得研究结果，同时避免了被试流失。

第二，横向研究可能存在组群效应，即将社会环境影响不同而造成的差异当成是年龄增长所引起的发展变化。不适用于研究发展的稳定性和早期影响的作用等问题。无法获得个体发展趋势或发展变化的数据资料，难以得出个体心理的连续性变化过程和事件间的因果关系，因而不能反映全面本质的问题。

②纵向设计

a. 定义

纵向设计是在比较长的时间内对同一组被试进行追踪研究，以考查随着年龄的增长，其心理发展进程和水平的变化。

b. 特点

第一，能看到比较完整的发展过程和发展过程中的一些关键转折点；特别适用于研究发展的稳定性问题和早期影响的作用问题，也适用于个案研究。

第二，比较花费时间、经费和人力；研究的时效性比较差，有时候需要等待很久才能得到研究结果，有时候研究课题的意义随着时间的推移而逐渐减弱，或研究手段逐渐变得落后；可能发生被试流失的情况，这会影响被试的代表性和研究结果的概括性；也可能出现练习效应或疲劳效应。

③聚合交叉研究

a. 定义

聚合交叉研究是在纵向研究图式中分段进行横断研究，选择不同年龄的群体为研究对象，在一定时期内重复观察这些对象。例如在某小学选择三个年级，利用三年时间进行纵向追踪，用三年时间完成了对一到五年级儿童的全部追踪研究。

b. 特点

聚合交叉研究既有纵向研究设计系统详尽的特点，使我们能掌握心理发展的连续过程，又具有横断研究面积测查的特点，克服了纵向研究被试样本小、受时间限制等问题；采用聚合交叉研究不仅可以排除组群效应，而且可以不断补充被试，避免被试流失所造成的影响；通过比较同时代出生但先后参加实验的被试，可以了解是否存在练习效应或疲劳效应；聚合交叉研究耗时也比典型的纵向研究少；采用聚合交叉研究，可以对发展的稳定性问题和早期影响的作用问题进行研究。

2. 下图是伍德·沃德(A. Woodward，1998)在一项研究中用的所用刺激，旨在考察6个月的婴儿能否认识到实验者的伸手动作是指向某一特定客体的(即带有某种意图的动作，而不只是具有特定时间空间特征的动作)。实验的具体步骤包括：(1)婴儿观看某种包含两

个客体的事件场景(图1“习惯化刺激”)：实验者从场景一侧伸出一只手并抓住客体a，反复呈现这个事件直到婴儿习惯化；(2)然后调换刺激场景中两个客体的位置，并以左右平衡的顺序呈现两个测验事件(图2和图3的“测验刺激”)：实验者把手伸向并抓住另一个客体b(新客体事件，如图3)。结果发现，婴儿对新客体事件的去习惯化程度高于对老客体事件的去习惯化的程度。

试依照习惯化-去习惯化范式，分析该实验的逻辑及其结果的意义。[统考2014年研]

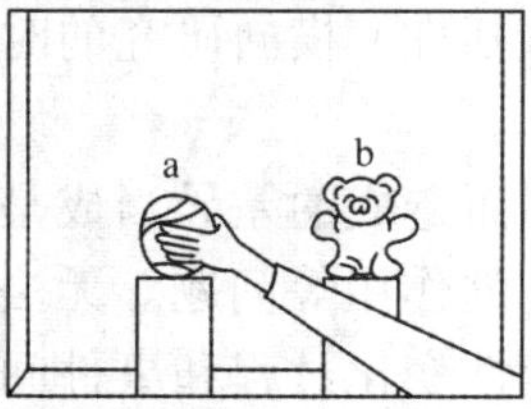

图1　习惯化刺激

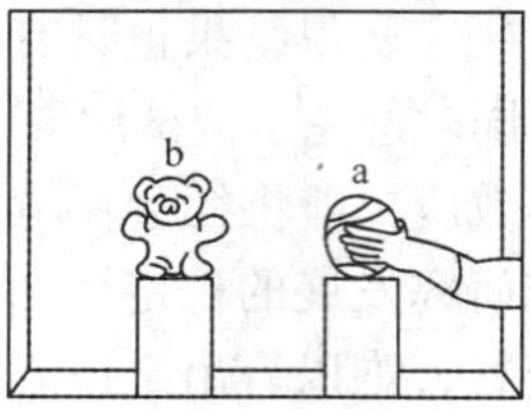

图2　测验刺激

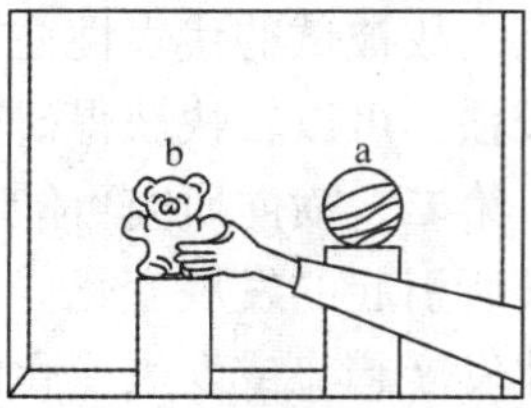

图3　测验刺激

答：(1)“习惯化与去习惯化”范式

“习惯化与去习惯化”范式是指，给婴儿反复呈现同一刺激，若干次后，婴儿就会不再注意该刺激，或者其注视时间明显变短，乃至消失，这一现象称为习惯化。如果给予一个新的刺激，婴儿的注意时间又恢复或变长的现象叫去习惯化。

(2)实验逻辑

步骤一是产生一个习惯化过程；步骤二，伸手动作空间发生变化，但伸手动作指向的客体并没有变化，此时是对a产生去习惯化过程(老客体事件的去习惯化)；步骤三，伸手动作空间没有变化，但伸手动作指向的客体变成了b(新客体事件的去习惯化)。

如果婴儿认为伸手动作只是代表具有特定时间空间特征的动作，那么他们老客体事件的去习惯化过程时间要短于新客体事件的去习惯化的过程，即对老客体事件的去习惯化程度要高于对新客体事件的去习惯化的程度；如果婴儿认识到实验者的伸手动作是指向某一特定客体的(即带有某种意图的动作)，那么婴儿那么他们老客体事件的去习惯化过程时间要长于新客体事件的去习惯化的过程，即对新客体事件的去习惯化程度高于对老客体事件的去习惯化的程度。

(3)结果意义

实验结论证明，婴儿对新客体事件的去习惯化程度高于对老客体事件的去习惯化的程度。证明了6个月的婴儿能认识到实验者的伸手动作是指向某一特定客体的(即带有某种意图的动作)，而不只是具有特定时间空间特征的动作。

第4章 胎儿的生理和心理发展

4.1 复习笔记

【知识框架(庖丁解牛)】

胎儿的生理和心理发展
- 胎儿神经生理和心理机能的发展
- 胎儿生理和心理发展的影响因素
- 胎儿期的心理卫生

【考点归纳(游刃有余)】

考点一、胎儿神经生理和心理机能的发展

表4－1 胎儿神经生理和心理机能的发展

要点			具体内容
胎儿			是指从受孕到子宫娩出之前的小儿
胎龄计算			以孕妇末次月经的第一天算起，通常以40孕周(280天)为孕期
胎儿宫内发育分期	胚种期		第0～2周，形成受精卵到胚胎组织着床的阶段
	胚胎期		第3～8周，器官形成的关键期，胚胎对环境中危险因素最为敏感
	胎儿期		第8～40周，胎儿的骨细胞开始发育，毛发、指甲和外生殖器分化出来，出现胎动和反射动作
心理活动主要物质基础的形成和发育	神经元	定义	又称神经细胞，是能产生、传导和接受神经冲动的细胞，由胞体、树突、轴突构成
		功能	具有兴奋和传导两种功能，受到刺激而产生兴奋，表现为神经冲动，神经冲动沿着神经纤维将信息从一个神经元传至另一个神经元
		发育	胚胎发育期神经元数量增多；神经元的生长表现为细胞的增大和轴突的分支以及髓鞘的形成
	神经系统	定义	是人体内传达知觉和运动的束状组织，由结缔组织将其包捆在一起，分为中枢神经系统(脑和脊髓)和周围神经系统(分布全身)两部分
		功能	机体的生理功能活动和心理活动如感知、意识、记忆、思维等，都是通过神经系统的活动来实现
		发育	中枢神经和周围神经在孕3周时开始形成；孕4周时胚胎已有脊髓；孕5周，能够分出前脑、中脑、后脑三个主要部分；孕8周时大脑皮质开始出现；至胎儿出生时，大脑外形与成人相似

续表

要点	具体内容		
心理活动主要物质基础的形成和发育	反射	定义	是在中枢神经系统的参与下，有机体对内外环境刺激所做的适应性、规律性反应，执行的生理机制是反射弧，由感受器、传入神经、神经中枢、传出神经、效应器组成
		功能	“生存反射”具有明显的生存适应价值，“原始反射”几乎没什么用处
		发育	在胎儿8周左右，反射活动所必需的解剖结构已经形成，接触、压迫、震动等机械刺激均可引起胎儿的反射活动
胎儿心理机能的形成	感觉的形成	①视觉：胎儿在4个月时就对光线十分敏感。但视觉系统在胎儿出生后才真正发挥作用，在1岁左右，才能达到成人的视力水平。 ②听觉：妊娠4个月，胎儿的听觉系统已经建立。 ③触压觉：妊娠10周左右，胎儿皮肤已有压觉、触觉功能。 ④嗅觉：妊娠6个月时，嗅觉开始发育。 ⑤味觉：26周时，胎儿味觉形成	
	思维和记忆的形成	①妊娠20周左右，胎儿的大脑形成。 ②妊娠5个月，脑的记忆功能开始工作。 ③妊娠32周，胎儿大脑已如新生儿	
胎儿生理和心理发展中的主要异常	胎儿生长受限	是指胎儿在宫内未达到其遗传的生长潜能，一般足月胎儿体重小于2500克或低于同龄正常体重的第10百分位数，或低于平均胎儿体重的两个标准差的就被视为胎儿生长受限	
	脑－神经发育异常	发育不完全的脑不能保护中枢神经系统免受某些毒素的侵害	
	甲状腺功能异常	对胎儿的智力、精神运动能力、骨骼发育有许多不利的影响，严重时可引起克汀病	

考点二、胎儿生理和心理发展的影响因素

表4－2　胎儿生理和心理发展的影响因素

要点	具体内容	
遗传因素	DNA、基因、染色体等的错误或变异可导致胎儿生长发育受到影响	
表观遗传	非DNA序列改变引起的、可遗传的基因表达水平的改变导致胎儿生长发育受到影响	
环境因素	物理因素	电离辐射、噪声、超声波、温度、电磁场等
	化学因素	汞及其化合物、铅及其化合物、有机农药、烟、酒、咖啡、毒品、药物、大气污染等
生物因素	病原微生物(细菌、病毒等)	
地理因素	缺氧、低气压等地理环境(如高原)	
母体因素	情绪、应激、营养、疾病等	
父源因素	年龄、疾病、肥胖、生活方式、环境、受教育程度、职业、收入、种族、免疫学指标、个体差异等	

考点三、胎儿期的心理卫生

表4-3　胎儿期心理卫生

要点	具体内容
实现方式	胎教，其实质是在产前对胎儿大脑生长发育的一种来自环境的干预
胎教的机理	通过对胎儿听觉、视觉、触觉的刺激使这些通路上的细胞得以伸展出更多的树突，以促进它们和周围的锥体细胞建立传递信息的突触联系
胎儿期心理卫生的种类	音乐胎教、抚摸胎教、光照胎教等

4.2　典型题(含考研真题)详解

一、单项选择题

1. 在孕期的个体发展中，致畸因素最容易造成潜在危害的时期是(　　)。[统考2019年研]

A. 胚囊期　　B. 胎儿期　　C. 胚胎期　　D. 受精卵期

【答案】C

【解析】胚胎期是胎儿器官分化、生成的关键期。如果某一器官或生理系统在这一阶段没能形成，那么胎儿出生后将形成永久性残疾。这一时期同时也是胎儿发育的最敏感期，放射性、药物、感染等各种因素都有可能导致胎儿畸形甚至是早产、流产。

2. 胎儿在发育过程中，细胞和组织分化非常迅速，并对环境极为敏感的时期是(　　)。

A. 第1~2周　　B. 第2~8周　　C. 第9~15周　　D. 第21~30周

【答案】B

【解析】现代生物学对胎儿期的发展过程分为3个阶段，即：①胚种阶段，从受精到第2周。受精卵沿输卵管向下漂移，第3、4天时到达子宫，形成胚泡。约在第6~8天，开始植入子宫内膜，从此依赖母体生存，直到胎儿出生；②胚胎阶段，第2~8周。胚泡分化出外胚层、中胚层和内胚层，这3个胚层最终分别长成身体的各种器官组织。该阶段是胎儿发育最重要的阶段，极易受到外界影响导致畸形，如药物影响、放射线影响等；③胎儿阶段，第2个月末至出生。在此阶段，胎儿身体各部分渐次发育，肌肉迅速增长，中枢神经发展极快。

3. 由于基因的传递，每个孩子都继承父母的某些遗传特征，下列都是由遗传基因决定的是(　　)。

A. 性别、容貌、智力　　B. 肤色、眼睛的颜色、头发颜色

C. 性别、个性、气质　　D. 智力、个性、气质

【答案】B

【解析】生物体的各种性状特征可以通过生殖过程一代一代地传递下去，这种现象就是

遗传。遗传通过染色体和基因的传递实现。人们的生物特征如肤色、眼睛的颜色、头发颜色来自遗传；某些心理特征如气质也是来自遗传，但智力、个性等心理特点更多地受后天学习的影响。

4. 人类卵子的受精过程通常发生在(　　)。

A. 子宫　　B. 卵巢　　C. 输卵管　　D. 宫颈

【答案】C

【解析】生命的开始，可以追溯到精子与卵子在母亲体内相遇结合形成单一的合子细胞或受精卵时。人类卵子的受精过程通常发生在输卵管，受精后发育一小阵子然后在子宫内膜着床。

5. 一般认为，母亲产生的强烈情感体验会对胎儿产生影响的时间是在母体怀孕(　　)以后。

A. 半个月　　B. 1个月　　C. 2个月　　D. 3~4个月

【答案】D

【解析】一般认为，母亲产生的强烈情感体验会对胎儿产生影响的时间是在母体怀孕3~4个月以后，在此之前，影响只是身体方面的，不会产生更高级的反应。这是因为，胎儿的大脑形成是在怀孕后期，没有大脑的调节，胎儿不可能把这些神经激素进一步转化为情感体验，只是躯体的直接反应罢了。

6. (　　)的出现，是胚胎发展到胎儿的一个重要标志。

A. 骨细胞　　B. 合子　　C. 胚芽　　D. 胚胎圆盘

【答案】A

【解析】骨细胞出现在身体的结构分化基本完成的时候，它们使得已经出现分化了的结构开始骨化。骨化意味着胚胎发育到了一个新的阶段——胎儿阶段。因此，可以认为骨细胞的出现，是胚胎发展到胎儿的一个重要标志。

7. 母亲年龄过高或过低，导致低体重儿和死胎的比率增加。约(　　)岁是生育的较好时机。

A. 15岁以下　　B. 15~22　　C. 24~28　　D. 29~30

【答案】C

【解析】母亲的年龄过大或过小都会影响到胎儿，一般认为，约23、24岁~27、28岁是生育的较好时机。

8. 个体生命在子宫内的发育，通常可以划分为三个阶段，按照时间顺序，应该是(　　)。

A. 胚芽期、胎儿期和胚胎期　　B. 胚胎期、胚芽期和胎儿期

C. 胚芽期、胚胎期和胎儿期　　D. 胚胞期、胚芽期和胎儿期

【答案】C

【解析】胎儿胎龄的计算，以孕妇末次月经的第一天算起，通常以40孕周(280天)为孕期。根据个体生命在子宫内的发育阶段可以划分为：①胚芽阶段(0~2周)；②胚胎阶段

(3~8 周)；③胎儿阶段(8~40 周)。

9. 在合子形成 3~8 周称为(　　)。

A. 胚芽阶段　　B. 胚胎阶段　　C. 胎儿阶段　　D. 组织分化阶段

【答案】B

【解析】根据个体生命在子宫内的发育阶段可以划分为：①胚芽阶段(0~2 周)；②胚胎阶段(3~8 周)；③胎儿阶段(8~40 周)。合子形成 3~8 周应是胚胎阶段。

10. 母亲营养不良最可能引起胎儿生理缺陷的时期是(　　)。

A. 怀孕早期　　B. 怀孕后期　　C. 怀孕期　　D. 怀孕前

【答案】A

【解析】胎儿的营养是通过胎盘和脐带从母亲血液中获得的。孕妇营养不良可直接导致胎儿营养物质不足而影响发育，尤其是蛋白质和能量供应不足。怀孕早期许多孕妇有偏食、挑食的习惯，因此造成营养不良及贫血，会导致胎儿发育不良、死胎、流产。

11. 胚芽阶段的时间为(　　)。

A. 3~8 周　　B. 0~2 周　　C. 3~4 周　　D. 5~8 周

【答案】B

【解析】根据个体生命在子宫内的发育阶段可以划分为：①胚芽阶段(0~2 周)；②胚胎阶段(3~8 周)；③胎儿阶段(8~40 周)。胚芽阶段的时间在 0~2 周。

二、多项选择题

1. 环境对胎儿发展有很大影响，其中环境危害主要包括(　　)。

A. 核辐射　　B. 核工厂事故　　C. 工业化学废料　　D. X 光

【答案】ABCD

【解析】环境对胎儿的影响主要表现在物理、化学、生物、地理因素上，具体主要包括核辐射、核工厂事故、工业化学废料(如在空气和水中的一氧化碳、铅、汞和联苯等)以及 X 光，还有农业化肥、杀虫剂及食物添加剂等，甚至气候过热或过潮也会使胎儿受到影响。

2. 在合子形成后 13 天左右，胚芽中的胚胎圆盘开始分为不同的层，它们是(　　)。

A. 外胚层　　B. 中胚层　　C. 内胚层　　D. 里胚层

【答案】ABC

【解析】在胚胎期，增殖的细胞群发生分化，形成三层细胞：①外胚层形成皮肤和中枢神经、周围神经系统的基础；②中胚层进一步分化成为肌肉、骨骼、结缔组织和循环、生殖、泌尿三个系统；③内胚层则产生消化系统和其他内部器官与腺体。

3. 过瘦的母亲在怀孕后很容易出现的疾病是(　　)。

A. 贫血　　B. 肌肉痉挛　　C. 甲状腺肿　　D. 风疹

【答案】ABC

【解析】低于标准体重的 25% 就被认为过瘦，过瘦的母亲往往本身缺乏营养，也没有补充足够的营养物质，她们在怀孕后很容易出现以下几种疾病：贫血、肌肉痉挛、甲状腺肿。

三、简答题

1. 简述胎儿心理活动的主要物质基础及其作用。

答：(1)胎儿心理活动的主要物质基础的类型

①神经元的形成和发育

a. 神经元的定义

神经元又称神经细胞，是能产生、传导和接受神经冲动的细胞。它是由胞体、树突、轴突构成的神经系统的结构和功能单位。它是脑具有复杂功能及智慧的结构基础，是神经系统内接受、整合和传递信息的基本单位。

b. 神经元的发育

第一，在胚胎发育期，神经元的生长主要是数量增多。

第二，在胚胎期的后期，神经元的生长则主要是细胞的增大和轴突的分支以及髓鞘的形成。

第三，大多数神经元是不可替代的，一旦胞体死亡，这个神经元就永远失活。

第四，最近的研究证实了成年哺乳动物的神经干细胞终生都可以产生新的神经元。

②神经系统的形成和发育

a. 神经系统

神经是人体内传达知觉和运动的束状组织，由结缔组织将其包捆在一起。人的神经系统分为周围神经系统和中枢神经系统两部分。

b. 神经系统的发育顺序

第一，中枢神经和周围神经在孕3周(胚胎只有15毫米长)时即开始形成。

第二，胎儿初期神经系统的发育是快速进行的神经纤维形成。在体内、体节间及脑干间形成相连接的向心性神经纤维和离心性神经纤维。到妊娠第8周末，神经系统的大体结构已基本形成。

第三，神经细胞的增殖与分化高峰在妊娠的3～4个月，神经细胞的移行与分化高峰在妊娠的3～5个月。在妊娠3～5个月，神经元迅速移行至皮质和小脑。

第四，在孕4周时胚胎已有脊髓。

第五，到妊娠第5周，能够分出前脑、中脑、后脑三个主要部分。

③反射机能的形成和发育

a. 反射

反射是在中枢神经系统的参与下，有机体对内外环境刺激所做的适应性、规律性反应。反射是神经系统最基本的活动方式。根据反射产生的不同条件，反射分为无条件反射和条件反射。

b. 反射弧

反射弧是实现反射活动的神经结构，它是执行反射活动的生理机制。反射弧包括五个部分：感受器(视觉、听觉、嗅觉、味觉、机械和化学感受器)、传入神经、神经中枢、传出神经、效应器(如肌肉和腺体)。

当刺激作用于感受器时，所产生的神经冲动沿着传入神经纤维传至神经中枢，神经中枢对传入的信息进行整合加工后，再由传出神经把神经冲动传至效应器并做出反应。

(2)胎儿心理活动的主要物质基础的作用

①神经元的功能

神经元具有兴奋和传导两种功能。神经元受到刺激并产生兴奋是一种对刺激的反应能力，表现为神经冲动。神经冲动是由刺激引起而沿着神经纤维传导的电位活动，它能将信息从一个神经元传至另一个神经元。

②神经系统的功能

神经系统是心理活动的主要物质基础，大脑是心理现象赖以产生和存在的器官。神经系统主要有胶质细胞和神经元两种细胞。人的一切心理活动如感知、意识、记忆、思维等，都是通过神经系统的活动来实现的。

③反射机能的功能

神经系统最基本的活动方式是反射。反射是在中枢神经系统的参与下，有机体对内外环境刺激所做的适应性、规律性反应。因此，反射也是心理活动产生的基本方式，是物质转化为心理的重要机制。

2. 胎儿的心理机能形成有哪些主要表现？

答：胎儿心理机能形成的主要表现具体如下：

(1)感觉的形成

①视觉

a. 妊娠第 7 周，眼睛形成。

b. 妊娠 10 周，出现连接眼球和大脑的视神经。

c. 妊娠 12 周，出现眼睑。

d. 妊娠 28 周，眼睑打开。

e. 胎儿在 4 个月时就对光线十分敏感。视觉系统在胎儿出生后才真正发挥作用。在 1 岁左右，婴儿才能达到成人的视力水平。

②听觉

a. 妊娠 10 周，胎儿的耳蜗在形态学上完全发育，在妊娠 20 周左右达到成人大小。

b. 妊娠 8 周，耳蜗内的听觉感受器开始发育，妊娠 11～14 周听力细胞发育基本完成，并固定在基底膜上。

c. 妊娠中期耳蜗神经开始成熟，妊娠 22 周达到成人水平。

d. 听分析器的神经通路除丘脑皮质外，均在妊娠 9 个月以前完成髓鞘化。

e. 妊娠 4 个月，胎儿的听觉系统已经建立。

f. 妊娠 28 周以后，胎儿的听觉已经发育得较好，对于外界的声音刺激较敏感，会有喜欢或讨厌的反应及面部表情。

g. 妊娠 8 个月时，胎儿能听出音调的强弱与高低，能区别声音的种类且反应敏感。

③触压觉

a. 妊娠 2 个月起，胎儿已经有皮肤感觉，可以对嘴唇和脸颊附近的刺激做出反应。

b. 妊娠 10 周左右，胎儿皮肤已有压觉、触觉功能。

c. 妊娠 14 周，胎儿身体的大部分，包括背和头都能对触摸做出反应。由于面部神经丰富，妊娠 10～11 周起，胎儿就开始经常用手脚触摸自己的脸。胎儿也会用手和脚去触碰脐带和子宫壁，通过触觉感觉自己的身体和外界的分界，为形成“身体图式”奠定了基础。

d. 4~5个月胎儿的触觉与出生后周岁孩子的触觉水平相当。

④嗅觉

嗅感觉器位于上鼻道及鼻中隔后上部的嗅上皮。

a. 妊娠9周，嗅上皮发育形成。

b. 妊娠11周，胎儿出现分化的嗅觉细胞。

c. 妊娠18、19周，胎儿有同成人一样的分层嗅球。气味分子可以分散在子宫内的液体中，当胎儿吞咽或呼吸时，气味分子通过鼻腔黏液与受体结合，产生嗅觉。

d. 妊娠6个月时，嗅觉开始发育，胎儿能够嗅到母亲的气味并记忆在脑中。

e. 28周的早产儿可以对强烈的气味做出反应。

⑤味觉

a. 妊娠8周，胎儿舌上出现味蕾。

b. 妊娠10周，整个口腔中都分布了味蕾，并开始受神经支配。

c. 妊娠26周，胎儿味觉形成。

d. 妊娠8个月，胎儿味觉感受性增强，能够辨别苦和甜。

e. 妊娠30周开始，胎儿已经有了发达的味觉，对羊水的味道有一定的鉴别力。

(2)思维和记忆的形成

①妊娠20周左右，胎儿的大脑形成。

②妊娠5个月，脑的记忆功能开始工作，胎儿能够记住母亲的声音并产生安全感。

③妊娠7、8个月，大脑皮质已经相当发达。

④妊娠32周，胎儿大脑已如新生儿。通过脑电波已经清楚地分辨出胎儿的睡眠状态和觉醒状态，这是胎儿意识的萌芽时期。

⑤胎儿在宫内用大脑接受了大量的信息，能判断其是否重要，决定对哪一类信息做出反应，还要将某些信息传递的记忆储存起来，这就是思维和记忆在工作。胎儿的学习主要包括三种方式：习惯化、经典条件反射和暴露学习。

a. 妊娠30周以后，新生儿对于听过的音乐有特别的偏好，这是暴露学习。

b. 妊娠22~24周开始，胎儿对声振刺激产生的行为和心率反应逐渐减少，产生了习惯化，说明胎儿可以根据结果不断修正自己的行为。

四、综合分析题

试述影响胎儿生理心理发展的因素。

答：影响胎儿生理心理发展的因素主要有：

(1)遗传因素

生物体的各种性状特征可以通过生殖过程一代一代传递下去，这种现象就是遗传。遗传通过染色体和基因的传递实现。胎儿生长发育的全过程受基因控制。基因的错误或变异均可导致遗传病变。遗传变异已经被证明在多种疾病中起关键作用。

(2)表观遗传

表观遗传是指由非DNA序列改变引起的、可遗传的基因表达水平的改变，即在基因的

DNA 序列没有发生改变的情况下，基因功能发生了可遗传的变化，并最终导致了表型(包括个体形态、功能等各方面的表现，如身高、肤色、血型、酶活力、药物耐受力乃至性格等)的变化。表观遗传修饰是环境和母体影响胎儿发育的机制之一。

(3)环境因素

①物理因素

a. 电离辐射

电离辐射是指自然的或人工器物所产生的离子辐射，如 X 线、镭、氡、中子辐射等。它不包括电磁波及场。电离辐射可引起胚胎死亡、畸形、生长改变或其他功能改变，生后可出现智力发育迟滞及恶性肿瘤。

b. 噪声

噪声是指干扰性声音。孕妇长期处于强烈的噪声环境，会经常导致子宫经常性收缩，影响胎儿的血液供应，进而影响胎儿神经系统的发育。强烈的噪声可能直接引起胎儿生物学因素突变致畸。胎儿易发生宫内发育迟缓及胎儿躁动不安而胎动活跃，导致脐带绕颈、绕身。

c. 超声波

B 超影响胎儿的大脑发育，还会震动胎儿的耳膜。

d. 温度

1972 年，爱德华兹首先提出高热是人类出生缺陷的病因之一。其后，一些流行病学调查也提出，妊娠期高热与新生儿脑发育缺陷有明显的相关关系。此外，高温还会引起流产、死胎发生率增加，出生后智力低下。任何高温都可能引起胎儿的畸形。

e. 电磁场

研究发现，生物体对电磁场最敏感的时间在器官发生期，胎儿对电磁场的敏感性较成人高 2 ~3 倍，其中又以发育期的脑对电磁场最敏感。

②化学因素

化学因素历来就是环境因素中对健康影响最重要的因素之一。铅、汞、苯、有机溶剂、一氧化碳、镉和麻醉性气体，对人类也有发育毒性。

a. 汞及其化合物

汞元素是一个对中枢神经系统有潜在毒性并被人类广泛接触的重金属元素。胎儿对甲基汞的毒性极为敏感，产生的神经损伤也很明显。孕妇感染甲基汞后可引起胎婴儿的脑神经麻痹和智力低下。

b. 铅及其化合物

铅的毒性，使孕母妊高征、胎膜早破、早产的发病率增加。孕妇除应注意职业性铅接触外，还应注意含铅量超标准的化妆品，如染发剂、口红、脂粉等。

c. 有机农药

随着农业的工业化进程，人们越来越多地使用农药，导致食物、土壤、水源中存在大量的有机农药残留。研究者将斑马鱼受精卵暴露于菊酯类除草剂环境中，发现其对哺乳动物具有神经毒性。

d. 吸烟

香烟中的有害物质可通过胎盘屏障进入血循环影响胎儿，且胎儿对其较之其他年龄段人群更为敏感。吸烟可造成胎儿慢性缺氧。过量吸烟能够引起胎儿严重的多发性畸形，往往导致胎儿早期死亡或早产。除高血压外，吸烟是引起胎盘大面积坏死的主要原因。

e. 嗜酒

妇女妊娠期嗜酒，轻者可引起胎儿宫内生长迟缓，重者表现为胎儿酒精综合征。胎儿酒精综合征是以智能发育受损为主的中枢神经系统功能障碍、发育障碍(胎儿宫内及出生后发育迟缓)。

f. 饮用咖啡

由于孕妇清除咖啡因能力降低，咖啡因便积累在体内，并可穿越胎盘屏障直接影响胎儿的发育，造成胎儿生长缓慢、瘦小，严重者还会导致流产、早产和死胎。

g. 吸毒

妊娠期间吸毒，可使胎儿产生中毒症状。胎儿血脑屏障发育不全，毒品易进入中枢神经系统，导致中枢抑制，严重者可致死；毒品对胎儿的免疫系统也能产生直接毒性作用。另外，妊娠过程中的妇女因吸毒而导致的情绪不稳定也会对胎儿产生影响。孕妇吸毒可诱发遗传物质突变，危及胎儿的大脑、心脏等器官导致胎儿畸形。

h. 大气污染

早孕期间暴露于二氧化硫、二氧化氮、一氧化碳等污染空气中与胎儿生长受限及低出生体重儿有相关性，晚孕期间暴露于二氧化硫等污染空气中与早产有相关性，且稍高于正常范围的污染浓度即可造成上述不良妊娠结局。

i. 妊娠期药物

药物导致胎儿畸形或其他损伤，主要有孕妇和胎儿两个方面的原因。

第一，孕妇体内代谢和酶系统均有一定的改变，使某些药物进入人体后不能像未孕时那样去氧化、还原、分解、清除等，从而使药物毒性相对增加。同时，由于孕妇呕吐、体液丢失，可使药物在体内浓度增高，或因某些并发症导致肝肾功能降低，也可使药物在体内积蓄而增强毒性。

第二，胎儿本身正处在发育阶段，各器官的功能均不完善，特别是肝肾功能尚不健全，因此对药物的解毒和排泄作用都不如成人，药物通过胎盘进入胎体易于积蓄而增加毒性。

③生物因素

当病原微生物污染了空气、水、土壤时，孕妇可能感染某些疾病并可累及胎儿。许多感染性疾病对胎儿的生长和发育有影响。

宫内感染对胎儿生长和发育的影响程度与妊娠的孕周有关。妊娠期间前3个月为胎儿各器官形成期，此时因感染而导致胎儿畸形的比例最高。孕期宫内感染在早孕期间造成胚胎发育异常，导致死胎、畸形或胎儿发育受限；在孕晚期可导致绒毛膜羊膜炎，影响胎儿的生长发育。

④地理因素

高原地区由于缺氧、低气压的影响，胎盘绒毛结构易发生老化，滋养层基底膜增厚，胶原纤维增多，挤压绒毛血管，阻碍胎盘组织的正常灌流，造成胎盘功能障碍，影响胎儿生长发育。

(4)母体因素

①情绪

孕妇不良的情绪变化会影响营养的摄取、激素的分泌和血液的生化成分，以致血液中有害于神经系统的其他组织器官的物质剧增，并通过胎盘影响胎儿发育，进而导致胎儿畸形。

当孕妇情绪过度紧张时，可引起胎儿唇裂、腭裂、先天性幽门狭窄等。严重焦虑的孕妇经常伴有恶性的妊娠呕吐，易导致早产、流产。孕妇情绪不安还会影响胎儿的智力。

②应激

孕早期精神受刺激对新生儿先天性心脏病有影响，同时使胎儿的神经内分泌功能出现异常，从而影响子代神经心理行为以及免疫功能。

③营养

孕妇营养不良可直接导致胎儿营养物质不足而影响发育，尤其是蛋白质和能量供应不足。孕早期许多孕妇有偏食、挑食的习惯，因此造成营养不良及贫血，可导致胎儿发育不良、死胎、流产。

④患病

妊娠过程中，母体、胎盘和胚胎既各自独立，又相互影响。孕妇患严重的慢性的心肾疾病(高血压、尿毒症、心脏病)、癫痫、甲亢、糖尿病、乙肝、结核、疟疾、病毒感染等，均影响胎儿发育或导致畸形。母体发热可以增加新生儿先天异常的发病率。

a. 妊高征

妊高征因全身小动脉痉挛、血压升高及血小管活性增加，同时子宫、脐血流入胎盘循环阻力上升，使子宫胎盘血流减少，而发生胎儿窘迫、宫内生长迟缓、新生儿窒息，严重者发生死胎、死产等。母亲发生妊高征，使母儿均处于应激状态。

b. 妊娠剧吐

妊娠剧吐因恶心呕吐频繁，不能进食，胃纳差，造成了孕妇得不到足够的营养物质，体重增加缓慢甚至体重减轻，进而影响胎儿营养不足。妊娠剧吐会增加胎儿宫内生长迟缓及妊高征的发生率。

c. 妊娠糖尿病(GDM)

母亲糖尿病具有致畸效应，其后代先天畸形的发生率是普通人群的 2～4 倍。在妊娠早期，血糖过高可以导致胚胎卵黄囊发育受损而影响营养物质的传递，使胚胎发育异常，从而使流产率和胎儿畸形率增加。

d. 妊娠期肝内胆汁淤积症(ICP)

妊娠期肝内胆汁淤积症是孕期特发的一种以瘙痒和黄疸为主要症状，伴胆酸、肝酶等生化异常的疾病。引起早产、胎儿窘迫及低体重儿。

e. 孕期甲状腺功能减低

甲状腺激素有促进物质和能量代谢，促进组织分化、生长和发育的作用。如果甲状腺激素不足，脑的发育会发生明显障碍。近年来有研究表明，母亲孕期轻度甲状腺功能减低(简称甲减)或亚临床甲减也会对后代的智能发育造成不良影响。

f. 人类巨细胞病毒(HCMV)感染

巨细胞病毒感染是感染人类巨细胞病毒的一种全身感染综合征。孕妇感染后，轻者为隐性感染；妊娠时潜伏的病毒可被激活，表现为HCMV活动性感染，同时，约40%还可通过胎盘传给胎儿。妊娠早期胎儿感染HCMV，通常可致神经系统障碍，如感觉神经性听力丧失；妊娠晚期胎儿感染HCMV，胎儿出生后的临床表现有小头、听力缺陷和微小的神经系统障碍等。

g. 乙肝病毒感染

妊娠合并肝炎可引起胎盘产生的甾体激素灭活减少，子宫对催产素敏感性增加。重型肝炎还可使凝血功能降低，甚至发生胎盘绒毛间隙微血栓形成，使胎盘血循环下降，胎儿宫内血氧供给降低。慢性乙肝肝功异常者对妊娠有显著影响，其死胎率、低体重儿、新生儿窒息等比乙肝病毒携带者高。

h. 吸毒致人类免疫缺陷病毒(HIV)母婴传播

母亲吸毒是影响HIV母婴传播的一个危险因素。毒品可引起胎儿低体重和发育不良，也可增加母体HIV的复制从而增加母体病毒载量。此外毒品可损伤胎盘屏障，降低胎儿的免疫功能，增加胎儿细胞对HIV的敏感性，进一步影响母婴传播。

i. 重症肌无力(MG)

重症肌无力是一种影响神经-肌肉接头的慢性获得性自身免疫性疾病。胎儿肌肉无力，引起子宫内胎儿运动减少，导致先天性非进展性挛缩、颅面畸形、肺发育不全及生长发育迟滞。

j. 口腔卫生

口腔卫生与生殖健康关系密切。牙周病、牙周组织的革兰氏阴性厌氧菌感染，对胎儿和孕妇有不利影响。母亲牙龈疾病感染胎儿，会造成先天性心脏病，影响胎儿大脑发育。

(5)父源因素

①遗传因素

a. 年龄

第一，胎儿出现不良出生结局的风险与父亲的年龄呈J形曲线，中老年男性子代的健康状况也较同龄人差，其罹患先天性或后天性疾病的概率较同龄人明显偏高。

第二，男性年龄因素与其后代对神经精神疾病的易感性也受到较多的关注，其中以精神分裂症和躁郁症最为突出。尤其是精神分裂症被认为与父亲的生育年龄太大有关。

b. 疾病及药物等

第一，疾病。关于糖尿病的研究结果表示，患有糖尿病的父亲的子代与母亲患有糖尿病的子代相反，出生体重常偏低，其将来患糖尿病的概率偏高。研究者将这一现象解释为基因印记的作用，来自父亲的与糖尿病发病相关的基因趋向于表达，而来自母亲的基因趋向于抑制。

第二，药物。研究表明若受孕前男性对叶酸的摄取量过低，会使得其精子和子代的表观遗传改变，从而对胎儿的生长发育产生不良影响。

第三，肥胖。超重或肥胖男性的生殖激素水平低于正常男性，其精子DNA会发生损伤加剧、甲基化程度降低、组蛋白修饰改变等一系列变化，这使得受精卵中父源基因异常，胚胎和胎盘的发育随之改变，胎儿的出生结局将受到不良影响(如宫内生长受限、激素水平和代谢改变、早产发生率增加等)，而且其子代发生肥胖及心血管疾病等的风险将会增加。

②社会环境因素

a. 生活方式

生活中吸烟和酗酒往往同时出现，两者叠加对胎儿的影响较单一因素更大。

b. 环境暴露因素

辐射、高温等物理因素以及烟酒、药物和重金属等化学因素对胎儿的出生结局和其后天对某些疾病易感性产生影响。这些暴露因子能够改变精子的生物学特性，尤其是造成 DNA 的氧化损伤而导致基因突变和表观遗传改变，并将其遗传给后代，使得其后代出现畸形和罹患某些先天或后天疾病。

c. 其他

第一，消极情绪。父亲因消极的心理状态使得精子发生了表观遗传改变，在母亲受孕前的消极心理状态会增加胎儿不良出生结果的发生率和后天某些疾病的发病率，其后代还可能会有行为和情绪方面的异常。

第二，缺少陪伴。母亲妊娠时若无父亲的陪伴会显著增加其胎儿不良结果发生率，可能与无父亲陪伴的妊娠母亲情绪低落、缺少护理、不良生活习惯增加有关。

第三，受教育程度、职业、收入等。父亲受教育程度、职业、收入等因素在一定程度上也会影响胎儿发育。父亲受教育程度较低是后代早产的一项风险指标，父亲职业不同，其子代出现先天畸形的概率和种类亦不同。

第四，男性种族、免疫学指标(如精液或精子的抗原性)、个体差异等。以上因素主要影响了妊娠母亲的生活环境和质量，进而通过影响母亲的生理和心理状态来影响胎儿的发育。可见，男性影响胎儿发育的因素是广泛的、多维度的、非生理专一性的。

(6)孕期保健

上述这些因素及其影响提示人们要注意孕期保健这样一个根本性问题。做好孕期保健要从以下几方面入手：

①预防感染

尤其要重点预防病毒性感染。

②增加营养

孕妇的营养与胎儿的发育密切相关，尤其怀孕早期的营养对胎儿脑的发育更为密切。

③慎用药物

有的孕妇服了某些药物，如果抗癫痫药、肾上腺皮质激素、抗癌药等可致胎儿的神经系统畸形。早期妊娠的妇女去医治疾病时要告诉医生目前已怀孕，供医生开药时参考。

④避免先兆流产

怀孕后阴道少量流血可能是先兆流产。先兆流产会影响胎儿的发育。妊娠早期应避免房事，平时应注意休息。

⑤避免与放射线接触

放射线对胎儿组织有破坏作用。孕妇需要注意的情况是，即使没有直接让胎儿接触放射线，胎儿也有可能受到影响，例如在胸部透视时腹部也会受到影响。

⑥避免不良行为

避免酗酒、吸烟、吸毒等不良行为习惯的产生，保持心情舒畅。

第5章　婴儿的心理发展

5.1　复习笔记

【知识框架(庖丁解牛)】

- 婴儿的心理发展
  - 婴儿生理发展及其心理学意义
  - 婴儿认知的发展
  - 婴儿言语的发展
    - 婴儿言语发展理论
    - 前言语的发展
    - 言语的发生与发展
  - 婴儿的气质
  - 婴儿情绪、社会性的发展
    - 婴儿情绪发展
    - 婴儿社会性的发展

【考点归纳(游刃有余)】

考点一、婴儿生理发展及其心理学意义

表5－1　婴儿生理发展及其心理学意义

要点	具体内容	
婴儿期	0~3岁的时期	
婴儿生理发展	定义	是指婴儿大脑和身体在形态、结构及功能上的生长发育过程
大脑发展	大脑形态	①脑重：婴儿大脑从胚胎时期开始发育，出生时已重达350~400g，是成人脑重的25%。 ②头围：婴儿头围在刚出生时已达34cm左右，大约是成人头围的60%。 ③大脑皮质：胎儿6、7个月时，脑的基本结构就已具备
	大脑功能	①脑电：5个月胎儿已显示出脑电活动，8个月以后则呈现出与新生儿相同的脑电图。 ②皮质中枢：婴儿刚出生时大脑两半球及其皮质尚不能正常发挥功能，皮质兴奋还处于弥漫状态。此后，在婴儿脑的发展中速度最快的区域是脑干。 ③大脑单侧化：新生儿阶段就能观察到某种大脑单侧化的倾向，随着婴儿大脑的逐步发育成熟，这种单侧化倾向逐渐发展
	其他	①婴儿大脑发展在很大程度上受后天环境的影响和制约。 ②婴儿早期大脑具有良好的修复性

续表

要点	具体内容	
身体发展	体重	刚出生时，足月男婴体重为3.3~3.4千克，足月女婴体重为3.2~3.3千克
	身高	刚出生时，足月新生儿身高约为50厘米
	上部量、下部量	上下部量的比值：婴儿刚出生时，男婴为1.64，女婴为1.62；1岁时，男婴为1.45，女婴为1.40；2岁时，男婴为1.34；女婴为1.32
	胸围	刚出生时胸围比头围小1~2厘米，到18个月时才超过头围，其后胸围逐渐较大
	牙齿	婴儿乳牙在出生后6~9个月开始生长
	骨骼	一般来说，12个月时婴儿腕骨已发育出头状骨和钩状骨，36个月时长出三角骨。13岁时腕骨骨化过程才能全部完成
动作发展	胎儿期	胎动和一些反射活动
	新生儿	反射活动有40多种，常见的就有20种；还具有躲避来物、够取物体和同步模仿与反应等动作能力
	一般进程	①行走动作的发展（整体性、大动作）。 ②手运用技能的发展（精细性、小动作）
	对心理发展的意义	①个体心理的起源与动作密切相关。在个体思维、智力的发生过程中，动作起着决定性的作用。 ②从个体心理的发展历程上看，个体的心理发展是由外逐步内化的，而动作在心理的内化过程中则起着关键性的作用。 ③从个体心理发展的生理基础以及心理各个具体方面的早期发展来看，动作作为主体能动性的基本表现形式，在个体早期心理发展中起着重要的建构作用，它使个体能够积极地构建和参与自身的发展

考点二、婴儿认知的发展

表5-2　婴儿认知的发展

要点	具体内容	
感知觉的发展	视觉	视觉最初发生在胎儿中晚期，4、5个月的胎儿已有了视觉反应能力以及相应的生理基础
	听觉	15~20周的胎儿开始有听觉，至25周时几乎与成人相等
	味觉	味觉感受器在胚胎3个月时开始发育，15周时已初步成熟且能发挥作用
	嗅觉	7、8个月的胎儿具有相当成熟的嗅觉感受器，且具有初步的嗅觉反应能力
	触觉	胎儿在第49天时就已经具有初步的触觉反应，2个月时能对细而尖的刺激产生反应活动
	空间知觉	刚刚出生的新生儿就具有基本的听觉定向能力；对逼近物体有某种初步反应，并具备原始的深度知觉
	物体知觉	婴儿在3个月时具有了分辨简单形状的能力，在8、9个月以前获得了形状恒常性；4个月以前的婴儿就已具有了大小知觉的恒常性，6个月以前的婴儿已能辨别大小

续表

要点	具体内容
注意的发展	①新生儿就有注意，其实质是先天的定向反射；新生儿的注意也有选择性。 ②1岁以后，言语的产生与发展使婴儿的注意进入了更高的层次，即第二信号系统，婴儿的无意注意开始带有目的性，有意注意逐渐产生
记忆的发生发展	①胎儿末期(妊娠8个月左右)就有听觉记忆，出生后有再认表现。 ②新生儿末期已有长时记忆能力，3个月婴儿对操作条件反射的记忆达4周；1岁后，言语的产生和发展使语词逻辑记忆能力的产生成为可能
学习的发展	①胎儿在妊娠末期已可接受言语、乐音等外界刺激并获得经验。 ②新生儿就有学习能力，表现为明显地倾向于认识环境中某些特定的联系；3个月时婴儿已能顺利进行各种学习活动，如进行操作性条件作用的学习；此后，婴儿的信息编码能力迅速发展起来，这使得婴儿更有成效地学习
思维的发展	新生儿或稍后就表现出协调行为；3个月的婴儿就已具备了比较明显的问题解决能力，如采用启发式搜索策略解决问题；5个月以前就产生有目的性的行为；6个月时婴儿已能进行模仿；1岁以前已能利用工具解决问题

考点三、婴儿言语的发展

1. 婴儿言语发展理论

表5-3 婴儿言语发展理论

要点	具体内容		
语言与言语基本过程	语言	语言是以词为基本单位，以语法为构造规则的符号系统，是音义统一的人类交际工具，具有社会性和生成性等特征	
	言语	言语是个体借助语言这种交际工具来传递信息的过程，即人们在交际中对语言的运用	
婴儿言语发展	是指言语感知、言语理解和言语表达这三方面能力的发生发展过程		
言语发生发展的内在机制	强化说	代表人物	巴甫洛夫、斯金纳
		主要观点	言语获得的基础是条件反射，强化在其中起着重要的作用
	转换生成说	代表人物	乔姆斯基
		主要观点	语言是普遍语法能力(知识)的表现，语言获得过程就是由普遍语法向个别语法转换的过程，这个转换是通过语言获得装置(LAD)实现的。儿童获得的是一套支配语言行为的特定的规则系统，因而能产生和理解无限多的新句子，表现出很大的创造性
	模仿说	代表人物	奥尔波特、班杜拉、怀特赫斯特
		主要观点	①奥尔波特：婴儿语言是对成人语言的模仿，是成人言语的简单翻版。 ②班杜拉：婴儿是通过对各种社会言语模式的观察、模仿而获得言语能力。 ③怀特赫斯特：婴儿对成人言语的模仿是有创造和选择的。 ④林崇德：提出婴儿言语获得的四类言语模仿行为(即时的完全的临摹，即时的不完全的临摹，延迟模仿，选择性模仿)

续表

要点	具体内容		
言语发生发展的内在机制	认知学说强化说	代表人物	皮亚杰
		主要观点	语言源于智力并随认知结构的发展而发展；认知起因于主客体之间的相互作用，在这种相互作用的过程中，动作的发展与协调导致逻辑的产生，从而导致语言的产生
	相互作用论	强调在语言学习的社会语境中内部经验和环境输入之间的相互作用；与他人交流的先天能力与丰富的语言、社会环境结合起来，可帮助婴儿去发现语言的功能和规则	

2. 前言语的发展

表5-4　前言语的发展

要点	具体内容	
前言语阶段的定义	婴儿掌握语言之前的准备阶段	
言语知觉的前言语发展	妊娠中后期（5~8个月）	胎儿已有了初步的听觉反应和原始的听觉记忆能力，能大致区分出乐音、噪音和语音，并表现出对母亲语音的偏爱。个别胎儿还表现出对语音的辨别和记忆能力
	新生儿期（0~1个月）	婴儿已能对声音进行空间定位，并能根据声音的物理特征来辨别各种声音的细微差别，表现出对语音（尤其是母亲的语音）的明显的偏爱
	发音游戏期（2~3至4个月）	婴儿已开始理解言语活动中的某些交往信息，能和成人进行"互相模仿"式的"发音游戏"，能够鉴别区分并模仿成人语音，获得了语音范畴性知觉能力
	语音修正期（5~8至9个月）	这时婴儿已能鉴别言语的节奏和语调特征，并开始根据其周围语音环境改造、修正自己的语音体系
	学话萌芽期（9~12个月）	婴儿已能辨别母语中的各种音素，经常地、系统地模仿和学习新语音，为言语的发生做好了准备
语音的前言语发展	卡普兰	把前言语发展划分为四个阶段，即"哭叫"（0~1个月）、"唧唧咕咕"（1~5、6个月）、"咿呀学语"（6~10个月）和"标准化言语"（11~18个月）四个阶段
	吴天敏和许政援	将婴儿语言前期的语音发展划分为三个阶段，即简单发音阶段（0~3个月）、连续音节阶段（4~8个月）和学话萌芽阶段（9~12个月）
	朱曼殊和张仁俊	他们在进行个案追踪研究后将前沿与发展分为三个阶段，即0~4个月的单音节阶段、4~10个月的多音节阶段和11~12个月的学话萌芽阶段
前言语交流的发展	定义	婴儿在能够用语言进行交流之前的这一年里采用一些特定的声音和姿态进行信息交流
	三大基本特性	①前言语交流的目的性：婴儿9个月时即能有目的或有计划地进行交流，其标志是"原始祈使"和"原始陈述"行为的产生，而后者包括"呈示"和"给予"两种行为。 ②前言语交流的指代性：婴儿生后第9周就出现了类似于指示动作的姿势，指示是前言语交流指代性的典型外在表现，在前言语交流过程中扮演着特殊而重要的角色。 ③前言语交流的约定性：婴儿主要是通过模仿和仪式化这两个途径来学习、掌握语言系统中的约定性指代关系的。婴儿9个月时出现工具性行为的仪式化现象，也能真正通过模仿而学习掌握各种约定性

3. 言语的发生与发展

表5-5　言语发生与发展

要点		具体内容
言语发生的标志		①欧美心理学家观点：婴儿说出第一个与某一事物有特定指代关系的母语中的词，时间在生后9~11个月。 ②我国心理学家观点：婴儿最早说出的具有概括性意义的词，时间大约在11~13个月
言语的发生	第一批词的产生	①婴儿最早可在9个月时、最晚16个月时说出第一个有特定意义的词语。 ②婴儿说出的第一批词具有很强的场合约定性，具备原始的指代性、对应式的象征性和一定的交流意义
	词语的获得与运用	①继续掌握一些场合限制性较强的词。 ②已掌握的词开始摆脱场合限制性，获得初步的概括意义。 ③开始直接掌握一些具有概括性和指代性功能的词语
言语的发展	言语发展的过程	①10~15个月，平均每个月掌握1~3个新词。随后掌握新词的速度显著加快。 ②19~21个月，出现“词语爆炸”现象，每个月掌握25个新词
	双词句的生成及其机制	①双词句的特点：已具备语句的主要基本成分，但仍然简略、断续、不完整，如“电报句”“主词句”。 ②双词句的生成规则： a. “范畴对应式”联结：由来自两个不同范畴却有内在实际意义或特定关系的词联结，从而组成“电报句”。 b. “中轴开放式”联结：以常用词为“中轴”，在其前或后联结一个关于事物、动作和属性特征的词，组成“主词句”
	语法的获得	①20~30个月是婴儿基本掌握语法的关键期。 ②36个月时，婴儿已基本上掌握了母语的语法规则系统

考点四、婴儿的气质

表5-6　婴儿的气质

要点	具体内容	
定义	是婴儿出生后最早表现出来的一种较为明显而稳定的个人特征	
类型	传统的四类型说	多血质、胆汁质、黏液质、抑郁质
	巴甫洛夫的高级神经活动类型说	弱型(抑郁质)，强而不平衡型(胆汁质)，强、平衡而不灵活型(黏液质)，强、平衡而灵活型(多血质)
	托马斯和切斯的三类型说	容易型、困难型、迟缓型
	布雷泽尔顿的三类型说	一般型、活泼型、安静型
	巴斯的活动特性说	活动性、情绪性、社交性、冲动性
	卡根的抑制-非抑制说	抑制型、非抑制型
	其他分类	婴幼儿的气质结构由外倾性、消极情绪和控制力三个因子组成，三个因子间存在高度相关

续表

要点	具体内容	
特点	婴儿气质发展的稳定性	观察发现，婴儿气质具有稳定性和连续性
	婴儿气质发展的可变性	社会环境(包含后天教养)的影响
气质与早期教养	意义	对儿童生理发展、认知发展、情绪控制和行为调节等均具有有效的预测作用
	教养的方式	①容易型婴儿：注意新环境带来的冲突。 ②困难型婴儿：有耐心、有针对性。 ③迟缓型婴儿：适当鼓励，顺其自然

考点五、婴儿情绪、社会性的发展

1. 婴儿情绪发展

表 5－7　婴儿情绪发展

要点	具体内容
原始情绪	①伊扎德：新生儿有五种原始情绪，即惊奇、伤心、厌恶、微笑和兴趣。 ②孟昭兰：新生儿有四种原始情绪，即痛苦、厌恶、微笑和兴趣
情绪的发展	①5～6 周的婴儿出现社会性微笑。 ②3～4 个月的婴儿出现愤怒、悲伤。 ③6～8 个月的婴儿出现依恋、分离焦虑、对陌生人的焦虑等。 ④1 岁半左右的婴儿产生羞愧、自豪、骄傲、内疚、同情等社会性情感
情绪的社会化	①社会性微笑：在 5 周左右，婴儿能区分人和其他非社会性刺激，对人的声音、面孔开始有特别的反应，大人的声音、面孔特别容易引起婴儿的微笑，社会性微笑开始出现。 ②陌生人焦虑：婴儿 6～8 个月时，陌生人的出现便会引起婴儿的恐惧、焦虑。 ③分离焦虑：婴儿 6 个月以后，与某个人产生了亲密的情感联结后，又要与之分离，就会表现出伤心、痛苦，拒绝分离的现象
情绪社会性参照	婴儿 7、8 个月时，当他处于陌生的、不能肯定的情境时，往往从成人(如母亲)的面孔上搜寻肯定或否定的表情信息，然后决定自己的行动，这种现象是婴儿情绪社会化的一种重要表现

2. 婴儿社会性的发展

表 5－8　婴儿社会性的发展

要点	具体内容	
依恋	定义	是指个体与主要抚养者(通常是母亲)间最初的社会性联结，也是情感社会化的重要标志
	鲍尔比、艾斯沃斯的阶段划分	①无差别的社会反应阶段(0～3 个月)。 ②有差别的社会反应阶段(3～6 个月)。 ③特殊的情感联结阶段(6 个月～2、3 岁)。 ④目标调整的伙伴关系阶段(2、3 岁以后)

续表

要点	具体内容	
依恋	艾斯沃斯的分类	①安全型依恋。 ②回避型依恋。 ③反抗型依恋
	影响因素	①早期观点：受母亲喂食影响。 ②哈洛的恒河猴实验：身体接触的舒适起着更重要的影响
同伴交往	婴儿早期同伴交往的发展过程	①“以客体为中心”阶段：婴儿之间互不理睬，只有极短暂的接触。 ②“简单交往”阶段：婴儿做出意在指向同伴的各种“社交指向行为”，伴随着对同伴的注意，也总能得到同伴的反应。 ③“互补性交往”阶段：婴儿之间相互影响的持续时间更长，内容和形式也更为复杂
	缪勒和范德的阶段划分	①简单社交行为。 ②社会性相互影响。 ③同伴游戏。 ④早期友谊
自我	相关观点	①詹姆斯：主体我(作为认知者的自我)、客体我(对主体作为客体存在的个体来认识的自我)。 ②米德：一个完整的自我应该包括主体我和客体我两个方面。 ③库利：自我产生于和他人的交往之中
	相关研究	①照镜子法：婴儿在镜子前面时是否产生或增加自我指向行为。 ②迪克逊：婴儿自我认知分为“妈妈”“同伴”“伴随行动”“主体我”四个阶段。 ③阿姆斯特丹：通过“红点子”方法发现20~24个月的婴儿对镜像表现出比较稳定的对自我特征的认识。 ④刘易斯：通过实验发现15个月是婴儿客体我发展的转折点。 ⑤哈特：将婴儿自我认知发展分为五个阶段，前三个阶段为主体我的发展，后两个阶段为客体我的发展。 ⑥刘凌：婴儿自我认知能力在15~24个月时发生发展；视觉自我认知一般在婴儿17个月时发生；言语自我认知一般在婴儿21个月时发生。 ⑦其他研究者：视觉和触觉是个体早期自我认知发生的重要方面

5.2 典型题(含考研真题)详解

一、单项选择题

1. 关于人类神经系统的发现，下列选项中错误的是(　　)。[统考2021年研]

A. 大脑的偏侧化两三岁时开始

B. 髓鞘化在出生的第一年发展迅速

C. 与成人相比，婴儿有更多的神经元和神经联系

D. 大脑的发育是生命因子和早期经验结合的产物

【答案】A

【解析】大脑的偏侧化可能起源于孕期，出生时已经运行良好了，在出生时已经开始左右脑分工。因此答案选 A。

2. 第1组婴儿带有小疙瘩，相对粗糙的奶嘴，第2组是带光滑的奶嘴，结果发现把这两组奶嘴给他们之后，他们依然可以分辨出来他们吸过的那一组。实验的目的在于证明(　　)。[统考 2021 年研]

A. 婴儿的视力好　　B. 婴儿有深度知觉
C. 婴儿的口舌触觉很敏感　　D. 婴儿可以完成跨通道的知觉整合

【答案】D

【解析】跨通道知觉是指能够从通过一种感觉通道(如触觉)获得的信息推论出通过另一种感觉通道(如视觉)已经熟悉的刺激物的能力。1个月大的婴儿就已经能够通过视觉辨认他们吮吸过的物体。因此答案选 D。

3. 3~6个月的婴儿经常对熟人微笑，而较少对陌生人微笑。这表明其依恋处于(　　)。[统考 2020 年研]

A. 无差别的社会反应期　　B. 目标调整的参与期
C. 特定依恋期　　D. 选择性的社会反应期

【答案】D

【解析】鲍尔比等人将依恋的发展分为四个阶段，分别是无差别的社会反应期、选择性的社会反应期、特定依恋期和目标调整的参与期。3~6个月的婴儿处在选择性的社会反应期，这时婴儿对人的反应有所选择，对母亲和他所熟悉的人及陌生人的反应是不同的。

4. 给6个月的婴儿反复呈现一个红色的气球，开始时婴儿会一直盯着看，后来婴儿的注视时间减少。这时换一个黄色的气球呈现给婴儿，婴儿的注视时间又会增加。这一过程称为(　　)。[统考 2019 年研]

A. 同化与顺应　　B. 延迟模仿
C. 操作性条件反射　　D. 习惯化与去习惯化

【答案】D

【解析】A 项，皮亚杰认为儿童与环境的相互作用涉及“同化”和“顺应”两个基本过程。同化指的是外部环境中的有关信息吸收进来并结合到已有的认知结构中，即个体把外界刺激所提供的信息整合到自己原有认知结构中的过程。顺应指的是外部环境发生变化，而原有认知结构无法同化新环境提供的信息时所引起的认知结构发生重组与改造的过程。B 项，延迟模仿是皮亚杰关于表征发展的观点中所提到的，是指对一段时间之前出现的他人行为进行模仿。C 项，操作性条件反射这一概念，是斯金纳新行为主义学习理论的核心。其核心内容是：如果一个人做出组织所希望的行为，那么组织就提供强化这种行为的因素；如果做出组织所不希望的行为，组织就应该给予惩罚。在这个过程中，个体学习了组织希望的行为并矫正了不符合组织要求的行为。D 项，习惯化是一种由于重复或不断受到某种能导致个体选择性定向反应的刺激，而引发个体对该刺激反应的减少的现象。它是婴儿早期重要的学习形式，也是记忆发生的重要标志。去习惯化指若重新给婴儿呈现一个新异刺激，则婴儿会恢复对该刺激的注意力。

5. 在儿童早期，常常会说出一些简略、断续、语法不完整的句子。这一现象被称为(　　)。[统考2018年研]

A. 单词句　　B. 电报句　　C. 词汇爆炸　　D. 规则扩大化

【答案】B

【解析】婴儿在10~15个月平均每月掌握1~3个新词，19个月时候能说出50个词，此后婴儿掌握新词的速度进一步突然加快，平均每月掌握25个新词，这就是19~21个月的“词语爆炸”现象。在此后2个月内，婴儿说出的第一批一定声调的双词句，从而结束单词句阶段。双词句比单词句表达的意思更明确，已经具备语句的主要基本成分。但是，它仍然简略、断续、不完整。有些看起来更像人们打电报时所用的语言，被称为电报句；有些则是由一个常用词做主词，再加上一个指代事物、动作或属性特征的词语，称为主词句，如“那书”“嘿，气球”“更多牛奶”等。

6. 安斯沃斯等利用陌生情境技术研究了婴儿的依恋。某婴儿当母亲在场时能独自探索，母亲离开则表现出明显的不安，对陌生人的反应比较强烈；当母亲回来时，会马上回到母亲身边，并寻求接触。该婴儿的依恋类型为(　　)。[统考2017年研]

A. 回避型　　B. 反抗型　　C. 安全型　　D. 敏感型

【答案】C

【解析】安斯沃斯的陌生情境测验将婴儿的依恋关系分为三类：①安全依恋(secure)，这类儿童与母亲在一起时能舒心地玩玩具，并不总是依附母亲，当母亲离去时，明显地表现出苦恼。当母亲回来，会立即寻求与母亲的接触，很快平静下来并继续玩游戏；②不安全依恋，回避型(insecure-avoidant)，这类儿童在母亲离去时并无紧张或忧虑，母亲回来，他们亦不予理会或短暂接近一下又走开，表现出忽视及躲避行为，这类儿童接受陌生人的安慰与母亲的安慰没有差别；③不安全依恋，反抗型(insecure-ambivalent)，此类儿童对母亲的离去表示强烈反抗，母亲回来，寻求与母亲的接触，但同时又显示出反抗，甚至发怒，不能再去玩游戏。然而，在实际工作中还发现一些儿童的行为不符合以上三种类型的任何一种，且这些儿童曾有被虐待与被忽视的经验，于是，Crittenden(1988)提出另一依恋类型：不安全依恋，破裂型(insecure-disorganized)，此类儿童对母亲展现出冷漠。

7. 当玩具在眼前消失，儿童认为它仍然存在的，这个描述对应的概念是(　　)。[统考2016年研]

A. 客体永久性　　B. 知觉的恒常性　　C. 运算　　D. 守恒

【答案】A

【解析】皮亚杰的认知发展阶段论指出，在感知运动阶段(0~2岁)儿童主要通过感觉动作图式来和外界取得平衡，处理主、客观关系，在1岁左右发展出物体恒存的概念，物体恒存也称为客体永久性，它是指当物体在婴儿面前消失，婴儿仍旧认为它是存在，并没有消失，是婴儿在感知运动阶段产生的重要的心理现象。

8. 婴儿主要的思维形式是(　　)。[南京师范大学2016年研]

A. 抽象逻辑思维　　B. 具体形象思维　　C. 直觉行动思维　　D. 初期创造思维

【答案】C

【解析】C项，直觉行动思维是婴儿的主要思维方式。A项，抽象逻辑思维是在幼儿时期开始萌芽，直至青少年时期才开始占优势。B项，具体形象思维是幼儿时期占主导的思维方式。D项，初期创造思维是学龄期儿童逐渐发展出来的。

9. 下列有关幼儿概念发展的表述，错误的是(　　)。[统考2015年研]

A. 一般只能掌握比较具体的事物概念　　B. 能掌握左右概念的相对性

C. 事物概念的掌握先于数概念的掌握　　D. 所掌握的概念内涵往往不够精确

【答案】B

【解析】儿童掌握概念的特点直接受他们概括水平的制约。幼儿概括的特点表现在三个方面：①概括的内容比较贫乏，一个词最初只代表一个或某一些具体事物的特征，而不是代表某一类事物的共同特征；②概括的特征很多是外部的、非本质的。如幼儿大多以功用性特征说明关于事物的概念；③概括的内涵往往不精确，有时失之过宽，有时又失之过窄。数概念是一种更加抽象的概念，在儿童发展过程中，对于数概念的掌握比实物概念晚些，也较难些。而左右概念属于关系概念，较为复杂和抽象，因此幼儿还不能掌握左右概念的相对性。

10. 下列有关幼儿言语发展的表述，错误的是(　　)。[统考2015年研]

A. 口语发展的最佳时期　　B. 词汇数量增长最快的时期

C. 句法结构从简单到复杂　　D. 自我中心言语是其主要的言语形式

【答案】D

【解析】A项，幼儿期是儿童言语不断丰富的时期，是熟练掌握口头言语的关键期。B项，幼儿期是一生中词汇数量增加最快的时期。一般来说，3、4岁词汇量的年增长率最高。C项，幼儿期句子发展的一般趋势包括：①从简单句发展到复杂句；②从无修饰句发展到修饰句；③从不完整句发展到完整句；④从陈述句到多种形式的句子，由此可以看出句法结构从简单到复杂。D项，幼儿期出现自我中心言语，但并非其主要的言语形式。因此答案选D。

11. 一个婴儿既寻求与母亲的接触，又拒绝与母亲的亲近，其依恋类型是(　　)。[四川师范大学2015年研]

A. 安全型　　B. 回避型　　C. 迟缓型　　D. 反抗型

【答案】D

【解析】反抗型依恋的儿童既寻求与母亲的接触，又拒绝与母亲的亲近，表现出极大的矛盾。A项，这类婴儿能与母亲和谐地在一起，母亲离开不会哭闹，但母亲回来又会表现出极大的依恋。B项，回避型依恋这类婴儿对母亲在不在场都无所谓，母亲离开时，他们并不表示反抗，很少有紧张、不安的表现。C项，迟缓型属于婴儿的气质类型而不是依恋类型。

12. 以下关于儿童"第一反抗期"的说法，错误的一项是(　　)。[电子科技大学2015年研]

A. 儿童的第一反抗期与儿童的自我意识发展紧密联系，是儿童心理发展过程中的自然

过程

B. 儿童对父母的反抗行为是发展中的不健康现象，应通过教育等手段使之消除

C. 如果父母过于溺爱，一切欲望有求必应，会剥夺儿童自我发展的机会

D. 在幼儿期经过了反抗期者自主性强；未经历反抗期者，一般都有自主性和主动性缺乏的倾向

【答案】B

【解析】2、3岁的儿童，随着其动作和认知能力的显著发展，他的探索欲望和自我主张越来越强烈，独立性和自主性也相应发展起来，幼儿初步认识到作为个体的“我”以及“我”的力量，但他们的欲望和要求常常遭到父母的禁止和限制。欲望、自我主张遭到阻止的幼儿则用反抗和拒绝行为来表明自己同别人的意志之间的冲突，他们不仅拒绝成人的命令和要求，甚至拒绝成人的帮助，事事要“我自己来”，这种持有强烈的自我主张，以及对别人的命令、要求、帮助予以拒绝的态度，称为第一反抗现象，这个时期称为第一反抗期。从孩子的生理和心理发展的角度看，这种“反抗期”的表现是一种正常的现象。随着幼儿活动能力的增强、知识的不断丰富，孩子的心理变化急剧，特别是孩子的需要发生了很大的变化，而成人往往还是用老眼光去看待孩子、要求孩子，因而引起孩子的种种反抗行为。但从另一个方面看，如果孩子的个性得不到发展，反倒会影响到他今后的成长。所以说经历“反抗期”是孩子正常发育的必然阶段。

13. 儿童发展的性别差异研究表明，学前期男童和女童之间最大的差异在于(　　)。[统考2014年研]

A. 语文测试成绩　　B. 数学测试成绩

C. 工作记忆容量　　D. 游戏模式

【答案】D

【解析】儿童的性别偏爱最早表现在对玩具的选择上。大约14～22个月的男孩就偏爱小汽车之类的玩具，而女孩则喜欢玩娃娃和毛绒玩具。18～24个月的婴儿即使在没有其他玩具的情况下，也通常拒绝玩异性孩子的玩具。进入幼儿园后，儿童一般都喜欢从事与性别相符合的活动或中性活动。因此，学前期男童与女童的最大差异是游戏模式上出现了性别差异，此差异大于其他三方面。

14. 婴儿在5周左右，能区分人和其他刺激，对人的声音和面孔有特别的反应，并报以微笑。这种微笑是(　　)。[统考2013年研]

A. 无意义微笑　　B. 内源性微笑

C. 无选择的社会性微笑　　D. 有选择的社会性微笑

【答案】C

【解析】婴儿的社会性微笑分为三个阶段：自发性微笑、无选择性微笑、有选择性微笑。自发性微笑为条件反射式的笑，无朝向，并无社会意义；婴儿在5周左右时对熟悉和不熟悉的人的反应没有什么不同，这是一种无选择的社会性微笑；有选择性微笑的标志为开始区分微笑的对象，对亲近的亲人、父母等微笑更多，对陌生人的脸孔微笑明显要少。

15. 根据帕顿(M. Parten)的研究结果，2岁左右儿童的主要游戏类型是(　　)。[统考

2013年研]

A. 平行游戏和合作游戏　　B. 联合游戏和合作游戏

C. 单独游戏和联合游戏　　D. 单独游戏和平行游戏

【答案】D

【解析】帕顿根据儿童在游戏中的社会性参与程度将儿童的游戏分为6类：无所事事、旁观、单独游戏、平行游戏、联合游戏、合作游戏。学前儿童较多以平行游戏为主，联合游戏和合作游戏到学前晚期才开始出现。2岁左右儿童属于学前早期，单独游戏和平行游戏较多。

16. 下列关于婴儿动作发展排序正确的是(　　)。[统考2012年研]

A. 翻身、坐、抬头、站、走　　B. 抬头、坐、翻身、站、走

C. 翻身、抬头、坐、站、走　　D. 抬头、翻身、坐、站、走

【答案】D

【解析】婴儿动作发展符合头尾原则和近远原则。一般来说动作发展的顺序是：抬头、翻身、坐、站立、行走。

17. 研究(Nelson，1973)表明，儿童最初出现的词主要是(　　)。[西南大学2011年研]

A. 亲人经常使用的　　B. 与生俱来的

C. 描述自身状态的　　D. 没有任何含义的

【答案】A

【解析】根据语言的习得论，在儿童获得语言的初期，强化依随和即时性模仿存在重要的作用。儿童最初的几个单词是在对父母或养育者的模仿和不断强化下获得的，是通过学习父母经常使用的词获得的。

18. 依恋的测量主要通过(　　)。[华东师范大学2011年研]

A. 熟悉情境　　B. 陌生情境　　C. 母亲评定　　D. 研究者评定

【答案】B

【解析】最广泛使用的评价依恋类型的方法为"陌生情境"技术，最先使用它的是美国心理学家安斯沃斯。

19. 当客体在眼前消失，儿童仍认为它是存在的，这说明儿童已具有了(　　)。[华东师范大学2011年研]

A. 客体永久性　　B. 守恒　　C. 运算　　D. 平衡化

【答案】A

【解析】客体永久性是知觉常性的进一步发展，即客体从视野中消失时，儿童知道这客体并非不存在了。这个概念是由皮亚杰提出的，根据皮亚杰的认知研究，婴儿获得客体永久性的阶段有：①0～4个月，无视觉或操作探索；②4～8个月，寻找部分掩蔽的物体；③8～12个月，寻找完全掩蔽的物体，一般认为这个时期婴儿获得了客体永久性。乳儿要到8～12个月时才有这种能力；④12～18个月，寻找眼前被替换的物体；⑤18个月以上，寻

找掩蔽的替换物体。

20．要求幼儿对香蕉、苹果、皮球、口琴等进行分类，幼儿将苹果与皮球归为一类，香蕉与口琴归为一类。由此表明他们所具有的概念种类是（　　）。[统考2010年研]

A．具体概念　　B．抽象概念　　C．合取概念　　D．人工概念

【答案】A

【解析】根据概念所包含的属性的抽象与概括程度，概念可分为具体概念和抽象概念，按事物的指认属性形成的概念称为具体概念；按事物的内在、本质属性形成的概念称为抽象概念。根据概念所反映事物属性的数量及其相互关系，可分为合取概念、析取概念和关系概念，合取概念是根据一类事物中单个或多个相同属性形成的概念，它们在概念中必须同时存在，缺一不可；析取概念是根据不同的标准，结合单个或多个属性所形成的概念；关系概念是指根据事物之间的相互关系形成的概念。根据概念形成的自然性，概念可分为自然概念和人工概念。自然概念是指人类历史发展过程中自然形成的概念；人工概念是在实验室的条件下，为模拟概念的形成过程而人为地制造出的一种概念。幼儿将苹果与球归为一类，香蕉和口琴归为一类，这说明他们是根据事物的形状（圆形和长形），即指认属性分类的，所以他们所具有的概念种类是具体概念。

21．对于14至22个月大的儿童来说，男孩喜欢玩小汽车类的玩具，女孩喜欢玩娃娃和毛绒玩具。这种对玩具的选择体现了儿童的（　　）。[统考2010年研]

A．性别认同　　B．性别角色认同　　C．性别角色标准　　D．性别偏爱

【答案】D

【解析】性别角色偏爱是指对与性别角色相联系的活动和态度的个人偏爱。男孩喜欢玩小汽车类的玩具，女孩喜欢玩娃娃和毛绒玩具，这体现了儿童的性别偏爱。A项，性别认同，是对一个人在基本生物学特性上属于男或女的认知和接受，即理解性别。B项，性别角色认同，是对一个人具有男子气或女子气的知觉和信念。C项，性别角色标准，是社会成员公认的适合于男性或女性的动机、价值、行为方式和性格特征等，反映了文化或亚文化对不同性别成员行为适当性的期望。

22．伊扎德认为，个体生来就有的情绪反应是（　　）。[统考2010年研]

A．愉快和不愉快　　B．爱、怒和怕

C．惊奇、苦恼、厌恶、微笑和兴趣　　D．愉快、惊奇、厌恶、痛苦、愤怒和悲伤

【答案】D

【解析】情绪专家伊扎德指出基本情绪是先天形成、不学而能的，并具有分别独立的外显表情、内部体验、生理神经机制和不同的适应功能。按照这个标准，伊扎德用因素分析的方法，提出人类具有8到11种基本情绪，它们是兴趣、愉快、惊奇、厌恶、痛苦、愤怒、悲伤、恐惧以及害羞、轻蔑和自罪感。

23．个体出生后，身体发育的两个高峰期分别是（　　）。[统考2010年研]

A．幼儿期和青少年期　　B．婴儿期和幼儿期

C．婴儿期和青少年期　　D．婴儿期和成年早期

【答案】C

【解析】人身高的增长有两个高峰，分别是婴儿期(0～3 岁)和青少年期，即青春期(11、12～17、18 岁)。其与个体自我意识发展的两个飞跃期相对应。

24. 小张是一个多愁善感、孤僻内向的人，即使遇到一些小事情，也会产生深刻的情绪体验。他的气质类型是(　　)。[统考 2010 年研]

A. 多血质　　B. 胆汁质　　C. 抑郁质　　D. 黏液质

【答案】C

【解析】现代气质学说将气质分为多血质、胆汁质、黏液质和抑郁质。①多血质的个体外向，活泼好动，善于交际，思维敏捷，容易接受新鲜事物，情绪情感丰富、外露、不稳定、缺乏耐心和毅力等；②胆汁质的个体情绪体验强烈、爆发迅猛、平息迅速、思维灵活但粗枝大叶、鲁莽冒失、易感情用事；③黏液质的个体情绪稳定、安静、有耐心、喜欢沉思，但主动性较差、缺乏生气；④抑郁质的人情绪体验深刻、细腻持久、情绪抑郁、多愁善感、思维敏锐、想象丰富、不善交际、孤僻离群、踏实稳重、自制力强，但他们的行为举止缓慢、软弱胆小、优柔寡断。

25. 对儿童脑电变化的研究表明，大脑各区域成熟的顺序为(　　)。

A. 枕叶－颞叶－顶叶－额叶　　B. 颞叶－枕叶－顶叶－额叶

C. 顶叶－颞叶－枕叶－额叶　　D. 额叶－颞叶－顶叶－枕叶

【答案】A

【解析】脑区成熟过程与个体心理与行为的发展相吻合，即从控制低级心理机能的脑区到控制高级心理机能的脑区，儿童的大脑随着年龄的增长而发展，且这一过程是不可逆的，儿童大脑各区成熟的顺序是枕叶—颞叶—顶叶—额叶。因此答案选 A。

26. 与多血质气质类型相对应的高级神经活动过程的基本特征表现为(　　)。

A. 强、不平衡　　B. 强、平衡、灵活

C. 强、平衡、不灵活　　D. 弱

【答案】B

【解析】强、不平衡对应的气质类型是胆汁质；强、平衡、不灵活对应的气质类型是黏液质；弱型对应的气质类型是抑郁质。因此答案选 B。

27. 吉布森(Gibson)所做的视崖实验有力地表明 2 个月的婴儿已经具有(　　)。

A. 方位知觉　　B. 深度知觉　　C. 距离知觉　　D. 图形知觉

【答案】B

【解析】吉布森最早设计了著名的“视崖”实验对婴儿的深度知觉进行研究。在实验中，将 2～14 个月的婴儿放在“浅滩”一侧，看看他们是否听从母亲的召唤爬过“视崖”。结果发现，当视觉深度大约为 90 厘米或更多时，只有 10% 的婴儿会越过“悬崖”爬向母亲，多数婴儿不会爬过“悬崖”，说明此时的婴儿已具有深度知觉。

28. 新生儿主要依靠由皮下中枢实现的(　　)来适应内外环境。

A. 经典性条件反射　　B. 操作性条件反射

C. 无条件反射　　D. 应答性条件反射

【答案】C

【解析】一般认为，婴儿动作最早发生在新生儿期，其最初的无条件反射行为便是“最早产生”的第一批动作。此时婴儿仅仅由本能行为维持生存，适应环境，经典性的条件反射和操作性条件反射还未形成。应答性条件反射是指经典性条件反射。

29. 基本上能掌握母语全部发音的年龄是(　　)。

A. 8个月　　B. 1岁左右　　C. 2岁左右　　D. 3岁左右

【答案】D

【解析】36个月时，婴儿已基本上掌握了母语的语法规则系统，成为一个颇具表达能力的“谈话者”。在这一年龄，他们基本上能掌握母语的全部发音，掌握1000个词左右，同时基本使用完整句。

30. 迟缓型婴儿教养的关键在于(　　)。

A. 需要父母具有特别的热情、耐心和爱心

B. 让这些孩子按照自己的速度和特点去适应环境

C. 父母理智地克制自己的烦躁

D. 父母采用奖惩相结合的办法

【答案】B

【解析】针对婴儿的不同类型的气质特点，父母应该采取不同的教养方式：①容易型婴儿对各种各样的教养方式都容易适应；②困难型婴儿需要父母具有特别的热情、耐心和爱心，父母应理智地克制自己的烦躁，采取适合其特点的、有针对性的方法进行教养；③对迟缓型婴儿教养的关键，在于让这些孩子按照自己的速度和特点去适应环境。家长不要给他们施加压力，多鼓励他们去尝试新经验。

31. 2～4个月的婴儿见到熟人与陌生人都会微笑，这属于(　　)。

A. 有选择的社会性微笑　　B. 自发性微笑

C. 无选择的社会性微笑　　D. 反射性微笑

【答案】C

【解析】C项，无选择的社会性微笑出现在婴儿5周到4个月之间：这个时期引起婴儿微笑的刺激主要是人的语音和面孔，他们对熟悉人与陌生人都可以报以微笑，是不加区分的，这时期的微笑已属于社会性微笑。A项，从3.5个月尤从4个月开始，随着婴儿处理刺激内容能力的增加，能够分辨熟悉的脸和其他人的脸，婴儿开始对不同的人微笑不同，出现有差别、有选择性的社会性微笑。B项，自发性微笑与中枢神经系统皮质下的神经冲动自动发放有关，与脑干或边缘系统的兴奋状态变化有直接联系。D项，婴儿4、5周时，让他双手对拍、看转动的纸板或听各种熟悉的说话声，都能引起婴儿微笑。但此时这些微笑，不管是内源性的还是诱发性的，都是反射性微笑，而不是社会性的微笑。

32. 自我意识发展的第一个飞跃表现为(　　)。

A. 能将自己作为活动的主体来认识

B. 能用适当人称代词(如我、你)称呼自己和他人

C. 能有自己独特的感受

D. 能意识到自己的存在

【答案】B

【解析】18～24 个月的婴儿，具有明确的客体我的认知，这一时期婴儿有了用语言标定自我的能力，能用适当人称代词(如我、你)称呼自己和他人。这是个体自我意识发展的第一个飞跃期。

33. 出现“认生”现象的年龄大致在(　　)。

A. 1～3 个月　　B. 3～4 个月　　C. 4～5 个月　　D. 6～12 个月

【答案】D

【解析】6 个月以后婴儿的学习能力有了新的发展，表现为：①再认能力继续加强(长时记忆能力继续发展)；②社会性认知和社会性学习有了长足进步(出现了“认生”现象)。

二、多项选择题

1. 下列选项中，可以为关键期的存在提供证据的有(　　)。[统考 2017 年研]

A. 恒河猴的社会性发展　　B. 人类语言的习得

C. 动物的视觉剥夺　　D. 鸟类的印刻

【答案】ABCD

【解析】关键期是指对特定技能或行为模式的发展最敏感的时期或者做准备的时期。恒河猴的社会性发展、鸟类的印刻、人类语言的习得及哺乳动物的双眼视觉都可证实关键期的存在。

2. 安斯沃斯设计了一种被广泛用来测量婴儿依恋品质的试验程序，下列关于该程序特征的阐述错误的是(　　)。[统考 2016 年研]

A. 评估家庭中亲子互动的频率

B. 观察婴儿在某种设置的情况中是否表现出寻找依恋对象

C. 观察各种社会性情境中亲子互动，以评估儿童依恋特征

D. 观察不同文化中的亲子互动，以揭示婴儿依恋本质特征的跨文化差异

【答案】ACD

【解析】陌生情境测验主要为了在有控制的实验室情境中考查婴儿的依恋类型，并不是为了评估亲子互动频率，也没有在不同文化背景中施测。

3. 婴儿的依恋类型可分为(　　)。[西南大学 2014 年研]

A. 安全依恋型　　B. 回避的非安全依恋型

C. 矛盾的非安全依恋型　　D. 混同型

【答案】ABC

【解析】安斯沃斯最初通过陌生情境法发现，婴儿对母亲的依恋大致可分为三种：安全型、回避型、反抗型。其中反抗型又称为矛盾型，且回避型与反抗型都属于不安全型依恋。最后又提出了最不安全的依恋类型，即混乱型。

4. 儿童动作发展的规律有(　　)。[统考2010年研]

A. 由上到下　　B. 由近及远　　C. 由边缘到中心　　D. 由粗大到精细

【答案】ABD

【解析】儿童动作发展的五大规律包括：①从整体性动作到分化性动作；②头尾规律：从上身到下身；③大小规律：从大肌肉到小肌肉；④近远规律：从躯干到四肢；⑤无有规律：婴儿最初的动作是无意的，以后越来越多地受到心理有意的支配。

5. 婴儿神经系统的发展表现为(　　)。

A. 脑重的增加　　B. 脑结构的复杂化

C. 皮质兴奋还处于弥漫状态　　D. 大脑单侧化

【答案】ABCD

【解析】A项，婴儿的大脑从胚胎时开始发育，3岁时已经达到1011克，约占成人脑重的75%。B项，初生婴儿的脑细胞已分化，大多数沟回都已出现，脑岛已被邻近脑叶掩盖，脑内基本感觉运动通路已髓鞘化(除白质外)。到2岁时，白质已基本髓鞘化，与灰质明显分开，脑结构复杂化。C项，婴儿刚出生时，皮质兴奋还处于弥漫状态。此后，随着皮层的发育成熟，婴儿的反射动作逐渐减少，高级智力活动进一步发展。D项，在新生儿阶段就能观察到某种大脑单侧化的倾向。以后随着婴儿大脑的逐步成熟，这种单侧化倾向逐渐明显。

6. 婴儿视觉偏爱的意义在于(　　)。

A. 可以获得更多的信息　　B. 对早期丰富环境很有意义

C. 对新的刺激反应增强　　D. 对外部刺激具有选择性

【答案】ABD

【解析】婴儿的视觉偏爱可说明婴儿可能生来就具有某种预定的程序——偏爱注视某些轮廓和图形。这些轮廓和图形承载的信息量较大，表明他们对所接触的外部事件具有选择性，这对婴儿早期丰富环境很有意义。

7. 关于婴儿听觉能力的叙述，下列说法正确的是(　　)。

A. 婴儿不能区别不同音高的声音　　B. 对母亲的声音尤为偏爱

C. 婴儿偏爱轻松优美的音乐曲调　　D. 初生婴儿没有听觉定位能力

【答案】BC

【解析】刚出生的婴儿就有最基本的视听协调能力，研究发现6个月以前婴儿已能辨别音乐中的旋律、音色、音高、调性及其转换模式的不同，并初步具有了协调听觉与身体运动的能力。同时，婴儿更加偏爱自己母亲的声音。有研究对比了新生儿听到母亲和其他女性声音后的反应，发现当新生儿听到自己母亲的声音时，吮吸奶嘴的频率会显著加快。

8. 关于婴儿知觉的叙述，下列说法正确的是(　　)。

A. 婴儿对外界事物的方位知觉是以自身为中心进行定位的

B. 新生儿不具有听觉定向能力

C. 婴儿3岁时已能辨别上下方位

D. 6个月的婴儿已具有深度知觉

【答案】ACD

【解析】A项，婴儿主要依靠听觉和视觉来定向，对外界事物的方位知觉是以自身为中心进行定位的。B项，新生儿已具有听觉定向能力，并成为婴儿早期空间定向的主导形式。C项，婴儿3岁时已能辨别上下方位。D项，吉布森和沃克通过视崖装置的实验发现，6个月的婴儿已具有深度知觉。

三、名词解释

1. 去习惯化［华中师范大学2015年研］

答：去习惯化是指已经对某一刺激形成习惯化的婴儿，当呈现另一新的刺激物给他时，又会引起他的注意的现象。运用习惯化和去习惯化的方法，可以测量婴儿的图形知觉、深度知觉、颜色知觉等感知能力，还能测量婴儿的注意及记忆能力。习惯化、去习惯化程序包含两个阶段：①习惯化阶段：婴儿握住物体；当婴儿放开物体代表该次尝试结束；重复这一过程若干次。在这些尝试的过程中，可以观察到婴儿抓握时间在减少；②去习惯化阶段：当经过两次以上尝试，证实婴儿已习惯于一个物体后，将一个新物体放在其手上，观察到其新异反应或抓握时间增加。

2. 客体永久性［华中师范大学2014年研］

答：客体永久性是皮亚杰在研究儿童心理发展时所使用的一个概念，是指儿童虽然脱离了对物体的感知，但仍然相信该物体持续存在的意识，即当客体从婴儿的视野中消失时，他能知道这并非客体不存在了，而是被藏在了某个地方。客体永久性的获得是感知运动阶段中的一次质变。

3. 情绪的社会性参照

答：情绪的社会性参照是指在婴儿发展的特定时期发生的人际情绪的交流和对他人情绪信息的利用，是在一种特定情境中发生的特定情绪交流模式。情绪的社会性参照是婴儿情绪社会化的一种重要现象和过程，充分显示了情绪的信号作用和人际通信交往功能，是情绪社会化的重要方面。

四、简答题

1. 什么是婴儿依恋？［西南大学2016年研］

答：依恋是婴儿与主要抚养者(通常是母亲)间的最初的社会性联结，是个体寻求并企图保持与另一个个体亲密的身体和情感联系的一种倾向，是人与人之间一种密不可分的情感联系，是个体最初的社会性联结和情感社会化的重要标志。安斯沃斯等通过“陌生情境”研究法，根据婴儿在陌生情境中的不同反应，认为婴儿依恋存在三种类型：

(1)安全型依恋

这类婴儿与母亲在一起时，能安逸地玩弄玩具，并不总是依偎在母亲身旁，偶尔用眼睛看母亲、对母亲微笑或与母亲有距离地交谈。母亲在场使婴儿感到足够的安全，能在陌生的环境中进行积极的探索和操作，对陌生人的反应也比较积极。当母亲离开时，其操作、探索行为会受到影响，明显表现出苦恼、不安。当母亲回来时，婴儿会立即寻找与母亲的接触，并且很容易抚慰，平静下来，继续去做游戏。这类婴儿约占65%～70%。

(2)回避型依恋

这类婴儿对母亲在不在场都无所谓，母亲离开时，他们并不表示反抗，很少有紧张、不安的表现；当母亲回来时，也往往不予理会，表示忽略而不是高兴。有时也会欢迎母亲的回转，但只是非常短暂的。实际上这类婴儿对母亲并未形成特别密切的感情联结，所以有人也把这类婴儿称作"无依恋婴儿"。这类婴儿约占20%。

(3)反抗型依恋

这类婴儿每当母亲要离开前就显得很警惕，当母亲离开时表现得非常苦恼、极度反抗，任何一次短暂的分离都会引起大喊大叫。但是当母亲回来时，对母亲的态度又是矛盾的，既寻求与母亲的接触，但同时又反抗与母亲的接触，当母亲亲近他，比如抱他时，他生气地拒绝、推开。但是要他重新回去做游戏却似乎又不太容易，不时地朝母亲这里看。所以，这种类型又常被称为"矛盾型依恋"。这类婴儿约占10%～15%。

安全型依恋为良好、积极的依恋，而回避型和反抗型依恋又称为不安全型依恋，是消极、不良的依恋。依恋是在婴儿与母亲的相互交往和感情交流中逐渐形成的。母亲对婴儿所发出的信号的敏感性和其对婴儿是否关心是最重要的方面。如果母亲能非常关心婴儿所处的状态，注意听取婴儿的信号，并能正确地理解，做出及时、恰当、抚爱的反应，婴儿就能发展对母亲的信任和亲近，形成安全型依恋。反之，则不能。

2. 简述新生儿反射对个体发展的价值。

答：新生儿反射对个体发展的价值主要有：

(1)适应价值

一些反射具有生存价值，例如觅食反射能帮助吃奶的孩子找到妈妈的奶头。其他反射在人类过去的进化过程中有助于婴儿生存，例如，摩罗反射有助于婴儿依附在妈妈身上，这满足了早期婴儿要被整天抱着的需要。

(2)促进动作技能的发展

一些反射为稍晚发展的复杂动作技能打下了基础。例如，强直性颈反射可能是在为婴儿自主地伸手取物行为做准备。

(3)检测婴儿神经系统的指标

反射行为是婴儿神经系统是否健康的信号。反射弱或消失、刻板或夸张，以及应当消失但仍未正常消失的反射，都可能是脑损伤的信号。

五、综合分析题

1. 论述动作发展对婴儿心理发展的重要意义。[河北大学2018年研]

答：动作在婴儿心理发展中的作用一直是心理学的一个重要问题。多年来，心理学家们从不同的角度探讨了这一问题，对动作在心理发展中的作用存在着"助长"与"诱导"的不同理解。其实对于动作与婴儿心理发展之间的关系，应进行动态的、细致的、发展性的分析，而不能简单地、静态地一言而概之。

(1)从心理的起源与发展来看，动作对于个体早期心理发展有着广泛而深刻的影响。

①个体心理的起源与动作密切相关。从发生认识论的角度看，认识并不源于个体与生俱来的简单感知觉，而感知的源泉和思维的基础只能是动作。主体要认识客观外界就必须对客体施加动作，在实施动作的过程中主体与客体相互作用、相互改变。

②从个体智力的最初表现形式——感知运动智力的发生发展过程中，也可以看到动作在个体心理发展中的重要意义。在有目的的动作形成阶段(4或5个月~9或10个月)，婴儿开始对自己动作所导致的结果感兴趣，并为了让自己感兴趣的结果重现会重复相应的动作，表明个体行为的"手段"与"目的"开始分化，智力的最初形式——感知运动智力始见端倪。

③在范型之间、手段与目的之间的协调阶段(9或10个月~11或12个月)，动作的功用性进一步明确，动作目的与方法之间开始协调，已有的动作范型开始可以组合起来以达到新的目的。随后，婴儿能够通过偶然的尝试发现新的动作方式(11或12个月~18个月)，在实施动作的过程中获得对客观外界的最初认识。

由此可见，在个体思维、智力的发生过程中，动作起着决定性的作用。

(2)从个体心理的发展历程上看，个体的心理发展是由外向内发展的，而动作在心理的内化过程中则起着关键性的作用。

①在心理发展初期，外显动作是婴儿认识活动的主要工具，向客体施加动作，并根据动作的结果进一步调整动作方式是婴儿认识客体的基本途径。

②随着婴儿与客观外界进行有效交往的动作不断丰富、复杂、熟练化，到18~24个月，婴儿开始形成心理表征能力，他们可以对自己的动作及客观事物进行内部表征，开始了心理的内化过程。此时，婴儿可以通过在头脑中组合动作范型来构成达到目的的新动作，而不需要外显的试误动作。尽管此时婴儿在解决问题时无须完全依赖外显的试误动作，但是动作仍然具有不可替代的重要性。一方面是由于婴儿内部心理活动得以进行的工具是动作性再现表象，即婴儿是通过动作组织、再现外界事物的特征和过去经验的；另一方面是由于在很长一段时间内，当面临新问题时，婴儿仍然需要求助于外显动作，通过与客体直接的相互作用来解决问题、扩展认识。

可见，动作是个体心理不断内化的基础，并为个体内化的心理活动提供丰富的素材，使个体心理的内化过程得以持续进行。

(3)从个体心理发展的生理基础以及心理各个具体方面的早期发展来看，动作作为主体能动性的基本表现形式，在个体早期心理发展中起着重要的建构作用，它使个体能够积极地构建和参与自身的发展。具体表现在以下方面：

①动作对于大脑的发育具有促进作用。动作不断练习、丰富、提高，可以促进大脑在结构上的完善，从而为个体早期心理的发展奠定良好的基础。

②动作使个体对外部世界各种刺激及其变化更加警觉，并使感知觉精确化。

③动作使得婴儿的认知结构不断改组和重建。动作既可以促使个体认知结构的内涵不断充实，还可以通过提供新经验来引起个体原有认知结构与新环境刺激间的冲突、不协调，为打破原有认知结构并促其向新结构转换提供了现实的可能性。

④动作改变着个体与物理环境、社会环境的互动模式，使个体从被动接受环境信息变为主动获取各种经验，这既促进了个体自主性、独立性的发展，同时也深刻地影响了个体

的社会交往特点，进而对个体的情绪、社会知觉、自我意识等产生重要影响。

2. 在一项心理学实验中，将婴儿和母亲带到一个实验室中，观察婴儿在游戏时与母亲的互动情况，之后要求母亲离开房间，一位陌生人进入房间与婴儿游戏一段时间后，母亲再返回。下面是两岁的平平和乐乐在实验中的表现。

平平：在与母亲独自相处时，积极地探索环境，在与母亲分离后，明显地感觉不安，当母亲回来时就找母亲，很快地与母亲接触，很容易高兴起来。

乐乐：在与母亲独处的过程中相当焦虑，不愿意进行探索活动，与母亲分离后表现得非常不安，母亲返回来时，对母亲表现出强烈的不满，试图留在母亲的身边，但对母亲的接触又表示反对。

(1)该实验程序是什么?

(2)什么是依恋？平平和乐乐属于什么类型?

(3)影响依恋质量的因素有哪些？两位母亲在养教方式上各有什么特点?

(4)依恋安全性对儿童心理发展有什么影响?[统考2012年研]

答：(1)该实验程序：陌生情景法。

(2)依恋是指婴儿与主要抚养者(通常是母亲)间的最初的社会性的联结，也是情感社会化的重要标志。安斯沃思等通过陌生情境研究法，根据婴儿在陌生情境中的不同反应，认为婴儿依恋存在三种类型：

①安全型依恋：这类婴儿当母亲在场时能感到足够的安全，能在陌生的环境中进行积极的探索和操作，对陌生人的反应也比较积极。当母亲离开时，婴儿的操作、探索行为会受到影响，当母亲回来时，婴儿会立即寻找与母亲的接触，并且很容易经抚慰而平静下来，继续去做游戏。

②回避型依恋：这类婴儿对母亲在不在场都无所谓。母亲离开时，他们并不表示反抗，很少有紧张、不安的表现；当母亲回来时，也往往不予理会，表示忽略而不是高兴，自己玩自己的。

③反抗型依恋：这类婴儿在母亲要离开前就显得很警惕，当母亲离开时表现得非常苦恼、极度反抗，任何一次短暂的分离都会引起大喊大叫。但是当母亲回来时，其对母亲的态度又是矛盾的，既寻求与母亲的接触，但同时又反抗与母亲的接触。

由材料可知，平平的表现属于安全依恋类型，而乐乐则属于反抗型依恋。

(3)①影响依恋质量的因素有：依恋的机会、抚育的质量、婴儿的心理特点、家庭环境和文化因素等。

a. 依恋的机会：能与一个或几个抚养者建立亲密的互动关系可能对建立良好安全的依恋是非常重要的；抚育者的频繁更换，则对儿童建立良好的依恋关系会造成不良的影响。

b. 抚育的质量：如果抚养者能根据婴儿发出的信号对其需要做出及时有效的反应，则会加强母婴之间的亲密关系，即敏感的养育将会导致更好的安全型依恋。

c. 婴儿的心理特点：依恋是母婴互动的双向关系，因此婴儿自身特征尤其是气质也会对依恋关系产生影响。研究表明，父母的抚育方式如果适合婴儿的气质特点，满足婴儿的需要，则带有不同心理特点的婴儿都能和父母建立起安全型的依恋关系。

d. 家庭环境：家庭结构、家庭成员对婴儿的态度、重大变故(如父母失业、工作调动、婚姻危机和第二个孩子的出生等)会影响父母与孩子的交往，从而影响依恋的质量。

e. 文化因素：由于亲子同被嵌入一个更大的社会背景下，因此文化因素也影响着依恋的质量。研究表明，德国文化倾向于鼓励儿童的独立性，因此婴儿回避型依恋比例高于日本和美国；而日本文化中婴儿很少有与母亲分离的经验，因而婴儿抗拒型依恋高于美国和德国。

②a. 平平母亲养育方式的特点为：母亲对婴儿的需要敏感，态度积极；与婴儿经常有互动，与婴儿一起做相同的事，一起笑、一起做动作，为婴儿的活动提供情绪支持，并经常激励婴儿。

b. 乐乐母亲养育方式的特点为：母亲对婴儿时而热情时而冷淡；婴儿对母亲这样的态度和方式会感到绝望，为了获得关注，婴儿要么黏住母亲，要么哭闹，如果一切努力都无效的话，婴儿就会变得愤怒、怨恨。

(4)婴儿是否同母亲形成依恋及其依恋性质如何，直接影响着婴儿情绪情感、社会性行为、人格特征及对人交往的基本态度的形成。

3. 心理学家在研究儿童言语发展过程的时候发现，无论哪个种族的儿童，其言语发展的过程极为相似。具体表现为：大约1岁时，能说出被他人理解的词；2岁末能说出词组；4~5岁能说出符合语法结构的句子。这表明，儿童在出生后的4~5年内即获得了基本的听说能力。

试选用两种不同的言语获得理论解释上述现象。

答：言语获得理论归结起来有三种：

(1)习得(或经验)论：言语是通过学习获得的。强调家庭和社会环境对言语发展的重要作用。

①强化说认为，儿童语言的习得是通过操作性条件反射实现的，强化是学习语言的必要条件，强化的程序是渐进的。言语发展表现为儿童习得的口头反应的增加。

巴甫洛夫和斯金纳都认为，言语的获得是条件反射的建立，而强化在这一过程中起着非常重要的作用。斯金纳还特别强调"及时强化"在婴儿言语形成和发展中的作用，他认为，在婴儿言语之后，马上就给予强化，将有利于帮助婴儿形成言语行为。斯金纳把言语的发展看成是通过操作条件作用儿童习得的口头反应数量上的增加。

②模仿说认为，儿童是在没有强化的条件下通过观察、模仿而学习语言的。

这是由奥尔波特的关于言语获得机制的最早理论。他认为，婴儿言语是对成人言语的模仿，是成人言语的简单翻版。社会学习理论的代表人物班杜拉认为，婴儿主要是通过对各种社会言语模式的观察学习，即模仿而获得的，其中大部分是在没有强化的条件下进行的；怀特赫斯特对传统的模仿学说进行了改进，提出了"选择性模仿"的新概念，认为婴儿对成人言语的模仿是有创造和选择的。

根据语言的习得论，在儿童获得语言的初期，强化依随和即时性模仿存在重要的作用。儿童最初的几个单词是在对父母或养育者的模仿和不断强化下获得。儿童说出"爸爸、妈妈"，父母就会给予强化，同时父母也会不断给向儿童呈现一些语言，让儿童进行模仿。

(2)先天论：语言能力是人类与生俱来的。

①先天语言能力说即由乔姆斯基提出转换生成说。

该理论认为，语言是普遍语法能力(知识)的表现，语言获得过程就是由普遍语法向个别语法转换的过程，这个转换是通过语言获得装置(LAD)实现的。儿童获得的是一套支配语言行为的特定的规则系统，因而能产生和理解无限多的新句子，表现出很大的创造性。

②自然成熟说的代表人物是勒纳伯格。

该理论认为，生物遗传是人类获得语言的决定性因素。语言获得是大脑机能成熟的产物，语言获得有个关键期，最容易获得语言的时期是从出生到青春期之间。

根据言语的先天论，言语的习得必须以生理的成熟为基础，因此，无论哪个种族的儿童，其言语的发展过程都是极为相似的，都遵循单词句、双词句、简单句、复杂句这样一个发展模式。同时在言语的发展过程中存在一些关键期，如果错过关键期，那么言语的发展将受到损害，比如，从小与动物生活在一起的"狼孩"，由于错过了言语发展的关键期，即使后来进行言语的训练也仅能掌握很简单的语言。

(3)相互作用论：言语发展是生理成熟、认知发展与不断变化的语言环境之间复杂的相互作用的结果。

①认知相互作用论以皮亚杰提出的认知发展论为基础对人类的言语发展做出了解释。

该理论认为，语言是儿童许多符号功能的一种，认知结构是言语发展的基础，言语结构随着认知结构的发展而发展，个体的认知结构和认知能力源于主体和客体的相互作用。

②社会相互作用论的代表人物是前苏联神经生理学家鲁利亚。

该理论强调儿童与同伴或成人的交往在语言获得中的作用，强调语言环境对儿童的语言输入的作用。

根据言语获得的相互作用理论，言语发生的过程，实质上应该视为一个多种因素相互影响、相互作用的复杂的动态系统的活动过程。在系统发生的初期，即时性模仿和强化依随可能相对起着更重要的作用；在系统发生的中、晚期，选择性模仿和婴儿自发的言语实践活动则可能起主导作用。而人类所独有的符号表征能力、适宜的发音器官及其活动则是言语系统发生发展的前提条件。

第6章　幼儿的心理发展

6.1　复习笔记

【知识框架(庖丁解牛)】

- 幼儿的心理发展
  - 幼儿期的总特点
  - 幼儿神经系统的发展
  - 幼儿的游戏
  - 幼儿言语的发展
  - 幼儿认知的发展
  - 幼儿个性的初步形成和社会性的发展
    - 自我意识的发展
    - 攻击行为
    - 亲社会行为
    - 性别角色认同和性别化
    - 同伴关系和社会技能训练

【考点归纳(游刃有余)】

考点一、幼儿期的总特点

表6-1　幼儿期的总特点

要点	具体内容
幼儿期的定义	又称学前期，是指儿童从3岁到6、7岁这一时期
特征	①幼儿的独立性与自身知识经验缺乏、生理发展受限的特征产生重大矛盾。 ②游戏在这一时期成为幼儿的主导活动，是促进幼儿心理发展的最好形式。 ③幼儿期儿童的言语能力不断发展，使儿童能以一种全新的方式去认识世界，表达或解释自己的想法和愿望，接受成人的教育并有效地影响他人，控制和调节自己的行为。 ④幼儿的认知活动带有明显的具体形象性和不随意性，但抽象概括性和随意性也开始发展。 ⑤幼儿最初的个性倾向开始形成，社会性进一步发展

考点二、幼儿神经系统的发展

表6-2　幼儿神经系统的发展

要点	具体内容	
大脑结构的发展	成熟程序	枕叶→颞叶→顶叶→额叶
	发展表现	①脑重继续增加，7岁儿童的脑重约基本接近于成人的脑重量。

续表

要点	具体内容	
大脑结构的发展	发展表现	②大脑皮层结构日趋复杂化，神经元结构的复杂化及神经纤维分支增多和增长，额叶表面积的增长率在2岁左右达到高峰。 ③脑电波在儿童5、6岁出现第一次加速期，同步节律波α波是儿童脑成熟的标志
皮质抑制机能的发展	从4岁起，儿童的内抑制开始蓬勃发展，皮质对皮下的控制和调节作用逐渐加强；同时幼儿的兴奋过程也比以前增强，睡眠时间减少，清醒时间延长	

考点三、幼儿的游戏

表6-3　幼儿的游戏

要点	具体内容		
游戏的理论	传统理论		①霍尔的“复演说”。 ②席勒和斯宾塞的“精力过剩说”。 ③彪勒夫妇的“机能快乐说”。 ④格罗斯的“生活准备说”。 ⑤拉扎勒斯和帕特里克的“娱乐-放松说”。 ⑥博伊千介克的“成熟说”
	当代理论	精神分析理论	①弗洛伊德：游戏是补偿现实生活中不能满足的愿望和克服创伤性事件的手段。 ②埃里克森：游戏是情感和思想的一种健康的发泄方式
		认知动力说	皮亚杰认为： ①游戏是儿童认识新的复杂客体和事件的方法。 ②感知运动阶段多进行练习游戏；前运算阶段多进行象征性游戏；具体运算阶段多进行有规则游戏
		学习理论	桑代克认为：游戏是一种学习行为，遵循效果律和练习律，受到社会文化和教育要求的影响
		想象与现实的结合	朱智贤认为：游戏具有社会性，是想象与现实生活的一种独特结合
游戏的种类	按目的性划分		①创造性游戏：包括角色游戏、建筑性游戏、表演游戏。 ②教学游戏：结合一定的教育目的而编制的游戏。 ③活动性游戏：发展儿童体力的游戏
	按认知发展阶段划分		练习游戏、象征性游戏、有规则的游戏
	按社会性发展划分		无所用心的行为、旁观者行为、单独游戏、平行游戏、联合游戏、合作游戏
游戏的发展	游戏内容的发展		①从游戏的主题看：简单的、日常的→复杂的、特定的。 ②从游戏的情节看：零星、片段的→系统、丰富的
	游戏形式的发展		模仿性游戏→角色游戏→表演游戏→有规则的游戏
	游戏时间的发展		随年龄增长而增加
	游戏集体性的发展		独人游戏→合作游戏

考点四、幼儿言语的发展

表 6－4　幼儿言语的发展

要点	具体内容	
词汇的发展	①词汇数量的增加。 ②词汇内容的丰富和深化。 ③词类范围的扩大。 ④积极词汇的增长	
语法的发展	句子长度	2 岁平均 3.23 个词，4 岁平均 4.75 个词，6 岁平均 5.22 个词
	句子结构	从单句到复句；从陈述句到多种形式的句子；从无修饰句到修饰句
表达能力的发展	①婴儿时期：以对话言语为主。 ②幼儿初期：缺乏条理性、连贯性，并要以表情和手势为辅助；具有情境性特点。 ③幼儿晚期：独白言语有了很大发展。 ④3～5 岁：口语表达发展的快速期。 ⑤4 岁：动作表达发展的转折期	

考点五、幼儿认知的发展

表 6－5　幼儿认知的发展

要点	具体内容	
记忆	幼儿记忆特点	①短时记忆容量随着年龄的增长而增加，但尚未达到成人短时记忆容量(7±2 个信息组块)。 ②幼儿初期无意识记占优势，但让记忆服从于一定目的还有困难。 ③幼儿晚期有意识记和追忆的能力逐步发展起来。 ④整个幼儿期形象记忆占主要地位，语词记忆也在发展。 ⑤自传式记忆在 3 岁以后才有一定的准确性
	记忆策略	幼儿 5 岁前没有记忆策略(为有效地完成记忆任务而采用的方法或手段，如复述、系统化等)，5～7 岁处于过渡期，10 岁以后记忆策略逐步稳定发展起来
	元记忆	幼儿已经具备了一定的元记忆(即关于记忆过程的知识或认知活动)，但是发展的水平还很低
思维	幼儿思维特点	①幼儿思维具有具体形象性，即主要是凭借事物的具体形象或表象的联想来进行。 ②幼儿思维的抽象逻辑性开始萌芽。 ③言语在幼儿思维发展中的作用日益增强
	皮亚杰的研究	认为 2～7 岁儿童的思维属于“前运算阶段”。 ①通过“三座山测验”，认为幼儿在前运算阶段对事物进行判断时是以自我为中心的，不能采纳别人的观点。 ②通过液体守恒实验，认为幼儿在前运算阶段只能集中于问题的一个维度，注意的是事物表面的、明显的特征，具有中心化的特点。 ③通过类包含实验，认为幼儿在前运算阶段缺乏同时想到整个类和一个子类的推理能力

续表

要点	具体内容		
思维	概念的掌握	幼儿概括的特点	①概括的内容比较贫乏，每一个词最初只代表一个或某些具体事物的特征。 ②概括的特征多是外部的、非本质的。 ③概括的内涵往往不精确，有时失之过宽，有时又失之过窄
		实物概念的发展顺序	熟悉的某个或某些事物→指出某些实物的比较突出的特征→指出某一实物若干特征的总和
		数概念的发展顺序	口头数数→给物说数→按数取物→掌握数概念
		类概念的发展顺序	主题概念→链概念→充分必要特征基础上的概念
	抽象逻辑思维	幼儿晚期，在其经验所及的事物的范围内，开始能初步进行抽象逻辑思维，这体现了儿童对事物的内容、性质、关系的理解加深，也体现出儿童的判断、推理能力的发展	

考点六、幼儿个性的初步形成和社会性的发展

1. 自我意识的发展

表6-6 自我意识的发展

要点	具体内容		
自我意识的发展	整体特征	7岁前儿童对自己的描绘仅限于身体特征、年龄、性别和喜爱的活动等，还不会描述内部心理特征	
	各因素的发展	①自我评价：开始发生的转折年龄在3.5~4岁，5岁儿童绝大多数已能进行自我评价。 ②自我体验：由与生理需要相联系的情绪体验(愉快、愤怒)向社会性情感体验(委屈、自尊、羞愧感)不断深化、发展，最值得重视的自尊感在3岁左右萌芽，学龄初期稳定。 ③自我控制：出现自我控制的转折年龄在4、5岁，5、6岁儿童绝大多数都有一定的控制能力。由抵制诱惑、控制冲动和延迟满足三个维度构成(伯科威茨)	
道德认知的发展	相关定义	①幼儿道德认知是指幼儿对行为准则和社会规范的认识。 ②幼儿道德认知发展是指幼儿将一系列的行为准则和社会规范不断内化的过程	
	相关研究	皮亚杰	①前道德阶段：没有道德观念；不能对行为做出价值判断。 ②他律道德阶段：认为规则是绝对的；按是否遵从权威来判断是非；根据行为的后果判断行为的好坏。 ③自律道德阶段：认为规则是可以调整的；按自己的道德标准来要求自己和评判别人；根据行为的动机判断行为的好坏
		科尔伯格	①提出道德发展三水平(即前习俗水平、习俗水平、后习俗水平)六阶段理论(惩罚与服从定向、天真的利己主义定向、“好孩子”定向、维护权威和秩序定向、社会契约定向、良心原则定向)。 ②科尔伯格认为幼儿的道德发展处于前习俗水平，此时幼儿为了免受惩罚或获得奖励而顺从权威人物规定的行为准则，根据行为的直接后果和自身的利害关系判断好坏是非
		李伯黍	研究结果基本支持皮亚杰的理论，但我国儿童的道德判断从不成熟向成熟的转折年龄比皮亚杰发现的转折年龄提前1~3年

2. 攻击行为

表6-7　攻击行为

<table>
<tr><th>要点</th><th colspan="2">具体内容</th></tr>
<tr><td>攻击行为的定义</td><td colspan="2">又称侵犯行为，是针对他人的敌视、伤害或破坏性行为，包括身体的攻击、言语的攻击，以及对别人权利的侵犯</td></tr>
<tr><td>特点</td><td colspan="2">①攻击者有意实施生理或心理的伤害。
②受害者知觉为不友好的、消极的行为</td></tr>
<tr><td>分类</td><td colspan="2">①工具性攻击：把攻击当作达到目的(如获取财物等)的手段。
②敌意性攻击：以故意伤害他人身体、感情、自尊等为根本目的</td></tr>
<tr><td rowspan="5">相关理论</td><td>精神分析理论</td><td>攻击行为的根源与生俱来的死亡本能</td></tr>
<tr><td>生态学理论</td><td>攻击本能是进化的结果，是物种的生存和繁衍的保证</td></tr>
<tr><td>新行为主义理论</td><td>攻击行为是挫折的结果</td></tr>
<tr><td>社会学习理论</td><td>攻击行为是通过直接强化或观察习得的，攻击行为得到了社会强化和自我强化，是达到其他目的的有效手段，是自我保护的手段</td></tr>
<tr><td>社会信息加工理论</td><td>攻击行为是一个人对挫折或明显的挑衅的认知</td></tr>
<tr><td>攻击行为的发展</td><td colspan="2">尽管随年龄增长，幼儿攻击行为减少(其中敌意性攻击略有增加)</td></tr>
<tr><td rowspan="3">攻击行为的性别差异</td><td>生物学观点</td><td>由于男女生理上的差异，即几乎所有男性都比女性富有攻击性；有证据表明雄性激素与攻击行为相关；在与人类相近的物种中也存在这种性别差异</td></tr>
<tr><td>社会学观点</td><td>由于父母与其他社会动因的重要作用</td></tr>
<tr><td>相互作用论</td><td>由于生物因素与社会因素交互影响</td></tr>
<tr><td rowspan="2">影响攻击行为的社会因素</td><td>家庭环境</td><td>①专制型和放任型的教养方式。
②充满矛盾与冲突的家庭氛围</td></tr>
<tr><td>大众传播媒介的负面影响</td><td>暴力内容给儿童提供了攻击性榜样</td></tr>
<tr><td>攻击行为的控制</td><td colspan="2">①消除对攻击行为的奖赏和关注。
②榜样和认知训练策略。
③移情训练。
④创造减少冲突的环境</td></tr>
</table>

3. 亲社会行为

表6-8　亲社会行为

要点	具体内容
定义	又称“利他行为”“向社会行为”，是指任何符合社会期望而对他人、群体或社会有利的行为及趋向
分类	①自主的利他行为：出于对他人的关心。 ②规范的利他行为：期待报偿或避免批评

续表

要点	具体内容	
理论	社会生物学观点	种族的生存繁衍需要牺牲个体以换取"族内适宜性"
	精神分析理论	利他原则被内化并成为理想自我的一部分,儿童将努力去帮助需要帮助的人,以避免良心的惩罚
	社会学习理论	社会学习和强化的结果
	认知发展理论	受到认知水平的影响
	社会规范理论	社会规范(回报、社会责任、公平)的引导作用
发展	在幼儿期逐渐增加,6~12岁增长显著	
亲社会行为的训练	①角色扮演训练。 ②行为强化训练(表扬、物质奖励、发代金券、忽视、暂停、惩罚等)。 ③自我概念训练。 ④榜样示范。 ⑤良好的社会氛围	

4. 性别角色认同和性别化

表6-9 性别角色认同和性别化

要点	具体内容	
一般概念	性别化	是指儿童获得性别认同和关于他所生活的社会认为适合于男人或女人的动机、价值、行为方式和性格特征的过程
	性别认同	是对一个人在基本生物学特性上属于男或女的认知、理解和接受
	性别角色	是指社会成员公认的适合于男性或女性的动机、价值、行为方式和性格特征
	性别角色认同	是指对一个人具有男子气或女子气的知觉和信念
	性别角色偏爱	是指对与性别角色相联系的活动和态度的个人偏爱
性别认同的发展	①2岁左右还不能确定自己的性别。 ②2.5~3岁多数能正确说出自己性别。 ③3~5岁还不能理解性别的稳定性。 ④学前儿童对性别的认同缺乏灵活性。 ⑤5岁前儿童对性别的刻板印象越来越强。 ⑥7岁时会变得不太刻板,但不会消失	
性别角色标准的获得	①从父母处获得关于性别角色标准的刻板印象。 ②学龄期以后儿童才能获得对于性别角色心理维度标准的认识	
性别化行为的发展	①儿童的性别偏爱最早表现在对玩具的选择上。 ②在性别化过程中,男孩比女孩面临更大的社会压力。 ③4~9岁的男女儿童对性别角色标准有了更多的了解,并且遵从这些社会要求。 ④儿童的性别化行为在社会实践中不断受到强化而得以保留,与社会性别角色标准不相符的行为则逐渐消退	

续表

要点	具体内容	
性别化的理论	精神分析理论	儿童对同性别父母认同的结果之一
	性别图式理论	儿童会建构一种自我性别图式，并根据性别图式评价信息、环境刺激等对自己是否合适
	社会学习理论	儿童获得性别化态度和行为的两种机制是直接训练与观察学习
	认知理论	儿童性别角色的发展部分依赖于儿童的认知发展
	社会生物学理论	儿童出生前的生理发展是人们判定一个孩子的性别并依照性别采取相应抚养方式的主要依据
	社会学习理论	儿童表现出与其性别相一致的行为是因他人强化了他们的此类行为而形成了基本的性别认同

5. 同伴关系和社会技能训练

表6－10　同伴关系和社会技能训练

要点	具体内容
定义	是儿童在交往过程中建立和发展起来的一种儿童之间特别是同龄人之间的人际关系
同伴关系的作用	①满足儿童归属和爱的需要以及尊重的需要。 ②为儿童提供了学习的机会。 ③是儿童特殊的信息渠道和参照框架。 ④是儿童得到情感支持的一个来源
同伴关系的发展	①进入幼儿园，儿童与同伴的接触次数增加。 ②从3岁起，儿童偏爱同性同伴，经常与同性同伴一起游戏、活动。 ③在3～4岁之间，依恋同伴的强度和与同伴建立起友谊的数量有显著增长。 ④儿童从事社会性程度较高的合作性游戏大大增多了。 ⑤儿童的友谊多建立在地理位置接近、有共同的兴趣和喜爱的活动以及拥有有趣的玩具的基础上。 ⑥儿童早期的友谊一般是脆弱、易变的，很快形成又很快破裂
同伴关系与行为、情绪、人格发展	①儿童不良的行为习惯和个性品质可能引起同伴关系障碍，同伴关系障碍容易导致消极情感的产生。 ②为摆脱消极的情感体验，儿童有可能调整自己的行为，从而改善同伴关系；也可能逃避或敌视同伴，使同伴关系更趋恶化，进而增强了消极情感。 ③长期的消极情感最终会造成人格障碍，引起社会适应困难
社会技能训练	社会技能训练是改进儿童不良同伴关系的方法，主要方式是行为练习，基本原则是提供适合辅导社会技能的环境，在自然游戏中示范社会技能，设计和实施结构式的游戏，让儿童积极参与

6.2　典型题（含考研真题）详解

一、单项选择题

1. 皮亚杰认为，儿童获得守恒观念的标志是思维表现出（　　）。[统考2020年研]

A. 系统性　　B. 逻辑性　　C. 可逆性　　D. 形象性

【答案】C

【解析】根据皮亚杰的认知发展阶段论，儿童获得守恒观念的标志是思维表现出可逆性，可逆思维是运算思维的本质特征之一。

2. 幼儿记忆发展的显著性特征是(　　)。[统考2020年研]

A. 无意记忆为主，有意记忆发展迅速　　B. 有意记忆为主，无意记忆发展迅速

C. 无意记忆和有意记忆均发展迅速　　D. 无意记忆和有意记忆均发展缓慢

【答案】A

【解析】幼儿记忆发展的主要特征有：①无意记忆占优势，有意记忆逐渐发展；②记忆的理解和组织程度逐渐提高；③形象记忆占优势，语词记忆逐渐发展；④记忆的意识性和记忆方法逐渐发展。

3. 根据科尔伯格的观点，儿童性别角色的发展需一次经过的阶段是(　　)。[统考2019年研]

A. 性别稳定性、性别恒常性、性别认同　　B. 性别稳定性、性别认同、性别恒常性

C. 性别认同、性别恒常性、性别稳定性　　D. 性别认同、性别稳定性、性别恒常性

【答案】C

【解析】性别认同是指婴儿在生理上可以对自己是男性或者女性进行区分；性别恒常性即男孩长大变成男人，女孩长大变成女人；性别稳定性，即一个人的性别不会随着他的穿着、打扮或是说话声音等轻易改变。2岁左右的婴儿可以分辨自己的性别，以及照片上他人的性别；4岁左右，婴儿开始理解性别恒常性，6、7岁左右，儿童能够理解性别稳定性。

4. 某游戏理论认为，儿童在游戏中可以使机体不受外界的任何约束，从中获得快乐。该理论的提出者是(　　)。[统考2018年研]

A. 席勒·斯宾塞　　B. 格罗斯　　C. 彪勒　　D. 霍尔

【答案】C

【解析】彪勒提出了机能快乐说，认为游戏是从行动中获得机体愉快的手段。

5. 在皮亚杰用于考察儿童思维发展的守恒实验中，儿童最晚通过的是(　　)。[统考2017年研]

A. 容量守恒　　B. 数量守恒　　C. 长度守恒　　D. 面积守恒

【答案】A

【解析】皮亚杰认为年幼儿童的思维受直接知觉的影响，以单维的方式认知事物。这个结论是从大量的守恒实验中得出的。B项，数量守恒实验：皮亚杰将7个鸡蛋与7个玻璃杯一一对应排列，问年幼儿童鸡蛋和杯子是否一样多，儿童回答“一样多”。然后，当面将杯子间距离拉开，使杯子的排列在空间上延长，这时儿童认为杯子比鸡蛋多，表现为数量不守恒。质量守恒实验：皮亚杰把一团橡皮泥先搓成圆球形，然后当着儿童的面将圆球形搓成“香肠”，问儿童圆球和香肠哪一个橡皮泥多。一部分儿童认为圆球的多，因为圆球大，而另一部分儿童认为香肠的多，因为它长，表现为质量不守恒。A项，容量守恒实验：将

一玻璃杯盛满水，然后当着儿童的面将水倒入一个细高的量筒内，问儿童哪个里边的水多。一部分儿童认为量筒里的水多，因为它水面高；一部分儿童认为杯子里的水多，因为杯子比量筒粗，表现为容积不守恒。儿童最晚通过的是容量守恒。

6. 在同伴提名中，受到同伴正向提名较少、负向提名较多的是(　　)。[统考 2016 年研]

A. 受欢迎儿童　B. 被拒斥儿童　C. 有争议儿童　D. 受忽视儿童

【答案】B

【解析】根据儿童受欢迎的程度和在同伴中的地位两项指标，把儿童分为五类：①受欢迎的儿童，被多数同伴喜欢的儿童，且有较高地位；②被拒斥的儿童，多数同伴不喜欢，只有少数同伴喜欢的儿童；③矛盾的儿童，被某些同伴喜爱，同时又被其他一些同伴视为具有破坏性而不被喜欢的儿童；④被忽视的儿童，不被人喜欢也不被人讨厌的儿童，可能还有机会逐渐被同伴接纳；⑤一般的儿童，指那些被同伴接纳的程度处于一般情况的儿童。该题目中所指的同伴正向提名较少、负向提名较多，即不喜欢的同伴较多，喜欢的同伴较少，所以是指被拒斥儿童。

7. 埃里克森认为主动感的获得是幼儿期的主要发展任务，未获得主动感可能会影响其(　　)。[西南大学 2016 年研]

A. 希望品质　B. 能力品质　C. 意志品质　D. 目标品质

【答案】D

【解析】埃里克森将个体心理发展分为八个阶段，并提出每个阶段的发展任务和品质。A 项，婴儿阶段的发展任务是发展信任感和克服不信任感，体验希望的实现。B 项，学龄期的发展任务是获得勤奋感和克服自卑感，体验能力的实现。C 项，儿童早期阶段的发展任务是获得自主感和克服羞怯和疑虑感，体验意志的实现。D 项，幼儿阶段的发展任务是获得主动感和克服内疚感，体验目标的实现。

8. 某 3 岁儿童经常稍不如意就大哭大闹，大人只好依着他。导致该儿童这种行为最可能的原因是(　　)。[统考 2015 年研]

A. 该行为受到了负强化　B. 该行为受到了正强化

C. 该儿童天生脾气坏　D. 该儿童注意力功能有缺陷

【答案】B

【解析】正强化(积极强化)是一种刺激的加入或增强导致了特定行为出现概率提高的过程。儿童出现大哭大闹的行为，大人依从他，使他的需要得到满足，这就强化了哭闹行为，导致儿童不如意的时候哭闹行为频率增加。

9. 认为游戏是远古时代人类祖先生活特征在儿童身上重演的心理学家是(　　)。[统考 2014 年研]

A. 蒙台梭利　B. 霍尔　C. 斯宾塞　D. 桑代克

【答案】B

【解析】霍尔的复演说认为游戏是远古时代人类祖先的生活特征在儿童身上的重演，不同年龄的儿童以不同形式重演祖先的本能特征。

10. 在(　　)阶段，儿童能够利用表征来思考客体和事件。[西南大学2014年研]

A. 感知运动　　B. 前运算　　C. 具体运算　　D. 形式运算

【答案】B

【解析】皮亚杰将儿童心理发展分为四个阶段：感知运动阶段(0~2岁)、前运算阶段(2~7岁)、具体运算阶段(7~12岁)和形式运算阶段(12~15岁)。A项，感知运动阶段，这是语言和表象产生前的阶段，这个阶段的主要特点是儿童依靠感知动作适应外部世界，构筑动作格式，开始认识客体永久性。B项，前运算阶段，这个时期儿童思维的主要特征是思维直接受知觉到的事物的显著特征所左右，儿童能运用表象和符号思维，即儿童能用某一事物代表或表征其他事物来描述外部世界。C项，具体运算阶段，儿童获得了守恒性，这个阶段的儿童能凭借具体事物或从具体事物中获得的表象进行逻辑思维和群集运算，但思维还不能脱离具体事物的运算。D项，形式运算阶段又称为命题运算阶段，它的最大特点是儿童的思维已摆脱具体事物的束缚，把内容与形式区分开来，能根据种种可能的假设进行推理。

11. 依据皮亚杰的认知发展理论处于前运算阶段儿童的典型游戏类型是(　　)。[统考2012年研]

A. 象征性游戏　　B. 练习游戏　　C. 结构游戏　　D. 观察性游戏

【答案】A

【解析】前运算阶段是2~7岁，该阶段儿童将感知动作内化为表象，建立了符号功能，可凭借心理符号(主要是表象)进行思维，从而使思维有了质的飞跃。皮亚杰还将儿童的游戏发展分为三阶段：练习性游戏阶段(0~2岁)、象征性游戏阶段(2~7岁)和规则游戏阶段(7~12岁)。

12. 幼儿园里，小明和小红正在玩“过家家”，这是一种(　　)。[东北师范大学2012年研]

A. 功能性游戏　　B. 构造性游戏　　C. 象征性游戏　　D. 规则性游戏

【答案】C

【解析】从认知发展的角度将儿童的游戏分为功能性游戏、构造性游戏、象征性游戏和规则性游戏。A项，功能性游戏，即无象征性，从动作的本身获得乐趣。B项，构造性游戏，即有一定创造性，但离不开实物。C项，象征性游戏，即渐渐脱离实物。D项，规则性游戏，即游戏遵守规则。

13. 某儿童认为周围世界绕着他转，月亮跟着他走；他只知道自己有个哥哥，但不知道自己就是哥哥的弟弟。该儿童心理发展所处的阶段是(　　)。[统考2011年研]

A. 具体运算阶段　　B. 前运算阶段　　C. 后运算阶段　　D. 形式运算阶段

【答案】B

【解析】前运算阶段是皮亚杰认知发展阶段论中儿童认知发展的第二个阶段，这一阶段儿童认知的特点有：相对具体性、不可逆性、自我中心性、刻板性。题中儿童认为月亮跟他走，不知道自己是哥哥的弟弟，具有明显的自我中心和不可逆思维。

14．巴特森提出的游戏理论是(　　)。[西南大学 2011 年研]

A．觉醒 - 寻求理论　　B．元交际理论

C．认知动力说　　D．机能快乐说

【答案】B

【解析】巴特森的游戏元交际理论运用人类学、逻辑学、数学的理论来研究游戏，试图揭示游戏的意识与信息交流过程的实质。他认为游戏中所有的活动并不代表真实生活的活动，所以游戏中儿童打架行为与真实打架行为是不同的。

15．皮亚杰认为，儿童的认知发展水平决定特定时期的游戏方式。假装游戏占主导地位的阶段是(　　)。[统考 2010 年研]

A．感知运动阶段　　B．形式运算阶段

C．具体运算阶段　　D．前运算阶段

【答案】D

【解析】皮亚杰游戏阶段论：

大致年龄	认知阶段	主要游戏类型
0～2 岁	感知运动阶段	练习性游戏
2～7 岁	前运算阶段	象征性游戏(假装游戏)
7～12 岁	具体运算阶段	规则性游戏

16．根据埃里克森的理论，儿童逐渐从异性同伴中找到替代自己异性父母的对象，使恋父或恋母情结得到解决的原因是(　　)。

A．个体成熟　　B．在游戏中获得自我教育

C．父母和其他成人的教育　　D．大众媒体的影响

【答案】B

【解析】埃里克森提出“人的八个阶段”以及各阶段发展任务，其中的第三阶段为学前期或游戏期，从 4 岁到 7 岁左右。在本阶段，埃里克森认为男女儿童虽然对自己的异性父母产生了罗曼蒂克的爱慕之情，但能从现实关系中逐渐认识到这种情绪的不现实性，遂产生对同性的自居作用，逐渐从异性同伴中找到代替自己异性父母的对象，使俄狄浦斯情结在发展中获得最终的解决。在这一阶段中，游戏执行着自我的功能，在解决各种矛盾中体现出自我治疗和自我教育的作用。因此答案选 B。

17．根据皮亚杰的认知发展理论，前运算阶段思维的主要特点是(　　)。

A．可逆性　　B．守恒性　　C．形象性　　D．互反性

【答案】C

【解析】根据皮亚杰的认知发展理论，前运算阶段思维的主要特点包括形象性、非逻辑性和自我中心性。可逆性、互反性和守恒性是具体运算阶段的特点。因此答案选 C。

18．根据弗洛伊德的精神分析理论，“恋母情结”出现的阶段是(　　)。

A. 口唇期　　B. 肛门期　　C. 埋伏期　　D. 性器期

【答案】D

【解析】弗洛伊德认为，人格发展的基本动力是人的本能，尤其是性本能，性包括使身体产生快感的一切事情，如吸吮、排泄和滞留、皮肤接触等，性本能的力量称为“力比多”，其集中的身体部位就是获得快感的重要区域，在儿童时期，口腔、肛门和生殖器是三个重要的区域，力比多以特有的阶段次序投射到这些区域，因此弗洛伊德提出了人格发展阶段：①口唇期(0~1岁)，力比多从嘴开始，吮吸本能产生快感；②肛门期(1~3岁)，1~3岁儿童的性兴趣集中到肛门区域；③性器期(3~6岁)，其性生活即类同于成人的性生活，男孩产生“俄狄浦斯情结”，女孩产生“伊莱克特拉情结”；④潜伏期(6~11岁)，性的发展呈现一种停滞的或退化的现象；⑤青春期(从11~13岁开始)，女孩约从11岁，男孩约从13岁开始进入青春期，个体的最重要的任务是要从父母那里摆脱自己，容易产生性的冲动，也容易产生同成人的抵触情绪和冲动。

19. 幼儿初期儿童的言语具有很明显的(　　)，并要以表情、手势为辅助。

A. 连贯性　　B. 流畅性　　C. 情境性　　D. 形象性

【答案】C

【解析】幼儿初期儿童言语表达具有情境性特点，往往想到什么说什么，缺乏条理性、连贯性，并要以表情、手势为辅助。随着年龄增长，情境言语的比重逐渐下降，连贯言语的比重逐渐上升，到6岁时已达到言语总数的49%。连贯言语的发展使幼儿能够独立、完整、清楚地表达自己的思想和感受，也为独白言语打下了基础。

20. 研究表明，中国幼儿4岁时所掌握的平均词汇量大约是(　　)。

A. 1000左右　　B. 1700左右　　C. 2500左右　　D. 3500左右

【答案】B

【解析】不同年龄的幼儿的词汇量不同，研究表明，中国幼儿所掌握的平均词汇量：3岁为1000左右，4岁为1700左右，5岁为2500左右，6岁为3500左右。

21. 游戏是幼儿的(　　)。

A. 本能的表现　　B. 自我意识的表现

C. 主导活动　　D. 人格特征的表现

【答案】C

【解析】幼儿的娱乐、学习、社会交往和对周围环境的认识等多是通过游戏活动进行的，游戏是幼儿的主导活动。其主要特征是：①游戏是一种自主的、愉快的活动；②它对儿童发育成熟、认知发展、社会性发展都有重要作用。

22. 按照乔姆斯基的说法，儿童言语的发展取决于(　　)。

A. 成熟　　B. 模仿　　C. 环境　　D. 认知

【答案】A

【解析】乔姆斯基的先天成熟理论强调先天因素对言语发展的决定作用，认为儿童言语的发展取决于成熟，所以也称自然成熟说。

23. (　　)岁儿童能开始按照自己的刻板印象给照片上的人贴上男或女的标签。

A. 2　　B. 3　　C. 4　　D. 5

【答案】A

【解析】2 岁儿童能够按照自己的刻板印象给照片上的人贴上男或女的标签，但还不能确定自己的性别。大多数 2.5 ~3 岁儿童能正确说出自己是男孩还是女孩。

24. 学前儿童行动过程中，体现学前儿童意志发展的最主要指标是(　　)。

A. 有意性　　B. 目的性　　C. 计划性　　D. 坚持性

【答案】D

【解析】行动过程中的坚持性，是学前儿童意志发展的主要指标。因为坚持性是指在较长时间内连续地自觉按照既定目的去行动的行为特性。在坚持性中，可以看到行动目的和动机的发展水平及其作用，又可以看到儿童克服困难的能力和状况。

25. 下列选项中，用来考察幼儿“心理理论”发展的研究方法是(　　)。

A. 陌生情境实验　　B. 错误信念实验

C. 动态测验　　D. 两难故事法

【答案】B

【解析】错误信念实验室研究儿童的心理理论的概念，它具体包括意外转移任务和表征变化任务。陌生情境实验是研究婴儿依恋的方法；动态测验是以维果茨基的最近发展区理论为基础、以过程为导向的智力测验方法；两难故事是研究儿童道德发展的方法。

二、多项选择题

1. 幼儿思维的主要特点是(　　)。[浙江理工大学 2018 年研]

A. 思维的具体形象性是主要特点　　B. 思维的抽象逻辑性开始萌芽

C. 思维的抽象逻辑性是主要特点　　D. 言语在幼儿思维发展中的作用日益增强

【答案】ABD

【解析】幼儿思维的特点有：①思维的具体形象性是主要特点；②思维的抽象逻辑性开始萌芽；③言语在幼儿思维发展中的作用日益增强。C 项，思维的抽象逻辑性是初中生思维的主要特点。

2. 幼儿能运用的记忆策略有(　　)。

A. 视觉复述　　B. 特征定位　　C. 归类　　D. 系列化

【答案】AB

【解析】幼儿能运用的记忆策略有：①视觉复述策略，即不断地注视目标刺激，以加强记忆；②特征定位策略，即“捕捉”突出特征，以便于记忆；③复述策略，即不断重复需要记忆的内容。CD 两项，归类和系列化属于记忆中的组织策略。

3. 幼儿期的心理特点有(　　)。

A. 独立性增强　　B. 常常需要成人的帮助

C. 对周围世界充满了好奇　　D. 记忆带有直观形象性

【答案】ABCD

【解析】幼儿期的儿童，由于身心各方面的发展和生活范围的扩大，儿童的独立性增强，对周围世界充满了好奇和探索的欲望，也初步产生了参加社会实践活动的愿望。但是，由于幼儿的能力有限，他们常常需要成人的帮助，由于知识经验缺乏，他们还主要依靠具体形象的支持来认识外界事物。

4. 幼儿期儿童口头表达能力的发展主要表现为(　　)。

A. 对话语的发展　B. 连贯语的发展　C. 独白语的发展　D. 情境语的发展

【答案】BC

【解析】口语表达能力的发展是幼儿言语发展的集中表现。幼儿口语表达能力的发展有两个主要发展趋势：①从对话语向独白语发展；②从情境语向连贯语发展。幼儿期是儿童口头言语发展的关键期，独白语与连贯语的发展是口语表达能力发展的重要标志。

三、名词解释

1. 性别角色认同[江西师范大学2014年研]

答：性别角色认同是指对一个人具有男子气或女子气的知觉和信念，即对一个人在基本生物学特性上属于男性还是女性的认知和接受。幼儿期大多数儿童开始认同父母，内化父母的标准、价值、态度和世界观，性别角色认同是其中的一部分。亲子关系的质量会对儿童性别角色认同有重要的影响。

2. 攻击行为

答：攻击行为，又称侵犯行为，是指有意伤害别人且不为社会规范所许可的行为。这种行为涉及个体对他人的伤害和危害。对攻击行为的界定要考虑到三个方面的问题：①强调它必须是一种行为，而不是一种意图，尽管这种行为伴随有意图。如果人们只是有伤害他人的意图，而没有做出实际的伤害行为，就不能算作攻击行为；②从效果上看，攻击行为可能是反社会行为，也可能是亲社会行为。大多攻击行为不为社会所认可，但也有一些攻击行为是社会所赞同的，称为认可的攻击行为，比如教练对不认真训练的球员加以惩罚，父母惩罚在外面和别人打架的孩子；③攻击行为必须伴有攻击性情绪，比如愤怒。

3. 假装游戏

答：假装游戏是指表现出既与现实相似而又充满了戏剧性色彩的游戏活动。这种游戏的根本特征是“替代性”和“假定性”。假装游戏在婴儿期就出现了，持续整个学前期。它的发展过程是从简单到复杂，从自我中心到社会化。经常做这样的游戏，可以帮助学前儿童联系和巩固先前获得的知识技能，促进创造力的发展，练习各种社会角色，从而发展社会性技能，还能帮助儿童区分幻想和现实。

4. 两难故事

答：两难故事是科尔伯格研究儿童道德认知发展的一种方法。科尔伯格采用道德两难故事，与10～16岁儿童进行道德谈话。两难故事创设了一种道德两难情境，要求儿童做出选择。人的行动是应该遵从规则和权威，还是应该遵从与此相冲突的他人的需要与利益？

经典的两难故事为：一个名叫海因茨的人，需要一种昂贵的特效药来挽救生命垂危的妻子。他向发明并控制这种药的药剂师提出先付一半的钱，另一半以后再付，却遭到药剂师的拒绝。海因茨为挽救妻子，若偷取药品就违背了社会“不许偷盗”的规则；若遵守社会规则，就使妻子等死。科尔伯格依据儿童对这一充满矛盾冲突的道德情境做出的判断及其原因，将儿童的道德发展划分为三种水平、六个阶段。

四、简答题

1. 幼儿言语发展的特点有哪些？［四川师范大学2015年研］

答： 幼儿期是儿童言语不断丰富的时期，是熟练掌握口头言语的关键时期，也是从外部言语逐步向内部言语过渡并初步掌握书面言语的时期。

(1)词汇的发展

幼儿词汇的发展主要表现为词汇的数量不断增加，词汇的内容不断丰富，词类的范围不断扩大，积极词汇不断增加。

①词汇数量的增加：幼儿期是一生中词汇数量增加最快的时期。幼儿的词汇量呈直线上升的趋势，3、4岁词汇量的年增长率最高。

②词汇内容的丰富和深化：幼儿词汇的内容涉及非常广泛，抽象性和概括性也在增加。

③词类范围的扩大：词汇的发展还表现在词类范围的日益扩大，幼儿先掌握的是实词，其中最先掌握的是名词，其次是动词，再次是形容词。

④积极词汇的增长：积极词汇指儿童既能理解又能正确使用的词汇；消极词汇指不能理解，或者有些理解却不能正确使用的词汇。在幼儿阶段，当儿童词汇贫乏或词义掌握不确切时，还会出现“造词现象”。

(2)语法的掌握和口语表达能力的发展

①语法的掌握：幼儿期，儿童虽然已经能够熟练说出合乎语法的句子，但并不能把语法当作认识对象。他们只是从言语习惯上掌握它。专门的语法知识的学习要到小学才能进行。

②口语表达能力的发展：幼儿初期儿童言语表达具有情境性特点，缺乏条理性、连贯性，并要以表情和手势为辅助；随着年龄增长连贯言语的比重逐渐上升。连贯言语和独白言语的发展是儿童口语表达能力发展的重要标志。口语表达能力的发展既有利于内部言语的产生，也为幼儿进入学校接受正规教育、掌握书面言语奠定了基础。

2. 简述儿童同伴关系的作用。［统考2013年研］

答： 同伴关系是指年龄相同或相近的儿童之间形成的一种共同活动并相互协作的关系，或者主要指同龄人之间或心理发展水平相当的个体间在交往过程中建立和发展起来的一种人际关系。同伴交往在儿童生活中占据重要地位，对儿童发展产生重大影响，是儿童社会化的动因之一，早期的同伴关系不良将导致以后社会适应困难。同伴关系的作用主要体现在：

(1)同伴提供了儿童学习的榜样，通过互相学习，儿童认知能力和技能都得到最快的发展。

(2)提供了形成和评价自我概念的机会，有利于儿童的观点采择、共情等社会认知能力的发展。

(3)通过同伴交往，儿童对归属感、尊重的需要得到满足，同伴是儿童得到情感支持的一个来源。

(4)同伴是儿童特殊的信息渠道和参照框架。同伴既可以给儿童提供关于自我的信息，又可以作为儿童与他人比较的对象。

总之，同伴关系对儿童形成和发展个性特点，形成社会行为、价值观和态度有着非常重要的作用。不良的同伴关系可能导致儿童孤僻、缺乏基本的交流技巧、认知能力发展受阻等，对儿童的身心造成长远的影响。

3. 简述游戏对促进幼儿心理发展的重要意义。

答：游戏对促进幼儿心理发展的重要意义在于：游戏是适合于幼儿特点的一种独特的活动方法，也是促进幼儿心理发展的一种最好的活动方式。具体而言：

(1)游戏具有社会性，它是人的社会活动的一种初级模拟形式，反映了儿童周围的社会生活。儿童渴望参与成人的一些活动，可又受到身心发展水平的限制，游戏解决了这一矛盾。

(2)游戏是想象与现实生活的一种独特结合，它不是社会生活简单的翻版。

(3)游戏是儿童主动参与的、伴有愉悦体验的活动，因而深受儿童喜爱。

4. 幼儿的社会性发展对其入学适应有何特殊意义？

答：社会性是个体的内容与结果，是人在社会化过程中获得的情感、性格等心理特征，同时社会性又是人在社会中处理人际关系时表现出的心理特征。幼儿的社会性发展对其小学入学适应的意义体现在以下几个方面：

(1)幼儿的社会性发展使幼儿对自我有了初步的认识，形成了初步的自我定位，对自我的形象有了一定的认识，有利于他们适应集体生活，学习社会生活规则。

(2)幼儿的社会性发展使他们懂得基本生活规范，道德认知也逐步发展，这使得他们在入小学后能有能力承担一定的社会责任，更好地适应新的学习生活。

(3)当幼儿的社会性发展到一定程度后，幼儿能建立起性别认同，表现出对男、女生交往的不同倾向，这也能够帮助他们很好地适应新的集体生活。

(4)幼儿的社会性发展使他们能更好地处理自己与老师、同伴的关系，学会基本的社会生存技能。

(5)幼儿期社会性发展好坏，对其入学以后的学习、交往影响很大。如研究表明：早期的同伴关系不良将导致以后入学适应困难。同伴关系不良的儿童在入学后比其他儿童更易出现退学或逃学、孤僻、退缩、冷漠、压抑等心理问题。

五、综合分析题

1. 在言语发展的过程中，儿童掌握语法的顺序具有跨文化的普遍性，不同的语言环境中的儿童会在基本相同的时间说出语法结构类似的句子，例：

“你看我跳舞。”

“爸爸穿新衣服。”

“兔兔!”

“妈妈坐腿。”

根据儿童言语发展的规律对上列句子按出现的先后顺序进行排序？描述每一时期的句法特点。[统考2021年研]

答：(1)按语法发展顺序排序

①“兔兔!”，是有意义的单词，属于单词句阶段，在儿童1岁到1.5岁左右开始。

②“妈妈坐腿”，是由“妈妈”“坐”“腿”三词组合在一起的语句，属于电报句阶段，约从1.5岁到2岁左右开始出现。

③“爸爸穿新衣服”，是有修饰的主谓宾句，属于简单句阶段，2.5岁儿童开始出现一定数量的简单修饰句。

④“你看我跳舞”，是由一个动宾结构和一个主谓结构套在一起，动宾结构中的宾语充当主谓结构中主语的递系句，属于复杂句阶段，约在儿童2.5岁时就能说这样的句子。

(2)各阶段的句法特点

①单词句：儿童在1岁到1.5岁左右开始说出有意义的单词，这些最初的单词只是作为事物或动作的一般标志，随后不久就出现了单词句。单词句是指儿童用一个单词来表达一个比该词意义更为丰富的意思。中国儿童在学单词和使用单词句时习惯使用叠音词，如题目中的“兔兔”，当儿童说“兔兔”时，在不同的情景下可能表示几种不同的意思，如“这是兔兔”“我要兔兔”等。单词句具有以下几个特点：一是和动作紧密结合，当儿童用单词表达某个意思时常伴随着动作和表情；二是意义不明确，语音不清晰；三是词性不确定。

②电报句：约从1.5岁到2岁开始出现了由双词或三词组合在一起的语句，如题目中的“妈妈坐腿”。这种句子在表达一个意思时虽较单词句明确，但其表现形式是断断续续的、简略的、结构不完整，好像成人的电报式文件，故统称为电报句。

③简单句：简单句是句法结构完整的单句。无修饰语的简单句包括主谓句、主谓宾句、主谓双宾语。例如，“我回了”“妈妈吃饭”“爸爸给我车”。2岁左右的儿童在说电报句的同时可以开始说出无修饰语的简单句。2.5岁的儿童开始能说出一定数量的简单修饰句了，如“我也要搭积木”，增加了副词“也”来修饰。3岁儿童开始使用较复杂的修饰语，如带“的”字的名词结构“妈妈的衣服”等。3.5岁的儿童是使用复杂修饰语句的数量增长最快的时期。

④复杂句：复杂句是由几个结构相互连接或者相互包含所组成的单句。例如，由几个动词结构连用组成的连动词，儿童在2岁开始能说出连动句，两岁半开始能说出其他一些形式的复杂句。例如，“我也要搭积木”就是一个连动句。到3岁时，大多数儿童开始使用复杂的句子。

2. 在某次幼儿园大班的家长会上，几位母亲就如何塑造或改变孩子的行为习惯纷纷发言。

丁丁妈妈：因为6岁左右的孩子还分辨不清是非善恶，很多时候并不清楚哪些是好的行为，哪些是坏的行为；我和孩子他爸的做法是，告诉小孩要听父母或幼儿园老师的话，耐心地告诉孩子哪些行为是正确的行为，是可以做的，哪些是错误的行为，是不可以做的……

乐乐妈妈：我很少跟孩子讲大道理，我的做法是对孩子好的行为就给予表扬和奖励，对不良行为就忽视或惩罚……

甜甜妈妈：我们的做法是家长以身作则，比如训练孩子要诚实守信，我和孩子他爸爸从来不在孩子面前说假话，向孩子许下的承诺就一定要兑现……

试分析上述幼儿园家长教育方法中所反映的发展心理学或教育心理学原理，并提供你的教育建议。［统考2019年研］

答：(1)①丁丁妈妈的做法可以用皮亚杰的道德认知发展阶段理论来解释。幼儿园的孩子处于前道德阶段。在前道德阶段，年幼的儿童对引起事情的原因只有模糊的了解，他们的行为直接受行为的结果所支配，因而这个年龄阶段的儿童既不是道德的，也不是非道德的。儿童道德的发展需要家长梳理规则予以引导。因此丁丁妈妈的做法符合个体道德认知发展的特点，耐心告诉孩子哪些行为是正确的或错误的，是符合发展心理学原理论的。

②建议：在教育孩子的时候不能光指责孩子的错误，更要引导孩子正确分析行为的对错好坏，以便孩子下次根据自己对事情的理解做出好的行为，避免坏的行为。

(2)乐乐妈妈的做法符合行为主义的强化理论。强化是指增强某人前面的某种行为重复出现次数的一种权变措施。强化的具体方式有四种：①正强化，奖励那些符合组织目标的行为，以便使这些行为得以进一步地加强、重复出现；②负强化，强调的是一种事前的规避；③惩罚，当员工出现一些不符合组织目标的行为时，采取惩罚的办法，可以约束这些行为少发生或不再发生。惩罚是力图使所不希望的行为逐渐削弱，甚至完全消失；④忽视，就是对已出现的不符合要求的行为进行“冷处理”，达到“无为而治”的效果。

建议：要及时强化，使孩子在主观上形成行为及结果的联结，这样奖惩才会有作用。奖惩结合，以奖为主，能用奖励解决的问题尽量不要用强化。

(3)甜甜妈妈的做法符合班杜拉的社会学习理论，即父母为甜甜提供了观察学习的对象，并且给予相应的强化。

建议：父母要树立良好的榜样，不能说一套做一套，要直接强化和间接强化结合使用，以确保良好的教育效果。

3. 鲍姆瑞德通过追踪研究发现，不同父母教养方式与儿童发展之间存在联系，如下表：

教养方式	结果	
	儿童时期	青少年
权威型	较高的认知和社会能力	较高的自尊，较好的社会技能，较强的道德，社会关注和较高学业成就
专断型	一般的认知和社会能力	一般的学业表现和或社会技能，比纵容型教养方式下的青少年更为顺从
纵容型	较低的认知和社会能力	较低自我控制能力和学业成就的权威型和专断型教养方式下的青少年更容易出现社会行为问题

(1)结合鲍姆瑞德的观点，阐述不同父母教养方式的特点及对儿童青少年心理发展影响。

(2)用亲子相互作用模型对父母教养方式与儿童青少年发展之间的关系重新进行解释。并分析其与鲍姆瑞德观点之间的差异。［统考2015年研］

答：(1)父母教养方式是父母对子女进行抚养和教育过程中所表现出来的一种相对稳定

的行为倾向，是其教育观念和教育行为的综合体现。鲍姆瑞德根据父母行为的要求和反应性两个维度对父母教养方式进行分类，以下是关于教养方式分类及其影响的介绍。

①不同父母教养方式的特点

a. 权威型

一种具有控制性又比较灵活的教养方式。权威型父母更多地接纳孩子的观点并做出反应，会征求孩子的意见。

b. 专断型

一种限制性非常强的教养方式。通常成人会提出许多规则，期望孩子能够严格遵守。专断型父母不能够敏感觉察到孩子的冲突性观点，希望孩子将他们的话当作法律，并尊重他们的权威。

c. 纵容型

一种接纳而纵容的教养方式。这种类型的父母会做出相对较少的要求，允许孩子自由地表达自己的感受和冲动，不能够密切监视孩子的行为，很少对孩子的行为做出坚决的控制。

②不同父母教养方式对儿童青少年心理发展的影响

a. 权威型父母的孩子发展得相当好，他们心情愉快、具有社会责任感、自立、有成就定向并且能够与成人与同伴合作良好。儿童时期，孩子有较高的认知和社会能力；青少年可以发展出较好的个性，社会适应良好。

b. 专断型父母的孩子一般情绪不稳定，大多数时间都是不愉快、不友好的，而且很容易被激怒，相对来说没有目标，对周围的事物不感兴趣。儿童时期，孩子有一般的认知和社会能力；青少年时期的学业表现和社会技能比较一般。

c. 纵容型父母的孩子，尤其是男孩通常会表现出冲动和攻击性。他们一般比较粗鲁，喜欢以自我为中心，缺少控制性并且具有较低的独立性和成就感。儿童时期的孩子的认知和社会能力较低；在青少年时期儿童的自我控制能力和学业成就表现较差，容易出现冲动和攻击行为。

(2)亲子相互作用模型特别强调相互作用过程的动态性，也就是说儿童发展受到外界环境的影响，另一方面，外界环境并非独立于儿童而存在，也受到儿童自身特点的影响。以下是对父母教养方式与儿童青少年发展之间关系的重新解释。

①亲子相互作用视角下的父母教养方式与儿童青少年发展

a. 权威型父母会较多征求孩子的意见，儿童的较高认知能力能够提出切实可行的建议，结果，亲子关系民主，儿童自我意识较强，有较高的自尊，发展良好等。

b. 专断型父母依靠惩罚和强制性策略使儿童顺从，儿童的退缩行为等也会使父母更加采取强制措施，不会意识到让儿童自主做出决定。

c. 放纵型父母让孩子自由地表达自己的感受和冲动，另一方面儿童的气质类型特点为胆汁质，情绪兴奋性高，抑制能力差，让父母只能通过顺从孩子的要求，使他停止冲动行为。

②与鲍姆瑞德观点的差异

相互作用模型强调，儿童的发展变化是儿童与父母教养方式的相互作用；鲍姆瑞德重视父母教养方式对儿童发展中的作用，强调父母单方面的作用。

4. 结合思维发展的经典研究，试述幼儿认知的发展特点。

答:(1)幼儿认知发展的主要特点

认知是儿童发展的中心任务。从信息加工的观点看，认知的发展就是人能信息加工系统不断改进的过程。幼儿认知发展的主要特点是具体形象性和不随意性占主导地位，抽象逻辑性和随意性初步发展。

(2)结合思维发展的研究阐述

皮亚杰认为2~7岁儿童的思维属于“前运算阶段”，这是儿童克服各种心理障碍逐渐向逻辑思维过渡的时期。这一阶段儿童主要是表象性思维，思维的基本特点是相对具体性、不可逆性、自我中心性和刻板性。

①三座山测验

a. 皮亚杰的观点

皮亚杰认为前运算思维的基本特征是自我中心，即从自我的角度去解释世界，很难想象从别人的观点看事物是怎样的。

b. 实验内容

“三座山测验”用以测验儿童的“自我中心”的思维特征。实验材料是一个包括三座高低、大小和颜色不同的假山模型，实验首先要求儿童从模型的四个角度观察这三座山，然后要求儿童面对模型而坐，并且放一个玩具娃娃在山的另一边，要求儿童从四张图片中指出哪一张是玩具娃娃看到的山。结果发现，幼童无法完成这个任务，他们只能从自己的角度来描述“三山”的形状。由此，皮亚杰认为幼儿在对事物进行判断时是以自我为中心的，不能采纳别人的观点。

c. 评价

后来的研究证明，如果场景幼儿比较熟悉，问题幼儿也比较熟悉时，他是能够考虑到别人观点的，皮亚杰的结论并非总是适用。

观点采择能力并不会在某一阶段完全不存在，而在另一阶段又突然出现。从儿童期到成年期，它是缓慢发展并日益成熟完善的。有研究者认为，随着儿童了解的东西越来越多，特别是有关他人和他人行为原因方面的知识越来越多，他们逐渐会减少自我中心，并且能够更好地理解他人观点。

②守恒

a. 守恒的定义

守恒是指对物质从一种形态转变为另一种形态时，物质含量保持不变的认识。皮亚杰认为“前运算阶段”的儿童的思维只能集中于问题的一个维度，注意的是事物表面的、明显的特征，具有中心化的特点。

b. 实验内容

在液体守恒实验中，在儿童确知呈现的两个杯子里的液体是等量的之后，实验者当着儿童的面把其中一杯倒进一个较细、较长的杯子中，液面自然升高，要求儿童说出这时哪一个杯子中的液体多一些。由于儿童不能意识到液体是守恒的，因此多倾向于回答说高杯子中的液体多一些。类似的实验还有数目对应、面积守恒、体积守恒等。

c．评价

皮亚杰认为守恒直到前运算阶段结束时才出现，在某些情况下甚至更晚。但研究表明，儿童经过一定的训练和体验，便能学会正确回答守恒任务中的问题。另有研究证明皮亚杰的实验低估了儿童的能力。

③类包含

a．类包含的定义

类包含是指一类物体及其子类的关系。原则上总类中物体的数量必然大于任一子类中物体的数量。皮亚杰认为“前运算阶段”的儿童缺乏这种推理能力，不能同时想到一个子类和整个一类。

b．实验内容

皮亚杰给儿童呈现一个由4朵红花和2朵白花组成的花束，问儿童“红花多，还是花多”，前运算阶段的儿童通常回答“红花多”。皮亚杰还认为幼儿不能区分一个物体表面看起来像什么和真的是什么，不能进行因果推理。

c．评价

有研究者对皮亚杰的实验进行改进研究后普遍认为，皮亚杰低估了幼儿的思维能力。他的研究手段过多地靠言语呈现问题和推理判断，给幼儿理解问题本身带来了困难。如果问题以一种简化的方式呈现，内容是幼儿熟悉的，幼儿可以像学龄初期儿童那样进行较复杂的推理。

5．试依据幼儿(3~6岁)的心理特点说明心理发展是连续性与阶段性的统一，以及这一原理对教育实践的指导意义。

答：心理的发展是一个连续的过程，可以被分解为一个个小的不连贯的步骤。无论是可观察到的行为或是潜在的生物发展过程，都以一系列小的、互相关联的、可测定的数量增减的形式出现。心理的发展又是一个从渐进性的量变到跃进性的质变的过程，表现出阶段性。整个发展过程表现出若干连续的阶段，不同的阶段表现出区别于其他阶段的典型特征和主要矛盾。心理发展的阶段性在幼儿时期也表现得十分明显。

(1)幼儿心理发展的连续性与阶段性

①幼儿心理发展的连续性

a．幼儿的身心发展按照一定顺序展开，身体发展是按照从头部到下肢、由中心到边缘的顺序发展；心理的发展也有一个从低级到高级、从简单到复杂、从不分化到逐渐分化的顺序发展。

b．幼儿在完成各种守恒任务时经过不同的发展水平，显示出一定的顺序性；具体运算阶段各项守恒实验通过的顺序在不同地区和民族中大体是一致的。

c．幼儿语言的发展也遵循由简单句到复杂句的顺序。

d．幼儿的认知发展遵循由近及远、由表及里、由片面到比较全面、由浅到深、由绝对到较为相对的过程。

②幼儿心理发展的阶段性

a．以认知发展作为划分标准，皮亚杰将儿童心理的发展分为：感知运动阶段(0~2岁)、前运算阶段(2~7岁)、具体运算阶段(7~12岁)、形式运算阶段(12~15岁)。按照此理论，幼儿处于前运算阶段，其心理发展特点是已具有运用符号的能力。

b. 以生理发展作为划分的标准，柏曼将心理发展分为：胸腺期(幼年期)、松果腺期(童年期)、性腺时期(青年期)、内分泌的全盛期(成年时期)和内分泌缺乏时期(老年期)。按照此理论，幼儿处于胸腺期(幼年期)，其心理发展特点是身体比例的成长已趋向成人模型。肌肉和骨骼更强壮，呼吸和循环系统的容量也增加。

c. 按性欲说作为划分的标准，弗洛伊德将儿童发展的过程分为：口唇期(0~1岁)、肛门期(1~3岁)、前生殖器期(3~6岁)、潜伏期(6~11岁)、青春期(11或13岁开始)。按照此理论，幼儿主要处于前生殖器期，在这个时期，恋父、恋母情结是人格发展的主要力量，人格中负责监督行为的超我部分也逐渐发展出来。

d. 以人格特征作为划分的标准，埃里克森将心理发展分为：信赖对怀疑(0~1.5岁)、自主对羞愧(1.5~3岁)、主动对内疚(3~6岁)、勤奋对自卑(6~12岁)、角色统一对角色混乱(12~18岁)、亲密对孤独(18~25岁)、繁殖对停滞(25~65岁)、完善对失望(65岁以后)。按照此理论，幼儿主要处于主动对内疚阶段，这个阶段儿童的主要特点是表象性思维发展最快，想象力极为生动丰富，已开始创造性思维活动。

③心理的发展是连续性与阶段性的统一

心理的发展是一个不断矛盾运动的过程，也是一个不断从量变到质变的过程，是连续性与阶段性的统一。随着矛盾一个一个地产生和解决，心理不断产生量的变化，在量变基础上产生质的变化，质变中又包含着量的变化。例如儿童思维的发展是一个从量变到质变的过程：

a. 两三岁的儿童在外界影响下能产生一些思维活动，由于记忆中所保存的外界事物和联系的形象越来越多，在量变的基础上，他可以在没有外界刺激影响下依靠记忆中保持的形象来进行思维，这样就产生思维活动的一个质变，于是形象思维产生了。

b. 在这一基础上，由于形象及其联系积累越来越多，还由于语言产生、发展起来，并与这些形象发生联系，儿童逐渐从主要依靠形象进行思维过渡到主要依靠语言来进行思维，于是产生了新的质变，抽象逻辑思维便产生了。

c. 下一阶段的一些特征在上个阶段末尾已开始萌芽，而上一阶段的一些特征在下一阶段开始时常常还留有痕迹。

(2)对教育实践的指导意义

①教育要符合幼儿的接受能力，适合幼儿的身心发展阶段

教育要根据幼儿的身心发展水平，即教育的内容、方法、进度等要从幼儿的实际情况出发，关注幼儿学习的“最近发展区”，使幼儿能够掌握教师所教的知识、技能等。

②教育要依照幼儿的身心发展过程，循序渐进

幼儿身心的发展不仅是渐进的，而且是遵循一定顺序的，每个阶段之间是不可逾越、不可颠倒的，前一阶段是后一阶段发展的条件。教育工作者要遵循这一规律，在不同的发展阶段开展不同的教育活动，同时更应该按照身心发展的序列来施教，做到循序渐进。

③教育要抓住幼儿身心发展的“关键期”，及时施教

所谓关键期，是指幼儿身心某一方面的发展最适宜形成的时期。教育工作者应及时地抓住幼儿发展的关键期，运用最优化的教育方式进行教育和技能上的训练，对促进幼儿身

心的发展，能够收到事半功倍的效果。

④教育要遵循系统论的观点，综合运用教育资源

从幼儿心理的完整性和统一性，从幼儿身心因素与外部环境的制约性与协调性出发，把家庭、社会、学校和个人诸因素综合起来，综合教育资源对幼儿实施教育工作。

第 7 章　小学儿童的心理发展

7.1　复习笔记

【知识框架(庖丁解牛)】

- 小学儿童的心理发展
  - 小学儿童的学习
    - 小学儿童的学习及其作用
    - 小学儿童的学习障碍
  - 小学儿童思维的发展
  - 小学儿童个性和社会性的发展
    - 小学儿童的自我意识
    - 小学儿童的社会性认知
    - 小学儿童的人际关系
  - 小学生品德的发展

【考点归纳(游刃有余)】

考点一、小学儿童的学习

1. 小学儿童的学习及其作用

表 7－1　小学儿童的学习及其作用

要点	具体内容	
学习的定义	广义	是指动物和人经验的获得及行为变化的过程
	狭义	是指学生在教师指导下有目的、有计划、有系统地掌握知识、技能和行为规范并提升学习能力的活动
学习的一般特点	①学生的学习要越过直接经验的阶段，以学习间接经验为主，较迅速而直接地掌握前人积累下来的知识经验。 ②学生的学习是一种在教师指导下的认识活动。 ③学生的学习是一种运用学习策略的活动。 ④学生的学习是一种受学习动机驱动的活动。 ⑤学生的学习是学生获得知识经验、形成技能技巧、发展智力能力、提高思维品质水平的过程	
学习与儿童心理发展	①学习培养和锻炼了儿童的意志力。 ②学习使儿童心理活动的有意性和自觉性都明显地发展起来，其思维活动也逐渐从具体形象思维过渡到抽象逻辑思维。 ③学习活动中儿童相互交流发展了社交技能、合作精神，形成各种良好的品德	

续表

要点		具体内容
小学儿童的学习特点	学习动机	小学生学习动机的总强度随年级升高呈下滑态势，年级越高，表层动机、深层动机和成就动机越低
	学习兴趣	①儿童的兴趣点由外部活动转移到学习的内容。 ②对不同学科的学习兴趣初步分化。 ③对具体的知识较抽象的知识更有兴趣。 ④学习中游戏因素的作用逐渐降低。 ⑤阅读兴趣从课内发展到课外。 ⑥逐步扩大和加深对社会生活的兴趣。 ⑦学习兴趣的性别差异逐渐明显
	学习态度	①低年级儿童对教师有特殊的尊敬和依恋之情，中年级儿童逐渐对教师产生选择性的信任。 ②从中年级开始，儿童开始具有了比较有组织的、自觉的班集体生活。 ③儿童逐步形成对作业自觉负责的态度。 ④儿童逐步认识到评分的意义
	学习策略	①随着年龄增长而不断丰富，逐渐学会使用有效的策略。 ②小学生的策略使用具有不完善、不稳定和刻板的特点

2. 小学儿童的学习障碍

表7－2　小学儿童的学习障碍

要点		具体内容
学习障碍的概念	定义	是指个体在听、说、读、写、推理和数学能力的获得和运用等涉及多个心理过程的活动中存在明显的困难或障碍。这些障碍主要包括认知障碍、脑损伤、轻度脑功能障碍、发展性失语等，而不包括由视觉缺陷、听觉缺陷、运动性残疾、智力缺陷、情绪障碍，或者环境、文化、经济等原因造成的学习不良
	基本特征	差异性、缺陷性、集中性、排除性、可逆性、贯穿性
学习障碍的分类		①按障碍的特殊领域来划分：阅读障碍、计算障碍、书写障碍、听觉障碍、视觉障碍、非言语学习障碍、执行功能缺陷、注意缺陷八大类型。 ②根据学习障碍在口头表达、听讲的理解、书写的表达、阅读的基本技巧、阅读的理解、算术运算、数学推理七个方面的表现来划分：语言接受和表达方面的学习障碍；阅读和书写方面的障碍；算术方面的学习障碍。 ③运用聚类分析法划分：言语技能一般，序列和空间能力缺乏，概念能力较强，独立性较差和注意力不集中(33%)；算术和图形排列及一般能力较好，学习成绩较差，在教师评价的行为量表中排名较低，在学校中比较自私，攻击性较强，注意力很不集中(10%)；概念能力高于平均水平，学习成绩中等，注意力不集中，性格较外向(47%)；学习成绩中等，言语能力中等，序列和空间能力缺乏(10%)。 ④柯克夫妇：发育性学习障碍、学业性学习障碍。 ⑤吴增强：暂时性困难学生、能力型困难学生、动力型困难学生、整体性困难学生

续表

要点	具体内容
学习障碍的症状	①感知、语言、思维和数学方面的障碍。 ②行为、情绪和社会性方面的障碍。 ③发育迟缓、品行问题等方面的障碍
学习障碍产生的原因	①胎儿期、出生时、出生后某些事件造成的轻度脑损伤或轻度脑功能障碍。 ②遗传、脑认知功能缺陷、感觉综合失调。 ③中枢神经系统之间神经递质不足或过多或中枢神经细胞间信息传递的改变造成的轻度脑功能失调。 ④家庭经济收入、营养不良或疲劳、早年缺乏各种环境刺激和教育、缺乏母爱或其他成人所给予的感情、父母的文化程度、父母对儿童的态度与期望、亲子沟通方式、教师的偏见、不适当的教学方法或教材等不良环境因素。 ⑤缺乏学习兴趣、不够用功、缺乏学习方法等非智力因素发展缺陷
学习障碍的矫正方案	主要有神经心理学习障碍的补偿方法、动觉训练法、语音－书写－发音方法、视－听－动觉法等

考点二、小学儿童思维的发展

表7－3　小学儿童思维的发展

要点	具体内容
基本特点	①逐步过渡到以抽象逻辑思维为主要形式，但仍带有很大的具体性。 ②由具体形象思维到抽象逻辑思维的过渡存在着明显的关键期，这个关键期在四年级(10、11岁)，也有人认为在高年级或可提前到三年级。 ③思维结构趋于完整，但有待完善。 ④思维发展过程具有不平衡性
基本过程	①概括能力的发展：小学儿童逐渐从对事物外部的感性特点的概括转为对事物本质属性的概括。在整个小学时期，儿童概括的水平大体上经历直观形象水平、形象抽象水平、初步本质抽象水平三个阶段。 ②比较能力的发展：小学儿童比较能力的发展随年龄和年级的增长而不断提高，且具有一定的情境性，事物的相异点要比相同点容易发现。 ③分类能力的发展：二年级学生可以完成自己熟悉的具体事物的字词概念分类，三、四年级是字词概念分类能力发展的一个转折点，从四年级起，儿童出现组合分析分类的表现。同一年龄组的儿童在解决难度不同的课题时表现出不同的分类水平。 ④解决问题的能力：解决问题的成绩和所采用的方法随年龄增长而不断提高。 ⑤言语：在小学儿童的基本思维过程的发展中起着重要的作用
概念的发展	逐步深刻化、丰富化、系统化，且三者的发展是互相制约、彼此联系的
推理能力的发展	小学儿童首先掌握的是比较简单的直接推理(由一个前提推出某一结论)，在教学的影响下，小学儿童逐渐学会间接推理(由几个前提推出某一结论)
思维品质的发展	①思维品质包括敏捷性、灵活性、深刻性、独创性和批判性五个方面。 ②总体特点：小学阶段，儿童思维的敏捷性和灵活性稳步发展的，没有“突变”的阶段；思维的深刻性既表现出不断发展的趋势，又有一个三、四年级的转折或关键期；思维的独创性发展较晚，较复杂

考点三、小学儿童个性和社会性的发展

1. 小学儿童的自我意识

表7－4　小学儿童的自我意识

要点	具体内容
小学儿童自我意识的发展的趋势	不是直线的、等速的，既有上升时(一年级到三年级和五年级到六年级)，又有平稳发展期(三年级到五年级)
自我概念的发展	①自我概念的发展是儿童社会性发展的核心构成部分。 ②小学儿童的自我描述是从比较具体的外部特征的描述向比较抽象的心理术语的描述发展。 ③随着年龄的增长，儿童逐渐能较客观地评价自己。 ④儿童的自我概念发展因群体(如再婚家庭与完整家庭)和性别不同存在差异
自我评价的发展	①自我评价能力是自我意识发展的主要成分和主要标志。 ②自我评价能力在学前期就已经产生。 ③小学儿童进行评价的对象、内容和范围进一步扩大，其自我评价能力进一步发展。 ④小学儿童的自我评价处于由顺从别人向有一定独立见解、由具体向抽象、由外显行为向内心品质、由不稳定向稳定的逐渐发展中
自我体验的发展	①自我体验是自我意识中的情感问题，包括对自己所产生的各种情绪情感的体验。 ②愉快感、愤怒感发生较早，自尊感、羞愧感、委屈感发生较晚。 ③自我情绪体验的发展与自我认识、自我评价发展密切相关。 ④随着儿童理性认识的增加和提高，他们的情绪体验也逐步深刻

2. 小学儿童的社会性认知

表7－5　小学儿童的社会性认知

要点	具体内容	
定义	社会性认知是指对自己和他人的观点、情绪、思想、动机的认知，以及对社会关系和对集体组织间关系的认知，与认知能力发展相适应	
发展趋势	①从表面到内部，即从对外部特征的注意到更深刻的品质特征的注意。 ②从简单到复杂，从看到问题的某个方面到多方面、多维度地看待问题。 ③从呆板的思维到灵活的思维。 ④从对个人及即时事件的关心到关心他人利益和长远利益。 ⑤从具体思维到抽象思维。 ⑥从弥散性的、间断性的想法到系统的、有组织的综合性的思想	
角色采择能力	定义	是指儿童采取他人的观点来理解他人的思想与情感的一种必需的认知技能
	塞尔曼的理论	提出儿童的角色采择能力的发展的五个阶段： ①自我中心的或无差别的观点(3～6岁)。 ②社会－信息角色采择(6～8岁)。 ③自我反省角色采择(8～10岁)。 ④相互角色采择(10～12岁)。 ⑤社会和习俗系统的角色替换(12～15岁)

续表

要点	具体内容	
角色采择能力	张文新、林崇德的研究	儿童6岁左右开始初步克服认识上的自我中心主义，6～10岁是社会观点采择能力快速发展的时期，10岁儿童已基本具备社会观点采择能力；10岁以后处于一个相对较稳定的阶段
对社会关系的认识	7岁以下	首先了解外部的、具体的特征(如姓名、身体特征等)，通常使用“好”“坏”等普通的评价词
	8岁开始	逐渐增加使用描述行为特征、心理品质、信仰、价值和态度的抽象形容词
	12～14岁	较少考虑自己与他人的关系，更多地使用限定词，如“有时”“常常”等，表明他们开始理解人的特质不是绝对的、不变的

3. 小学儿童的人际关系

表7－6 小学儿童的人际关系

要点	具体内容	
亲子关系	①交往的时间和内容发生变化。 ②父母在儿童教养方面所处理的日常问题的类型发生了变化。 ③儿童与父母冲突减少。当冲突产生时，父母与儿童开始具有解决冲突的选择性模式。 ④父母的控制模式发生了变化，对儿童采用推理的方式。父母对儿童的控制力量也在变化：6岁以前，父母控制；6～12岁，父母儿童共同控制；12岁以后，儿童自己做出决策	
同伴关系	特点	①与同伴交往的时间更多，交往形式更复杂。 ②在同伴交往中传递信息的技能增强。 ③更善于利用各种信息来决定自己对他人所采取的行动。 ④更善于协调与其他儿童的活动。 ⑤开始形成同伴团体
	儿童友谊	表现在亲密性、稳定性和选择性上
	同伴团体	①以一定的规则为基础。 ②具有明确或暗含的行为标准。 ③限制成员的归属感。 ④发展了使成员朝向完成共同目标而一起工作的组织
	塞尔曼儿童同伴友谊发展五阶段	①3～7岁：无友谊概念。 ②4～9岁：单向帮助阶段。 ③6～12岁：双向帮助阶段，具有明显的功利性。 ④9～15岁：亲密共享阶段，具有强烈的排他性和独占性。 ⑤12岁以后：友谊发展的最高阶段
师生关系	特征	①小学生的师生关系具有亲密性、反应性和冲突性三个方面的特点。 ②在不同年级，师生关系在这三个方面有不同的表现，五年级学生表现出高亲密、高反应和高冲突的特点，而六年级学生则表现出低亲密、低反应、低冲突的特点。

续表

要点		具体内容
师生关系	特征	③教师的教学水平、个性等影响学生；而学生的学业成绩、活动表现、外貌等也影响教师对学生的评价
	对教师的态度	从绝对服从逐渐转变为评价批判
	教师的期望	教师期望对学生有广泛影响(罗森塔尔效应)

考点四、小学生品德的发展

表7－7　小学生品德的发展

要点		具体内容
基本特点		①小学儿童逐步形成自觉地运用道德认识来评价和调节道德行为的能力。 ②小学儿童的道德言行从比较协调到逐步分化。 ③小学儿童的道德知识系统化及相应的行为习惯形成的表现形式是自觉纪律的形成和发展，这是小学儿童出现协调的外部和内部动机的标志
道德动机的发展	特点	①由服从向独立发展。 ②由具体、近景向抽象、远景发展。 ③逐步产生道德动机的斗争，但激烈的冲突较少
	小学儿童的守纪动机	①服从教师的要求。 ②为了获得表扬，成为“三好生”，不落人后。 ③为履行学校班集体和少先队组织的义务、各种制度要求，或为集体、组织争光。 ④体会到这是社会公德的要求，应该自觉遵守纪律。 这四种守纪动机不是固定不变的，而是由低到高、由近及远、由具体到抽象地发展着。在整个小学阶段，前3种比较突出，随着年龄的递增，第1种动机减弱，第4种动机增强，但第4种动机一般只能在高年级出现
品德心理特征的发展	道德认识的特点	①道德观念：道德观念(如集体观念、利他观念、纪律观念等)迅速发展，在小学高年级儿童已经形成各种基本道德观念。 ②道德判断：小学儿童判断道德多不能以道德原则或道德信念为依据，而常常受外部的、具体的情境所制约，如行为后果(造成损坏的大小)、行为动机、从众心理、权威因素等
	道德情感的特点	班集体和少先队集体起着主要的作用。在集体中，为了完成共同的任务和达到共同的目标，儿童逐渐意识到个人和集体、祖国的关系，并在学习等日常活动中产生了爱国主义情感、集体荣誉感、义务感、责任感、正义感等
	道德行为的特点	①亲社会行为：呈逐渐增加的趋势。 ②攻击行为：身体攻击有所下降，欺负现象中直接言语欺负的发生率最高。 ③道德意志行为：在外部力量的作用下会明显提高。 ④道德行为习惯：发展水平呈马鞍形，低年级和高年级较高，中年级较低；社会强化、榜样、行为目标、行为结果以及短期训练能影响儿童的道德行为

7.2 典型题(含考研真题)详解

一、单项选择题

1. 儿童开始意识到他人有不同的观点，但不能理解这种差异的原因，其角色采择能力所处的发展阶段是(　　)。[统考2020年研]

A. 社会信息阶段　　B. 自我发展阶段　　C. 相互性阶段　　D. 社会和习俗阶段

【答案】A

【解析】塞尔曼的研究表明，角色采择能力的发展存在以下几个阶段：阶段0：自我中心或无差别的观点(3～6岁)，不能认识到自己观点与他人的不同；阶段1：社会信息阶段(6～8岁)，开始意识到他人有不同的观点，但不能理解原因；阶段2：自我反省式阶段(8～10岁)，能考虑他人观点，但不能同时考虑自己和他人的观点；阶段3：相互性阶段(10～12岁)，能同时考虑自己和他人的观点；阶段4：社会和习俗阶段(12～15岁)，能利用社会标准和信息去衡量和判断事件。

2. 根据艾里康宁的观点，小学生的主导活动是(　　)。[统考2018年研]

A. 学习　　B. 游戏　　C. 同伴交往　　D. 亲子交往

【答案】A

【解析】艾里康宁根据心理发展按相应的主导互动类型划分为六个阶段，其中小学生的主导活动是学习活动。

3. 在儿童大脑机能发展过程中，α波和θ波之间对抗最激烈的年龄一般是(　　)。[统考2018年研]

A. 2～3岁　　B. 5～6岁　　C. 7～8岁　　D. 9～10岁

【答案】B

【解析】幼儿脑电发展过程中存在两个明显的加速期，第一次在5～6岁，表现为枕叶α波和θ波斗争最为激烈，α波逐渐超过θ波。第二次出现在13～14岁，表现为除额叶外，整个皮层中α波和θ波斗争基本结束，α波基本上被θ波所代替。

4. 根据塞尔曼对观点采择的研究，儿童能从中立的第三者的角度来看待自己和别人的想法与行为，这属于(　　)。[统考2017年研]

A. 自我中心的观点采择　　B. 社会信息的观点采择

C. 自我反省的观点采择　　D. 相互观点采择

【答案】D

【解析】A项，3～6岁为自我中心观点采择阶段，儿童不能认识到自己观点与他人的不同。B项，6～8岁为社会信息的观点采择阶段，儿童开始意识到他人有不同的观点，但不能理解原因。C项，8～10岁为自我反省的观点采择阶段，儿童能考虑他人观点，但不能同时考虑自己和他人的观点。D项，10～12岁为相互观点采择阶段，能同时考虑自己和他人的观点。从中立的第三者角度来看待自己和别人的想法和行为，儿童能够同时考虑自己和他人的观点，因此属于相互观点采择阶段。

5. 7岁以上的儿童不仅能正确地说出自己是男孩或女孩，还能理解性别的坚定性。这种特点体现了儿童的(　　)。[四川师范大学2015年研]

A. 性别认同　　B. 性别角色标准　　C. 性别角色认同　　D. 性别角色偏爱

【答案】A

【解析】A项，性别认同是对一个人在基本生物学特性上属于男或女的认知和接受，即理解性别。包括理解性别的坚定性。B项，性别角色标准是指社会成员公认的适合于男性或女性的动机、价值、行为方式和性格特征等标准，反映了文化或亚文化对不同性别成员行为适当性的期望。C项，性别角色认同是对一个人具有男子气或女子气的知觉和信念。D项，性别角色偏爱指对与性别角色相联系的活动和态度的个人偏爱。

6. 在家庭生活中，盈盈的父母在某种程度上接纳了她目前对音乐的喜爱，而盈盈也认同了父母关于学业成绩重要性的看法，这个例证所体现的发展现象是(　　)。[统考2014年研]

A. 同步现象　　B. 再社会化　　C. 相互社会化　　D. 远端－近端发展

【答案】C

【解析】社会化是个体在特定的社会文化环境中，学习和掌握知识、技能、价值观等社会行为方式和人格特征，适应社会并积极作用于社会、创造新文化的过程。社会化衍生的概念还有再社会化、反向社会化以及相互社会化。再社会化是指个体从一种生活方式向另一种生活方式较快的转变与适应过程。反向社会化是指年青一代将知识、文化传递给前辈的过程。社会化和反向社会化的相互作用就是相互社会化。本题中，父母影响了盈盈(子女)，而父母也受到了盈盈(子女)的影响，所以属于相互社会化。

7. 儿童认为规则不是绝对的，可以怀疑，可以改变，在某些情况下甚至可以违反。按照皮亚杰的理论，其道德判断所处的发展阶段是(　　)。[统考2010年研]

A. 前道德阶段　　B. 他律阶段　　C. 自律阶段　　D. 道德实在论阶段

【答案】C

【解析】皮亚杰认为，儿童的道德认识是从他律道德向自律道德转化的过程，儿童道德认知发展分为三个阶段：①前道德阶段。此阶段儿童的行为直接受行为的结果所支配，此时儿童既不是道德的也不是非道德的；②他律道德阶段或道德实在论阶段。儿童认为规则是绝对的、固定不变的，是由权威所给予的，而不理解规则可以经过集体协商来制定或改变；③自律道德阶段。此阶段的儿童根据个体的行为动机，并依据自己的道德标准判断行为的好坏，意识到规则不是绝对的，是可以改变的。

8. 儿童能够自发运用记忆策略，对羊与牛、作业本与教科书、苹果与草莓的图片进行分类记忆的年龄是(　　)。

A. 4~5岁　　B. 6~7岁　　C. 8~9岁　　D. 10~11岁

【答案】D

【解析】根据弗拉韦尔等人以5~11岁儿童为被试的研究，刺激物为一组图片，图片可以分为四类：动物、家具、交通工具和衣服。以归类作为策略考查不同年龄阶段被试的记忆效果，结果发现，10~11岁儿童基本上是自发应用归类策略以提高记忆效果的，其他年龄儿童则不能。因此答案选D。

9. 研究认为(　　)是学习障碍产生的高峰年龄。

A. 1~2年级　　B. 2~3年级　　C. 3~4年级　　D. 4~5年级

【答案】B

【解析】学习障碍是指一个异质群体在听、说、读、写、推理和数学能力的获得和运用上有明显的困难或障碍。在美国，40%以上的接受特殊教育的学生被认为有学习障碍，约占所有学校儿童总数的4%。研究者认为小学二至三年级为发病的高峰年龄，一般男多于女。

10. 小学阶段的儿童的数字记忆广度(　　)。

A. 远低于成人　　B. 远高于成人

C. 略低于成人水平　　D. 已经与成人水平接近

【答案】D

【解析】成人的短时记忆容量为7±2个信息单位。儿童的记忆容量随年龄增长而增加，小学儿童的数字记忆广度已经与成人水平接近。

11. 儿童最容易接受教育影响的时期被称为引导和启发的最佳有效期，它是在(　　)时段。

A. 快速发展期前　　B. 快速发展期后

C. 快速发展期　　D. 最近发展期

【答案】A

【解析】研究表明，在某些心理过程或心理特征发展的不同时期，教育引导和启发的效果也不一致。在发展的快速期即将出现前的一段时间效果最好，因此这个时期被称为引导和启发的最佳有效期，被认为是儿童最易接受有关教育影响的时期。

12. 自我意识在小学(　　)发展速度较快，以后速度逐渐减慢。

A. 1~3年级　　B. 4年级　　C. 3~4年级　　D. 2~4年级

【答案】A

【解析】我国心理学家通过问卷调查，发现小学儿童自我意识的发展表现出如下趋势：①小一到小三处于上升时期，小一到小二的上升幅度最大，是上升期中的主要发展时期；②小三到小五处于平稳阶段；③小五到小六又处于第二个上升阶段。自我意识在1~3年级发展速度较快。

13. 儿童开始意识到他人不同的观点，但不能理解这种差异的原因。此阶段属于(　　)。

A. 自我反省角色采择　　B. 相互性角色采择

C. 社会和习俗系统的角色替换　　D. 社会信息角色采择

【答案】D

【解析】塞尔曼关于儿童观点采择能力的发展阶段模式分以下几个阶段：①自我中心的或无差别的观点(3~6岁)，儿童不能认识到自己的观点与他人的不同，往往根据自己的经验对问题进行判断；②社会 - 信息角色采择(6 ~ 8 岁)，儿童开始意识到他人有不同的观点，但不能理解产生这种不同观点的原因；③自我反省角色采择(8 ~ 10 岁)，儿童能认识到即使面临同样的信息，自己和他人的观点也可能会有冲突，已能考虑他人的观点，并据此预期他们的行为反应；④相互角色采择(10 ~ 12 岁)，儿童能同时考虑自己与他人的观点，能以一个客观的旁观者的身份对事件进行解释和反应；⑤社会和习俗系统的角色替换(12 ~ 15 岁)，儿童开始运用社会系统和信息来分析、比较、评价自己和他人的观点。

14. 小学儿童概念的发展主要表现在(　　)方面。

A. 深刻性　　B. 丰富性　　C. 系统性　　D. 以上皆是

【答案】D

【解析】童年期儿童在概念发展上表现出如下特点：①逐步在事物的本质水平上掌握概念，在概念的深刻性和精确性上有很大的提高；②掌握的概念逐步丰富化；③掌握的概念逐步系统化。

15. 被皮亚杰称为儿童认知发展过程中的哥白尼式的革命的是(　　)。

A. 形成客体永恒性　　B. 形成守恒观念

C. 去自我中心　　D. 去中心化

【答案】A

【解析】在感知运动阶段末期，儿童形成了客体永恒性，当某一物体从儿童视野中消失时，儿童知道该物体仍然存在。这被皮亚杰称为儿童认知发展中的哥白尼式的革命。

16. 关于小学儿童思维发展的基本特点描述错误的是(　　)。

A. 小学儿童的思维逐步过渡到以抽象思维为主要形式，但仍带有很大的具体性

B. 小学儿童逐渐具备了人类思维的完整结构，但这个思维结构还需进一步完善和发展

C. 小学儿童思维的发展过程中存在着不平衡性

D. 小学儿童思维的发展是以渐进的方式进行的

【答案】D

【解析】D 项，小学儿童的思维由具体形象思维到抽象逻辑思维的过渡存在着一个明显的“关键年龄”，即小学儿童思维以跳跃的方式发展。

二、多项选择题

1. 皮亚杰认为前运算阶段的儿童具有以下特点(　　)。[江西师范大学 2017 年研]

A. 客体永久性　　B. 自我中心性　　C. 抽象性　　D. 不可逆性

【答案】BD

【解析】皮亚杰把 2 ~ 7 岁儿童思维归属于“前运算阶段”。这阶段儿童思维基本特点是：具体形象性、不可逆性、自我中心性、刻板性、集中化。

2. 童年期儿童的思维特点包括(　　)。

A. 思维具有可逆性　　B. 概念守恒

C. 思维形式与思维内容分离　　D. 建立假设与检验假设

【答案】AB

【解析】按皮亚杰的认知发展理论和认知阶段性的划分，童年期儿童属于具体运算阶段(7～12岁)，进入逻辑运算时期，形成了新的思维结构，其主要特点有：①掌握守恒；②思维具有可逆性；③补偿关系认知。

3. 下列关于小学生自我评价的发展的陈述，正确的有(　　)。

A. 从顺从他人的评价到有独立的见解

B. 从评价较为稳定到评价较为不稳定

C. 从比较笼统的评价到能够对多方面的优缺点进行评价

D. 从评价外部特征到具有评价内心品质的初步倾向

【答案】ACD

【解析】进入小学以后，儿童自我评价有以下特点：①从顺从别人的评价发展到有一定独立见解的评价，自我评价的独立性随年级升高而提高；②从比较笼统的评价发展到对自己个别方面或多方面行为的优缺点进行评价；③出现对内心品质进行评价的初步倾向；④在整个小学阶段，儿童的自我评价处于由具体到抽象、由外显行为到内部世界的发展过程之中，小学生的抽象概括性评价和对内心世界的评价能力都在迅速发展；⑤小学儿童的自我评价的稳定性逐渐加强。

4. 以下(　　)是小学儿童想象的主要特点。

A. 从三、四年级开始，有意想象逐渐占主要地位

B. 想象不能很有效地指向某一预定的目的

C. 创造性成分日益增多

D. 儿童想象的主题较稳定

【答案】ABC

【解析】学前儿童的经验大部分是直接经验，内容还很不丰富，而且词、言语在心理与行为中的调节作用也还很差，因此学前儿童的想象是无意想象和再造想象占优势，想象的主题容易变化，想象的内容具有直观性、片段性、模仿性，而且所想象的事物常常不符合现实，以致想入非非。儿童进入学校以后，在教学的影响下，想象有了进一步的发展。小学儿童想象发展的一般特点有：①想象的有意性迅速增长，教师要求儿童按照教学的目的产生符合教材内容的想象，因此想象的有意性、目的性就迅速增长起来；②想象中的创造性成分日益增多；③想象更富于现实性；④在整个小学期间，儿童想象的主题易变性比较明显，想象不能很有效地指向某一预定目标。

5. 小学生学习兴趣的特点有(　　)。

A. 最初对学习的外部活动更感兴趣，以后逐步对学习的内容更感兴趣

B. 最初的学习兴趣是不分化的，以后才逐渐对不同学科内容产生不同的兴趣

C. 游戏因素在低年级儿童的学习兴趣上起着一定的作用，中年级以后，这种作用就逐渐降低

D. 游戏因素在学习兴趣上的作用逐渐加强

【答案】ABC

【解析】小学生学习兴趣的特点有：①在整个小学时期内，儿童最初对学习的过程、对学习的外部活动更感兴趣，以后逐渐对学习的内容、对需要独立思考的学习作业更感兴趣；②从不分化到逐渐产生对不同学科内容的初步分化；③对有关具体事实和经验的知识较有兴趣，对有关抽象因果关系知识的兴趣在初步发展着；④游戏因素在儿童的学习兴趣上的作用逐渐降低；⑤在阅读兴趣方面，一般从课内阅读发展到课外阅读，从童话故事发展到文艺作品和通俗科学读物；⑥对社会生活的兴趣逐步在扩大和加深。

三、名词解释

1. 性别角色偏爱［天津师范大学2012年研］

答：性别角色偏爱是指对与性别角色相联系的活动和态度的个人偏爱。儿童虽然常常偏爱与自己性别相同成员的活动和角色，但并不总是如此。男孩更加喜欢男子气的活动并对这类活动感兴趣，但女孩不一定喜欢或对所谓女子气的活动感兴趣，女孩往往转向偏爱男子气的活动，接受男子气的个性特征。

2. 社会性认知

答：社会性认知是指对自己和他人的观点、情绪、思想、动机的认知，以及对社会关系和对集体组织间关系的认知，与认知能力发展相适应。许多研究表明，儿童的社会性认知发展具有如下几个趋势：①从表面到内部，即从对外部特征的注意到对更深刻的品质特征的注意；②从简单到复杂，即从看到问题的某个方面到多方面、多维度地看待问题；③从呆板的思维到灵活的思维；④从对个人及即时事件的关心到关心他人利益和长远利益；⑤从具体思维到抽象思维；⑥从弥散性的、间断性的想法到系统的、有组织的综合性的思想。

3. Learning disability

答：Learning disability中文译为"学习障碍"，亦称为"学习困难"，是指无显著智力缺陷的学龄期儿童在行为与心理上表现出一种或多种异常状态，致使在学校中靠通常的教育方法不能进行有效学习的综合征。学习障碍的基本症状有：①实际行为与期望行为之间有显著差异，儿童的智力正常或接近正常，但实际的学习成绩远低于其实足年龄和智力水平应达到的成绩；②有一些特殊的行为障碍；③缺陷集中在包含语言或算术的基本心理过程方面，常在学习、思考、说话、阅读、写作、拼写、听讲、推理或算术方面出现障碍；④并非由听力、视力、普通的心理发育迟缓问题、情绪问题、缺乏学习机会引起。

四、简答题

1. 简述塞尔曼的儿童同伴友谊发展阶段。［天津师范大学2012年研］

答：塞尔曼的儿童同伴友谊发展阶段理论具体为：

（1）第一阶段：3～7岁，儿童还没有形成友谊的概念，儿童间的关系只是暂时的游戏关系，朋友的意义更多地与实际利益、物质属性或邻近性相联系。

（2）第二阶段：4～9岁，单向帮助阶段，要求朋友能服从自己的愿望，如在游戏中，把能顺从自己的人当成朋友，否则就不是朋友。

(3)第三阶段：6～12岁，双向帮助阶段，能做到合作和互惠，具有明显的功利性特点。

(4)第四阶段：9～15岁，亲密的共享阶段，可以做到在心理上互相信任和支持。

(5)第五阶段：12岁以后，是友谊发展的最高阶段，主要标准开始转向亲密和忠诚，特征是亲密感，通过相互倾诉分享各自的想法和感受而建立友谊，具有排外性的特点。

2. 为什么说学习是小学儿童的主导活动？其学习有何特点？

答：(1)从小学时期开始，学习活动就逐步成为儿童的主导活动，并对儿童的心理产生重大的影响。之所以说学习是小学儿童的主导活动，其主要原因如下：

①学校学习是在教师指导下有目的、有系统地掌握知识、技能和行为规范的活动，是一种社会义务。与学前儿童的游戏相比，学生的学习不但具有更大的社会性、目的性和系统性，还带有一定的强制性。儿童必须明确认识学习的目的，使自己的活动服从这一目的，并对这一目的的实现情况进行检查。学习是社会对儿童提出的要求，是儿童必须完成的社会义务，因此，儿童不能完全按自己的意愿或兴趣行事。儿童在这种特殊的学习过程中，产生了责任感和义务感，在完成学习任务的过程中，儿童的意志力也得到了培养和锻炼。

②学校学习是通过教学活动来实施的，小学儿童必须通过教学活动，掌握读、写、算等最基本的知识技能，为进一步掌握人类的知识打下最初的基础。在掌握这些知识经验的过程中，儿童不但心理活动的内容有了改变，而且各种心理过程也起了变化。心理活动的有意性和自觉性都明显地发展起来，其思维活动也逐渐从具体形象思维过渡到抽象逻辑思维。

③学习活动是以班集体为单位的，在共同的学习活动中，儿童相互交流、相互帮助，不仅发展了社会交往的技能，提高了社会认知的水平，培养了合作、互助的集体精神，自我意识也进一步发展起来，儿童逐步形成了班集体和各种同伴团体，掌握了各种基本的社会行为规范，形成并发展了各种良好的品德。

(2)小学生学习的特点

①学生的认知或认识活动要越过直接经验的阶段

在学习中，学生以学习间接经验为主，不受时间、空间的限制，越过直接经验这一阶段，较迅速而直接地把最基本的东西学到手。这是学生的学习过程区别于人类一般认识活动或认识过程的特殊本质。

②学生的学习是一种在教师指导下的认知或认识活动

学生的学习是通过教学活动来实现的。教与学是一种双边活动，教是为了学，学则需要教，两者互为条件，互相依存。在学习过程中，学生的认知或认识活动受教师教学活动的重要影响。

③学生的学习是一种运用学习策略的活动

学生最主要的学习是学会学习，最有效的知识是自我控制的知识。要学会学习，就要学会使用学习策略。

3. 小学生的学习障碍有哪些表现？其中的原因可能是什么？

答：(1)学习障碍的表现

学习障碍儿童最明显、最易被父母和教师所觉察的特征就是学习成绩不好，特别表现出有阅读障碍。除此之外学习障碍儿童还有一些其他表现：

①在感知、语言、思维和数学方面存在明显障碍

如视觉记忆受损，有空间定向障碍，听觉辨别能力很差，信息加工过程有障碍，语音意识方面有缺陷等。同时，一些儿童还存在其他方面的问题，如发育迟缓、品行问题等。

②在行为、情绪和社会性方面存在障碍

有学习障碍的儿童通常存在注意力缺损、活动过度、违法犯罪、忧郁、焦虑、控制点不适宜、自我概念较差、自我评价较低、受同伴的欢迎程度较低、社会技能缺损、人际关系不良等方面的问题。

③其他方面的问题，如发育迟缓、品行问题等

学习障碍与行为问题可能是双向联系的模式，如社会经济地位较低或某种中枢神经系统的问题引起行为问题，导致学习障碍，并因此进一步增加了问题行为。

(2)学习障碍的原因

目前对学习障碍的引发原因尚无确切定论，只有下列假设：

①胎儿期、出生时、出生后的轻度脑损伤或轻度脑功能障碍

某些已知可以引起脑损伤的事件与以后学习困难之间的关系已经被证实。

②遗传－素质假说

遗传、脑认知功能缺陷、感觉综合失调可能导致学习障碍。

③生物学假设

轻度脑功能失调可能导致学习障碍，其发病机制是中枢神经系统之间某种神经递质不足或过多，或是中枢神经细胞间信息传递的改变。

④心理与环境假设

环境因素不是学习障碍的一个直接引发因素，却是一个主要的影响因素。

⑤非智力因素的发展赶不上智力因素的发展

不良的环境因素可以直接影响儿童学习潜能的发挥。不良的家庭社会因素与学习困难之间存在互为因果的关系。

4. 小学生的道德观念、道德情感和道德行为的特点是什么？三者之间的关系如何？

答：(1)小学生的道德观念、道德情感和道德行为的特点

①小学儿童的道德观念的发展特点

小学儿童的道德观念迅速发展，尽管各种道德观念的发展速度和水平具有差异性，但在小学高年级儿童已经形成各种基本道德观念。

②小学儿童道德情感的发展特点

a. 每个年级都有道德情感的五级水平，随年级的递增，高级水平逐步增加；中年级以第4级为主；高年级约有半数的被试达到第5级水平。

b. 小学三年级是道德情感发展的转折期。

c. 小学儿童的情感发展具有不平衡性，表现是义务感最强烈，荣誉感次之，良心和爱国主义再次之，幸福体验最差。

③小学儿童道德行为的发展特点

小学儿童的道德行为属于依从传统惯例行为型，其特点是依随社会的风尚，遵从集体的决策，自己不采取单独的主张与果敢的行动。

(2)道德观念、道德情感和道德行为之间的关系

①道德观念、道德情感和道德行为之间的区别

a. 道德认识是指儿童对社会道德规范、行为准则、是非观念的认知，包括对道德观念的掌握和道德判断能力的发展。

b. 道德情感是直接地与人所具有的对于一定道德规范的需要相联系的一种体验，是一种高级情感。

c. 道德行为是人在一定的道德意识的支配下表现出来的，对待他人和社会的有道德意义的活动。

②道德观念、道德情感和道德行为之间的联系

a. 道德观念、道德情感和道德行为是相互联系，相互影响的。

道德观念是前提和基础，它提供必不可少的认识上的依据，为整个品德心理结构奠定思想基础，在一定程度上决定了其他品德成分形成的方向、内容和速度。

b. 道德情感是联系道德观念与道德行为的中间环节，是促使小学生把道德观念转化为道德行为的中介，是道德行为的内驱力。

c. 道德行为是衡量品德的重要标志，同时还对其他成分进行检验，起着加固、调节的作用。如果没有掌握恰当的道德行为方式，道德观念、道德情感就无法体现。

由此可知，三者是不可割裂的。

5. 简述小学儿童品德发展的协调性。

答：小学儿童品德发展的一个基本特点就是协调性，具体表现为：

(1)小学儿童逐步形成自觉运用道德认识来评价和调节道德行为的能力

从小学开始，儿童逐步形成系统的道德认识及相应的道德行为习惯，但这种系统的道德认识带有很大的依附性，缺乏原则性。小学儿童道德认识表现出从具体形象性向抽象逻辑性发展的趋势。

(2)小学儿童的道德言行从比较协调到逐步分化

在整个小学时期，儿童在品德发展上，认识与行为、言与行基本上是协调的、相称的，但随着年龄增长逐步出现言行一致和不一致的分化。

(3)自觉纪律的形成和发展在小学儿童品德发展中占有相当显著的地位

自觉纪律的形成和发展是小学儿童的道德知识系统化及相应的行为习惯形成的表现形式，也是小学儿童出现协调的外部和内部动机的标志。

6. 儿童知觉的发展有何特点?

答：儿童知觉发展主要表现在空间知觉和物体知觉的发生和发展方面。空间知觉包括方位知觉、距离知觉；物体知觉包括大小知觉、形状知觉。

(1)婴幼儿时期知觉发展的特点

婴儿对外界事物的方位知觉是以自身为中心进行定位的，新生儿已能对逼近物体有某种初步反应，并具备原始的深度知觉。婴儿在3个月时具有了分辨简单形状的能力，在8、

9个月以前就获得了形状恒常性。4个月以前的婴儿就已具有了大小知觉的恒常性，6个月以前的婴儿已能辨别大小。到幼儿时期逐渐开始发展和完善。

(2)小学儿童知觉的发展特点

①在大小知觉方面，小学儿童不仅能熟练地用目测和比测进行直觉判断，而且还逐渐能用推理进行判断。

②在形状知觉方面，在小学教育的影响下，儿童形状知觉水平逐年提高，他们不仅能正确辨认几何图形，而且能正确绘制各种图形，最后还能用语言正确说明图形的特征，但对事物的本质特征还缺乏把握。

③在方位知觉方面，在小学教学的影响下，儿童在方位知觉上有了较大的发展。7~9岁儿童已能初步地、具体地掌握左右方位的相对性，9~11岁儿童已能比较概括地、灵活地掌握左右概念。

7. 气质对儿童发展有何影响?

答：气质是指表现在心理活动的强度、速度、灵活性与指向性等方面的一种稳定的心理特征，即人们平常所说的脾气、禀性。它对儿童发展的影响体现在以下几个方面：

(1)气质影响到个体活动的一切方面

气质是表现在人们心理活动和行为方面的动力特点，它影响到个体活动的一切方面。在学校中，儿童的气质特点不仅影响到他们的情绪情感表现、动作状态，而且影响到他们上课和完成作业时的表现，影响到他们注意的稳定性、注意转移的速度、解决问题的方式方法、作业的效率、对事物的评价以及在集体活动中的协调关系等。

(2)气质差异对儿童的学习生活也会产生影响

①儿童气质的差异能预示他们怎样与别人交往，也能预示他们的自我调节能力。有很多研究发现，儿童的气质影响他们在学校的学习成绩。总体而言，困难型儿童和缓慢发动型儿童比容易型儿童学习成绩差一些。这些差异反映在教师的评价和分数上。这些与气质有关的差异在标准化成就测验中也有所表现。

②一些学者研究表明，在其他条件相等的情况下，中小学生的学业成就与气质类型相关极为显著。在多血质、多血-黏液质、多血-胆汁质学生中，学习优等生明显多于学习差生；而在抑郁质和胆汁-黏液质的学生中，学习差生明显多于学习优等生。这说明多血质和多血-黏液质的中小学生在学习活动中表现出明显的“气质优势”。

③不同类型气质具有不同的记忆优势。对于数量多、难度大的实际材料，高级神经活动强型的人较弱型的人效果要好。高级神经活动强型的人记忆无意义音节效果较好，而弱型的人记忆大量有意义的文章效果较好。在动觉记忆方面，对于不太复杂的任务，弱型的人比强型的人记忆要好；而对于复杂的任务，强型的人比弱型的人记忆要好。这说明儿童不同的先天气质差异各自都有智力发展的优势。

五、综合分析题

1. 小强正在专心地做地理拼图，亮亮从旁边走过，只听哎哟一声，亮亮的腿碰到了小强的课桌，把小强花长时间做的拼图碰散了。小强一抬头，却发现亮亮正朝旁边的同学挤眉弄眼，由此，小强认为亮亮的行为是故意的，十分生气，给了亮亮一拳。试用攻击行为

的社会信息加工模型解释小强的攻击性行为产生的过程。[统考2018年研]

答：侵犯行为是针对他人的敌视、伤害或破坏性行为。它包括身体侵犯、言语攻击。

道奇(Dodge)的社会信息加工理论认为：儿童受到挫折或挑衅后的反应不仅依赖于情境中的社会线索，还依赖于个体对这种信息的加工或解释。可以将侵犯行为的儿童分为：主动型攻击者和反应型攻击者。

(1)主动型攻击者：他们主要以攻击手段来解决社会问题或实现其他个人目标。他们可能会仔细地构思一个工具性目标(比如，我将让这些鲁莽的家伙学会在我面前小心一点儿)，冷静认真地确定一个最能有效实现目标的攻击反应。他们的心理状态更偏爱攻击性的冲突解决方式，认为强制性的方式能够产生积极的结果。

(2)反应型攻击者：他们会高估他人的敌意，并且不能控制自己的愤怒。这类儿童有着高水平敌意，会进行报复性攻击。

当他们在模糊情境中(如被鲁莽的同伴打翻了拼图)受到伤害时，会比非攻击性儿童更倾向于生气，他们会寻找和发现与自己的期待相匹配的线索，对伤害者做敌意归因，倾向于将模糊情境中的伤害行为视为由肇事者的故意造成的。在没有充分考虑其他非攻击性解决方式的情况下，迅速以敌意方式报复对方。

材料中的小强属于反应性攻击者，他不是像主动型攻击者那样想通过主动攻击获得某些利益，而是在一个拼图被碰散的模糊情景下，直接把亮亮的表情"向同学挤眉弄眼"视为是故意的，没有控制住自己的愤怒，"十分生气，给了亮亮一拳"。

2. 结合发展心理学相关，选取某一具体方面的发展，试述二胎政策对儿童心理发展的影响和意义。[复旦大学2016年研]

答：(1)从人际关系方面来看，二胎政策对儿童心理发展的影响

①亲子关系

父母与儿童的交往时间发生变化。

a. 儿童和父母待在一起的时间明显减少。

b. 二胎的出生会让父母把聚焦点全部放在新出生的婴儿上，因此父母关注儿童的时间也会减少。

由于以上原因，儿童可能会大喊大叫或者做出一些出格的举动吸引大人的注意，甚至有时选择沉默而产生抑郁情绪。

②同伴关系

二胎的出现可能会引起同伴竞争。两个或两个以上的孩子在家庭里出现的时候，必然会出现一些竞争关系，而竞争关键点是父母的爱。

a. 在好的情况下，较大的儿童能学会如何接纳和包容较小的孩子，从而将这种能力迁移到在幼儿园或学校的社交上。

b. 在糟糕的情况下，较大的儿童无法通过正常的方法获得自己的需求，学会抢夺、欺负他人，并将这种能力迁移到幼儿园或学校中。

(2)从人际关系方面来看，二胎政策对儿童心理发展的意义

人类是需要社会化的高级群居动物，二胎的出现有利于孩子以后更好地应对社会竞争。成长过程中不断进行的同胞间的分享、谦让、理解和竞争是有血缘关系的相对安全的竞争，

有利于孩子成年后社会适应能力的逐步提高。

3. 试述小学儿童思维发展。

答：(1)小学儿童思维发展的基本规律

小学儿童思维的基本特点是从以具体形象思维为主要形式逐步过渡到以抽象逻辑思维为主要形式。但这种抽象逻辑思维在很大程度上，仍然是直接与感性经验相联系的，仍然具有很大成分的具体形象性。

(2)小学儿童思维能力的发展特点

①逐步过渡到以抽象逻辑思维为主要形式，但仍带有很大的具体性。

②由具体形象思维到抽象逻辑思维过渡存在着明显的关键期。这个关键期在四年级，有的认为可以提前到三年级。

③思维结构趋于完整，但有待完善。

④思维发展过程的不平衡性。

(3)小学儿童思维过程的发展特点

①概括能力的发展

小学儿童的抽象和概括能力有了很快的发展，但受到知识经验和智力水平的限制。小学儿童一般只能利用已经理解了的事物的特征或属性进行概括，而不能充分利用某一个概念中的所有的特征或属性。

②比较能力的发展

a. 随年龄和年级的增长而不断提高。

b. 具有一定的情景性。

c. 小学儿童更容易发现事物的相异点。

③分类能力的发展

a. 小学二年级学生可以完成自己熟悉的具体事物的字词概念的分类。

b. 解决同一课题，不同年龄组的儿童表现出不同的分类水平，年龄特点是明显的，三、四年级是字词概念分类能力发展的一个转折点。

c. 同一年龄组的儿童在解决难度不同的课题时，表现出不同的分类水平。

d. 儿童从四年级起出现组合分析分类的表现，从五年级起，这种组合分析分类的能力有较明显的发展。这说明组合分析分类的能力与抽象逻辑思维能力的发展密切相关。

④解决问题的能力

a. 小学儿童的问题解决能力表现出随年龄增长而不断提高的趋势，不仅表现在解决问题成绩的提高上，还表现在解决问题所采用的方法上。但是由于其思维发展并未完善，难度等级比较高的问题仍然超越其能力范围。

b. 言语在小学儿童的基本思维过程的发展中起着重要的作用，它使其思维的深刻性、广阔性、批判性、自我监控的水平获得迅速的发展。

(4)小学儿童思维品质的发展特点

思维品质是思维发生和发展中所表现出来的个性差异。对小学儿童运算过程中思维品质的发展特点，揭示敏捷性、灵活性、深刻性和独创性这四个思维品质的发展趋势。

①小学儿童的思维敏捷性不断发展，表现为运算速度在不断提高，正确迅速能力水平

的分化越来越明显。

②小学儿童的思维灵活性的发展过程是稳步的，没有出现突变转折，随着年级递增，儿童思维灵活程度的差异越来越明显。

③小学儿童在运算过程中思维深刻性不断发展，三、四年级是小学儿童在运算中思维深刻性发展的一个转折点。

④四年级是思维独创性发展的一个转折点。

4. 结合小学儿童注意发展特点，谈谈你对小学教学的建议。

答：注意可以表现为各种不同的特性或品质，这些特性和品质是：注意的集中性、稳定性、范围、分配和转移等。在教学过程中，小学儿童的注意的各种特性也在不断地发展变化着。

(1)注意的集中性

①发展特点

小学儿童和学前儿童相比，注意的集中性有了很大的发展，无论是无意注意或者有意注意都比学前儿童集中的时间更长些，强度更大些。在整个小学时期，儿童注意的集中性也是逐步发展起来的，低年级儿童的集中性很差，到高年级后集中性逐渐增强。

②建议

教师在教学过程中，应当特别注意，不要由于某种不必要的教具、事物或者由于某种未经审慎考虑的问题，而把儿童的注意力引向不必要的方向上去。同时，要使儿童明确自己的学习任务，这也有利于儿童注意力的集中。

(2)注意的稳定性

①发展特点

研究表明，小学生的注意稳定性是随年龄增长而发展的，女生的注意稳定性优于男生。同时研究还表明，注意的稳定性和兴趣、理解力等因素有关，还和无意注意、有意注意的合理运用有关。

②建议

教师在教学的时候要避免一种单调乏味的教学，而是要组织得很紧凑的、具有一定直观性的、方式与方法多样化的教学活动，这样学生才能更加集中注意力。

(3)注意的范围

①发展特点

注意范围的大小，主要取决于儿童过去的经验。小学儿童，特别是低年级儿童，由于经验不多，注意的范围一般比成人狭小。同时，由于小学儿童的思维富于具体性，因此在一些复杂的事物面前，他们常常不能找出其间的关联。

②建议

教学中教师要善于为学生多提供素材，让学生增加阅读，引导学生发现事物之间的联系。

(4)注意的分配和转移

①发展特点

儿童在学习过程中，经常需要分配和转移自己的注意。例如在书写的时候，要同时注意书写的技术和书写的内容。研究表明，注意的分配在整个学龄初期发展比较缓慢，学龄初期儿童的注意转移也比较困难。

②建议

在正确的教育下，从低年级开始，就能逐步培养起儿童分配注意的能力。同时，由于儿童经验和智力的增长，大脑神经过程的灵活性不断受到锻炼，迅速把注意转移到必要的事物上的能力也逐渐发展起来。

第8章　青少年的心理发展

8.1　复习笔记

【知识框架(庖丁解牛)】

- 青少年的心理发展
  - 青少年身心的发展
    - 青少年期的不同阶段及特点
    - 青少年身体发展的一般特点
    - 青少年心理发展的一般特点
  - 青少年思维的发展
    - 青少年思维的基本特征
    - 青少年逻辑思维的发展
    - 青少年思维监控的发展
    - 青少年创造性思维的发展
  - 青少年个性和社会性的发展
    - 自我意识的发展
    - 情绪特点
    - 道德发展
    - 人际交往
  - 青少年面临的心理社会问题
    - 成瘾行为
    - 内部失调
    - 外部失调——反社会行为和青少年犯罪

【考点归纳(游刃有余)】

考点一、青少年身心的发展

1. 青少年期的不同阶段及特点

表8－1　青少年期的不同阶段及特点

要点	具体内容
青少年期	青少年期从11、12岁开始到17、18岁结束
青春期 (11、12岁～14、15岁)	①个体身体发展进入一个加速期。 ②面临一系列的心理危机
青年早期 (14、15岁～17、18岁)	①生理已达到成熟。 ②智力已接近成人水平。 ③个性等心理品质更加丰富和稳定

2. 青少年身体发展的一般特点

表 8-2　青少年身体发展的一般特点

要点	具体内容
身体外形	身高的增长；体重的增长；第二性征的出现；头面部的变化
体内机能	心脏压缩机能的增强；肺的发育明显加速；肌肉力量的增强；大脑的发育进入加速期
生殖系统	性激素的增多；性器官的发育，男女生均出现第二性征；女生出现月经，男性首次遗精

3. 青少年心理发展的一般特点

表 8-3　青少年心理发展的一般特点

要点	具体内容
生理	身体外形的变化以及性的成熟对心理活动的冲击，如对性的渴望和压抑
心理	①强烈的独立意识与心理水平的半成熟、半幼稚性相矛盾。 ②个体心理矛盾具体表现为：反抗性与依赖性；闭锁性与开放性；勇敢和怯懦；高傲和自卑；否定童年又眷恋童年

考点二、青少年思维的发展

1. 青少年思维的基本特征

表 8-4　青少年思维的基本特征

要点	具体内容
特征	形式逻辑思维和辩证逻辑思维的发展和成熟，是青少年思维发展和成熟的重要标志
少年期	①形象思维趋于成熟，抽象逻辑思维开始占优势。 ②初中二年级开始，抽象逻辑思维开始由经验型水平向理论型水平转化
青年早期	①形象思维完全成熟，抽象逻辑思维也进入成熟期。 ②高中二年级时，经验型向理论型的转化初步完成，抽象逻辑思维成熟的标志

2. 青少年逻辑思维的发展

(1)抽象逻辑思维的发展特点

表 8-5　抽象逻辑思维的发展特点

要点	具体内容
抽象逻辑思维的定义	抽象逻辑思维是一种通过假设进行的、形式的、反省的思维
特征	①通过假设进行思维。 ②思维具有预计性。 ③思维形式化。 ④思维活动中自我意识和监控能力的明显化
青少年抽象逻辑思维的发展特点	①少年期抽象逻辑思维发展特点：抽象逻辑思维虽然开始占优势，但是在很大程度上还属于经验型。 ②青年早期抽象逻辑思维发展特点：抽象逻辑思维属于理论型，能以理论为指导来分析综合各种事实材料

(2)形式逻辑思维的发展特点

表8－6　形式逻辑思维的发展特点

要点		具体内容
定义		形式逻辑思维是个体抽象逻辑思维发展的初级形式，是撇开对象的内在矛盾及运动发展，把思维形式看作既成的、确定的，主要反映对象的抽象同一性和确定性方面的思维
概念的发展	理解字词概念能力发展	①初中二年级是掌握字词概念的转折点。 ②高中生能够对他们所理解的概念做出比较全面的、反映事物本质特征和属性的、合乎逻辑的定义
	获得几何概念认知操作的发展	①初中三年级大部分可以运用恰当的语言符号来描述某一几何概念。 ②高中一年级大部分能够根据某一几何概念的本质属性正确评价相应概念的正例证和负例证，给出这一概念的本质内涵
	分类能力的发展	①初中生对有关概念的分类处于从能够正确分类，但不能从本质上说明分类的依据向能够正确分类，并能从本质上说明分类的依据过渡。 ②高中生所说明的分类根据能揭露事物的本质，理论性较强，日益成为有系统的、完整的概念体系
推理能力的发展		①初中生归纳推理的能力高于演绎推理的能力。 ②男生的类比推理能力在整个初中阶段发展都比较快，女生的类比推理能力只在初一发展较快；理科生的类比推理能力要好于文科生

(3)辩证逻辑思维的发展特点

表8－7　辩证逻辑思维的发展特点

要点	具体内容
定义	辩证逻辑思维是个体抽象逻辑思维发展的高级形式。既包括从特殊到一般的归纳过程，也包括从一般到特殊的演绎过程
辩证逻辑思维的发展特点	国内的研究表明，在校青少年辩证逻辑思维发展的趋势是： ①初中一年级学生已经开始掌握辩证逻辑思维，但水平较低。 ②初中三年级学生的辩证逻辑思维处于迅速发展阶段。 ③高中学生的辩证逻辑思维已趋于占优势的地位

3. 青少年思维监控的发展

表8－8　青少年思维监控的发展

要点	具体内容
定义	思维监控是指为了保证达到预期的目的，在思维过程中将思维个体作为意识的对象，不断地对其进行积极主动的定向、控制、调节的能力
功能	思维监控是整个思维结构的统帅和主宰，有确定目的、控制非认知因素、搜索材料、选择策略、实施思维过程、评价思维结果等功能
青少年思维监控发展的特点	初一至高一期间，青少年自我监控能力发展迅速，比小学生快得多

4. 青少年创造性思维的发展

表8－9　青少年创造性思维的发展

要点		具体内容
创造性思维过程的五个阶段		定向——准备——酝酿——顿悟——验证
创造性思维的组成成分	发散思维	①定义：是指人们沿着不同的方向思考，重新组织信息，从而产生独特新思想的思维过程。 ②特点：流畅性、变通性和独创性。 ③发展趋势：青少年的发散思维在小学五年级出现低谷后到初三一直处于上升阶段，初三为其发展的顶峰，其后到高三一直处于下降趋势
	创造性想象	①定义：是指根据一定的目的、任务，在头脑中独立地创造新形象的过程。 ②发展趋势：迅速发展的时期是在12～17岁，17岁以后基本稳定
青少年创造性思维发展的总趋势		青少年的创造力整体呈阶段性发展，在同一阶段内呈连续性，小学六年级到初一为发展的关键期，处于上升阶段，初三时达到最高水平，高中阶段开始呈现下降趋势

考点三、青少年个性和社会性的发展

1. 自我意识的发展

(1)自我意识的基本特点

表8－10　自我意识的基本特点

要点	具体内容
自我意识高涨	内心世界日趋丰富，个性的主观偏执性
自我意识发展迅速，并趋于成熟	①青少年早期自我意识进一步发展。 ②到了青少年中晚期自我意识逐渐成熟

(2)自我概念

表8－11　自我概念

要点	具体内容
定义	是指一个人对自身的连续性、同一性的理解，包括认识、情感、品行三个相互联系的成分
青少年的自我概念与早期个体自我概念的差异	更抽象；更具有整合性和组织性；结构更加分化；存在正负性的转变
影响青少年自我概念的因素	生理因素、认识水平、父母、经验

(3)自我评价

表8－12　自我评价

要点	具体内容
定义	自我评价是自我调节机制的主要成分，指个体对自身的思想、能力、水平等方面所做的评价

续表

要点	具体内容
自我评价的发展	①在童年时就开始产生。 ②在青年早期开始成熟
自我评价发展的意义	可使青少年更好地实现自我监督和调控及自我改造和完善；不仅是青少年个性高度发展的重要标志，而且也是有目的地进行自我教育的前提
自我评价存在个体差异	部分青少年易出现自我评价偏高的倾向，表现出自负

(4)自我同一性

表8-13　自我同一性

要点	具体内容
定义	是指个体在特定环境中的自我整合与适应之感，是个体寻求内在一致性和连续性的能力
同一性的四种状态	即个体解决同一性危机的方式：同一性扩散、同一性早闭、同一性延缓、同一性完成
同一性的发展	在初、高中阶段，同一性处于扩散或早闭状态的人数大幅度减少，同时同一性处于延缓或完成状态的人数增多
青少年的同一性形成过程的影响因素	认知发展，父母影响，同伴影响，文化背景影响

2. 情绪特点

表8-14　情绪特点

要点	具体内容
情绪	表现出两极性： ①强烈、狂暴性和温和、细腻性共存。 ②情绪的可变性和固执性共存。 ③内向性和表现性共存
心境	心理未得到良好整合而引发的消极心境： ①孤独。 ②压抑。 ③烦恼突然增多
反抗心理	①反抗心理产生的原因： a. 自我意识的突然高涨。 b. 中枢神经系统的兴奋性过强。 c. 独立意识增强。 ②两个反抗期： a. 第一个反抗期：2~4岁，反抗对身体活动的约束。 b. 第二个反抗期：青春期，反抗某些心理内容。 ③具体表现： a. 狂暴。 b. 淡漠。 c. 迁移

3. 道德发展

表 8－15　道德发展

要点	具体内容	
科尔伯格道德发展阶段论的内容	前习俗水平	①第一阶段：服从与惩罚定向。 ②第二阶段：天真的利己主义
	习俗水平	③第三阶段："好孩子"定向。 ④第四阶段：维护权威和秩序的道德观
	后习俗水平	⑤第五阶段：社会契约定向。 ⑥第六阶段：普遍性伦理原则
青少年的道德发展	青春期儿童	以第二阶段（天真的利己主义）和第三阶段（"好孩子"的定向）为主
	青少年中期	第三阶段的道德判断逐渐占据优势，同时也出现了第四阶段（维护权威和秩序的道德观）的道德判断
	青年期	更多人处于第四阶段

4. 人际交往

表 8－16　人际交往

要点	具体内容
同伴关系	①逐渐克服了团伙的交往方式，青少年交友的范围随年龄增长而逐渐缩小。 ②朋友关系在青少年的生活中日益重要。 ③与异性朋友之间的关系：最初相互排斥，逐渐融洽相处
与成人的关系	①与父母：情感不如以前亲密；反对父母干涉和控制；不愿接受父母的许多观点与意见；父母的榜样作用削弱。 ②与教师：不再盲目接受任何一位教师，根据自己的喜好区别对待不同的教师

考点四、青少年面临的心理社会问题

1. 成瘾行为

表 8－17　成瘾行为

要点	具体内容	
吸烟成瘾	影响因素	社会吸烟风气；亲友的示范、强化作用；同伴群体的影响；心理上的自我满足
	主要特点	男生吸烟的比例较高；女学生抽烟人数有上升的趋势；吸烟的年龄变小
游戏成瘾	影响因素	青少年时期的特殊心理、网络游戏本身的吸引力，以及家庭环境、学校教育与管理、社会监管等
	主要症状	对网络游戏有不可遏制的渴望；生理不适；表现出较高的抑郁和焦虑；出现一系列的社交问题、行为问题以及家庭矛盾等
网络成瘾	影响因素	网络本身的吸引力；家庭和学习的压力；青少年自我控制能力差等
	主要症状	出现强迫性网络使用行为；初期会出现精神依赖，渴望上网；随后发展为生理依赖，躯体不适

2. 内部失调

表 8-18 内部失调

要点		具体内容
焦虑与抑郁	定义	①抑郁是感到无力应付外界压力而产生的消极情绪体验，如厌恶、痛苦、羞愧、自责等。 ②焦虑是对可能造成心理冲突或挫折的某种事物或情境而产生的消极情绪体验，如紧张、烦躁、挂念、惶恐等
	现状	青少年抑郁和焦虑情绪的发生率分别是73.2%和36.7%，两种情绪之间存在显著关联
	原因	①抑郁：遗传和生物学的因素、创伤性应激事件和持续积累的不良体验、个人的认知特征等。 ②焦虑：比抑郁更为普遍，当前中学生焦虑的两大主要来源是学习压力和人际关系
青春期精神分裂症	症状	患病前，个体常表现出社会行为退缩、交往困难、敏感固执、戒心过多以及缺乏幽默感等先兆。 患病后，表现为思维紊乱、扭曲现实或与现实脱离联系、不能控制情绪、人格混乱、性妄想等
	原因	主要是遗传因素所致
自杀倾向	症状	经常谈论死亡或自杀，无价值感，不合群，无法集中注意力，对最爱的活动或食物失去兴趣、自我毁灭行为等
	原因	家庭不和谐；与学校教师、同学关系出现问题；学业压力过大；其他负性生活事件(性侵害、早孕等)心理障碍

3. 外部失调——反社会行为和青少年犯罪

表 8-19 外部失调——反社会行为和青少年犯罪

要点	具体内容
青少年犯罪主要特点	①犯罪率增长。 ②犯罪年龄呈下降趋势。 ③团伙性犯罪居多。 ④闲散青少年等群体违法犯罪凸显。 ⑤失学、辍学问题和家庭问题影响明显。 ⑥网吧、毒品等不良因素影响加大。 ⑦男孩明显多于女孩。 ⑧反社会行为从青少年早期开始逐级增长，严重的暴力犯罪和财物犯罪在青春期都有所增长
青少年犯罪的因素	①家庭因素：家庭破裂；沟通不足；教育方式方法不对。 ②同伴因素：许多青少年犯罪行为都是在群体压力的情境下产生的。 ③自身因素：心理发育还不成熟

8.2 典型题(含考研真题)详解

一、单项选择题

1. 听了海因茨偷药的故事，丹丹赞同偷药，因为他觉得如果不去偷药的话，他的妻子会死去也会受人非议。那根据科尔伯格的道德发展阶段理论，丹丹所处的阶段是(　　)。[统考2021年研]

A. 惩罚与服从定向　　B. 天真的享乐主义

C. “好孩子”定向　　D. 社会契约定向

【答案】C

【解析】A项，惩罚与服从定向阶段的儿童只从偷药行为的后果来考虑问题，因此他们会认为海因茨不应该去偷药，因为如果被人抓的话是会坐牢的。B项，天真的享乐主义阶段的儿童没有主观的是非标准，对自己有利就好，不利就不好，所以他们认为，海因茨应该去偷药，因为“谁让那个药剂师那么坏，便宜一点就不行吗!”C项，“好孩子”定向阶段的儿童按照人们所称“好孩子”的要求去做，以得到别人的赞许，因此他们会认为海因茨应该去偷药，因为做一个好丈夫就应该照顾好自己的妻子，否则妻子死了别人会骂他见死不救，没有良心。D项，社会契约定向阶段的个体有强烈的责任心和义务感，尊重法制，但相信它是人制定的，不适应社会时理应修正，他们认为海因茨应该去偷药，因为一个人生命的价值远远大于药剂师个人对财产的所有权。因此答案选C。

2. 大多数儿童在许多记忆任务上的成绩随年龄增长而提高，持信息加工观点的研究者对这一现象最可能的解释是(　　)。[统考2016年研]

A. 发展过程中具体的记忆发展变化

B. 父母和老师的强化效应随儿童年龄逐渐积累

C. 随儿童成长，他们可相对使用更多样化的记忆策略

D. 对儿童而言，记忆能力的测量随着儿童年龄的增加而变得更可靠

【答案】C

【解析】信息加工的观点，认为该现象与儿童的认知能力发展有关，如工作记忆容量的提高，记忆策略的使用等。弗拉维尔等人提出了记忆策略发展的三个阶段：0~5岁，无策略；5~7岁，不能主动应用策略，需要诱导；10岁后，主动自觉采用策略。

3. 不假思索地接受父母的传统观念，完全没有自己的价值判断的人属于(　　)。[西南大学2016年研]

A. 同一性早闭　　B. 同一性延缓　　C. 同一性混乱　　D. 同一性获得

【答案】A

【解析】同一性早闭者是指个体没有体验过明确的探索，但却做出了承诺，这种投入基于父母或权威人物等重要他人的期望或建议，他们接受了权威人物预先为他们准备好的同一性。B项，同一性延缓个体正处于探索过程中，收集信息、尝试各种活动，希望发现引导他们生活的目标和价值观，他们积极地探索各种选择，但还没有对特定的目标、价值观和意识形态等做出有意识的投入。C项，同一性混乱个体对自我缺乏清晰的同一感，不清

楚或回避考虑个人的品质、目标、需扮演的角色及价值观等问题。自我评价偏低，难以承担自己的生活责任。D项，同一性获得个体已经体验了探索，仔细考虑过各种选择，并对特定的目标、信仰和价值观做出了坚定、积极的自我承诺。

4. 在个体自我意识发展过程中，出现“假想的观众”和“独特的自我”等现象的时期是(　　)。[统考2015年研]

A. 幼儿期　　B. 青少年期　　C. 成年时期　　D. 成年中期

【答案】B

【解析】青少年期，个体在身体上、认知上和社会情感上都会经历巨大的变化，这个时期他们对于自己都会非常关注，自我意识显著提高。青少年相信自己是独特的、无懈可击、无所不能的，他们认为别人非常关注他们，也就出现了“假想的观众”和“独特的自我”等想象。

5. 自我同一性的确立是青少年期的主要发展任务，未经历危机和探索就做出选择的个体，其自我同一性的发展类型属于(　　)。[统考2014年研]

A. 同一性达成　　B. 同一性延缓　　C. 同一性停滞　　D. 同一性混乱

【答案】C

【解析】A项，是指青少年已进行了探索，并且也进行了积极投入。B项，同一性延缓是指青少年正处于同一性危机之中，但是成人或社会没有给予他们责任或义务，或者对他们的责任只是进行了模糊的定义。C项，同一性停滞也称同一性早闭，是指个体有自我投入，却没有进行积极的探索。D项，同一性混乱也称同一性扩散，是指个体既没有探索(即个体还没有探求有意义的选择)，也没有自我投入，他们对自己的未来没有明确的打算。

6. 下列选项中，不属于初中生反抗心理产生的原因是(　　)。[统考2013年研]

A. 自我意识高涨　　B. 独立意识增强

C. 勤奋感与自卑感冲突　　D. 中枢神经系统的兴奋性过强

【答案】C

【解析】在个体发展过程中，大约存在两个反抗期。第一个反抗期出现于2~4岁，几乎与自我意识发展的第一个飞跃期重叠。这时期儿童的反抗主要指向身体方面，即反对父母对他们身体活动的约束。第二个反抗期则出现于青春期。这时的反抗主要针对某些心理内容。反抗心理是青少年普遍存在的一种个性心理特征，这种特征主要表现为对一切外在力量予以排斥的意识和行为倾向。初中生出现反抗心理的原因有三个：①自我意识高涨；②独立意识增强；③中枢神经系统的兴奋性过强。

7. “想象观众”是(　　)容易出现的现象。[华东师范大学2013年研]

A. 婴儿期　　B. 儿童期　　C. 青春期　　D. 中年期

【答案】C

【解析】处于青春期的个体会再度出现自我中心，还会出现想象观众，即认为自己的一举一动都受到别人的关注。因为个体出现“想象观众”，所以会格外在意自己的行为举止。

8. 将青少年从家庭独立的过程称为“心理性断乳”的学者是(　　)。[统考2012年研]

A. 米德　　B. 普莱尔　　C. 霍尔　　D. 何林渥斯

【答案】D

【解析】青年由于生理发育成熟，知识、经验和活动能力随之增长，在自我意识的发展上也发生了重要变化。他们开始以具有独立人格的成人的目光来认识自己，考察自己与家庭的关系；要求从父母的保护和对父母的依赖关系中摆脱出来，并在家庭中占有平等和独立自主的地位。如果这种要求得不到父母的理解和支持，就会在两代人之间产生隔阂。青年和父母之间在关系上的这种变化，何林渥斯把它称之为“心理性断乳”。

9. 埃里克森认为，青少年期人格发展的主要任务是获得(　　)。

A. 自主感　　B. 亲密感　　C. 勤奋感　　D. 同一感

【答案】D

【解析】埃里克森将个体人格的发展分为8个阶段，每一个阶段的人格发展任务不同。①婴儿期的主要任务是发展信任感，克服不信任感，体验着希望的实现；②儿童早期主要的发展任务是获得自主感而克服羞怯和疑虑，体验着意志的实现；③学前期主要发展任务是获得主动感和克服内疚感，体验目的的实现；④学龄期主要的发展任务是获得勤奋感而克服自卑感，体验着能力的实现；⑤青少年期的主要发展任务是建立同一感和防止同一感混乱，体验着忠诚的实现；⑥成年早期的主要发展任务是获得亲密感以避免孤独感，体验着爱情的实现；⑦成年中期的主要发展任务是获得繁殖感而避免停滞感，体验着关怀的实现；⑧成年晚期的主要发展任务是获得完善感并避免失望和厌倦感，体验着智慧的实现。

10. 青春期男女同学之间关系的变化模式为(　　)。

A. 先公开，后隐蔽　　B. 先隐蔽，后公开

C. 先疏远，后接近　　D. 先接近，后疏远

【答案】C

【解析】青春期男女同学之间的关系表现出先疏远、后接近的行为模式。青春期随着性意识的觉醒，男女同学对对方逐渐产生了兴趣。刚开始时，他们对于异性的兴趣是以一种相反的方式来表达，表示出漠不关心、轻视对方甚至以一种不友好的方式攻击对方。到初中后期，男女生之间逐渐开始融洽相处，但一般都不将对对方的情感表露出来。

11. (　　)是第一个提出青春期理论的心理学家。

A. 班杜拉　　B. 米德　　C. 皮亚杰　　D. 霍尔

【答案】D

【解析】霍尔60岁时出版著作《青春期》(1904)，将青春期定为14、15岁到25岁之间的时期。他是第一个提出青春期理论的心理学家。

12. 青少年期思维特质的最突出特点是(　　)。

A. 独立性　　B. 广阔性　　C. 灵活性　　D. 矛盾表现

【答案】D

【解析】青少年的思维虽然已经是以抽象逻辑思维为主要形式，但水平还较低，处于从经验型向理论型过渡的时期。由于辩证思维刚开始萌发，所以青少年期思维特质的最突出

特点是矛盾表现。其思维表现出独立性、批判性与片面化、表面化的矛盾。

13. 抽象逻辑思维的发展进入成熟期的阶段是(　　)。

A. 初中阶段　　B. 高中阶段　　C. 青年期　　D. 中年期

【答案】B

【解析】从初中二年级开始，学生的抽象逻辑思维开始由经验型水平向理论型水平转化，到了高中二年级，这种转化初步完成，这意味着他们的抽象逻辑思维趋向成熟。

二、多项选择题

1. 根据科尔伯格的道德发展理论，习俗水平的发展阶段包括(　　)。[统考2012年研]

A. “好孩子”定向　　B. 处罚与服从定向

C. 社会契约定向　　D. 维持社会秩序定向

【答案】AD

【解析】习俗水平(9～15岁)，包含两个阶段：“好孩子”定向水平和社会制度、道德法律和秩序定向水平。

2. 青春期的自我意识发展的具体的表现有(　　)。

A. 内省行为增多　　B. 思维自我中心

C. 使用人称代词“我”　　D. 关注他人对自我的评价

【答案】ABD

【解析】青少年期自我意识发生了第二次飞跃，自我意识高涨，典型表现是常常将很多心智用于内省，以及主观上的偏执性(觉得别人总在用挑剔的眼光看待自己)；自我中心再度出现，表现为“独特自我”以及“假想观众”。C项，是婴儿期自我意识产生的标志之一。因此答案选ABD。

3. 自我意识第二次飞跃的主要表现为(　　)。

A. 内心世界日趋丰富

B. 个性上出现主观偏执性

C. 一系列关于“我”的问题开始反复萦绕于心

D. 自我评价开始具有批判性

【答案】ABC

【解析】青春期生理的快速发展以及心理的相对发展迟缓，使个体的思想重新指向主观世界，使思想意识再一次进入自我，一系列关于“我”的问题开始反复萦绕于心，导致了自我意识的第二次飞跃，具体表现在如下几个方面：①强烈关注自己的外貌和体征；②内心世界越发丰富起来，常将很多心智用于内省；③关于“我”的问题开始反复萦绕于心中；④个性上出现主观偏执性，听不进别人的意见；⑤神经非常过敏，觉得周围人时时刻刻都在评价自己，这种想法让自己感到压抑、孤独。

4. 下列有关初中生思维发展特点的描述，正确的是(　　)。

A. 平衡性表现明显　　B. 批判性显著增强

C. 自我中心再度出现　　　　　　　　　　D. 表面性依然突出

【答案】BCD

【解析】初中生思维发展的主要特点是创造性和批判性日益明显；思维的片面性和表面性依然存在；思维中自我中心的再度出现。平衡性表现明显是在高中阶段才出现。因此答案选BCD。

5. 青春期记忆的主要特点表现为(　　)。

A. 多方面的记忆效果达到个体记忆的最佳时期

B. 有效地运用各种记忆策略

C. 短时记忆容量达到一生中的最高峰

D. 自觉地运用意义记忆，但机械记忆的效果较差

【答案】ABC

【解析】青春期记忆的主要特点：①自觉地运用意义记忆，同时有效地运用机械记忆；②多方面的记忆效果达到个体记忆的最佳时期；③有效地运用各种记忆策略；④初中学生的记忆容量不仅明显高于小学高年级，也高于大学生的成绩，超出成人短时记忆容量。

6. 青春期思维的特点主要表现为(　　)。

A. 能够建立假设和检验假设　　　　　　B. 思维形式与思维内容分离

C. 能够进行辩证思维　　　　　　　　　D. 认识到解决问题的方法的多样性

【答案】ABCD

【解析】青少年思维发展的基本模式是由形象思维、抽象思维过渡到辩证思维，主要特点是思维逐步符号化。与具体运算阶段的儿童相比，他们发展了抽象的、科学的思维能力，具体表现为：①思维的概括能力增强；②能使用假设检验和更加一般的逻辑规则进行思考，不再借助于具体事物和事件；③思维活动中的自我意识成分增多，思维的反省性和监控性明显提高；④辩证思维能力增强，看问题不再那么绝对化；⑤思维的创造性也迅速发展。

三、名词解释

1. 同一性混乱[南开大学2013年研]

答：同一性混乱是埃里克森心理社会性发展阶段理论的一个术语，是指青年在寻求自我同一性过程中出现的同一性失败的一种现象，埃里克森把获得自我同一性的另一个极端称为“同一性混乱”。个体发展到青年期，自我意识大为增强，并进一步把过去的经验和对未来的预期进行一种新的混合。但常常没有来得及认识自我，就要面临生活及社会的多重选择。他们的情绪往往陷入困境，他们的自我、本我和超我失去平衡而陷入冲突，产生同一性混乱。

2. 自我同一性[天津师范大学2012年研]

答：自我同一性是指个体在特定环境中的自我整合与适应之感，是个体寻求内在一致性和连续性的能力，是对“我是谁”“我将来的发展方向”以及“我如何适应社会”等问题的主观感受和意识；包含三个方面的内涵：最基本的层面、个人同一性、社会同一性。

3. 自我概念

答：自我概念，又称自我形象，是指一个人对自身的连续性、同一性的认识，这个认识包括三个相互联系的成分：①认识成分，即对自己品质和特质的了解和认识；②情感成分，即对自身品质的评价及与此相关联的自尊体验；③品行成分，即从上述两个成分派生出的对自己行为的实际态度。

4. 成人感

答：成人感是指个体从青少年向成人期过渡时出现的一种心理现象。当青春期少年处于青春发育前期时，他们的生理发育处于巨变之中，特别是外形的变化和性发育的成熟，使他们感觉到自己是大人了，因而产生了强烈的成人自豪感。他们不再对父母撒娇，而竭力做出一副大人的模样，并产生强烈的独立意识。如果成年人仍把他们当小孩子，他们便会感到委屈，并采取粗鲁、固执、不听话、孤僻和消极等各种方式来进行反抗。然而，事实上，青春期少年并未具有完全独立的条件和能力，不管他们愿不愿意承认这个事实，他们都必须在许多方面，比如经济上、社会地位上以及对社会问题的深入理解等都依赖于成人。

四、简答题

1. 简述青少年时期思维特点。［西南大学2016年研］

答：青少年时期(一般为11～18岁)思维发展的基本模式是由形象思维、抽象思维过渡到辩证思维，主要特点是思维逐步符号化，具备了抽象、科学的思维能力。思维的概括能力增强；能使用假设检验和更加一般的逻辑规则进行思考，不再借助于具体事物和事件；思维活动中的自我意识成分增多，思维的反省性和监控性明显提高；辩证思维能力增强，看问题不再那么绝对化；思维的创造性也迅速发展。

皮亚杰的认知发展阶段理论认为，青少年正处于形式运算思维阶段(12岁及以上)。该阶段的主要思维特点是，在头脑中可以把事物的形式和内容分开，可以离开具体事物，根据假设来进行逻辑推演，能运用形式运算来解决逻辑课题。

(1)少年期(从11、12岁到14、15岁的时期，又称学龄中期，大致相当于初中阶段)

个体的形象思维趋于成熟，抽象逻辑思维开始占优势。从初中二年级开始，学生的抽象逻辑思维开始由经验型水平向理论型水平转化。因此，初中生思维活动的基本特点是抽象逻辑思维已占优势地位，但有时思维中的具体形象成分还起作用。

(2)青年早期(从14、15岁到17、18岁的时期，又称学龄晚期，大致相当于高中阶段)

①个体的形象思维已完全发展成熟，抽象逻辑思维的发展也进入了成熟期。到高中二年级时，经验型向理论型的转化初步完成，标志着他们的抽象逻辑思维趋向成熟。因此，逻辑思维的发展是青少年思维发展的重点。

②按照思维中所遵循的逻辑规律与所用的逻辑方法的不同，逻辑思维可以分为形式逻辑思维和辩证逻辑思维两大类。这两种思维形式的发展和成熟，是青少年思维发展和成熟的重要标志。

③高中生形式逻辑思维的发展较为稳定而匀速，而辩证逻辑思维的发展则比较迅速。在此阶段，其形式逻辑思维获得了相当完善的发展，在思维活动中占据主导地位。而辩证

逻辑思维的发展水平低于形式逻辑思维，两者的发展相辅相成，使得青少年的思维水平更高、更成熟、更完善。

2. 青少年生理发展的一般特点有哪些？身心发展的不平衡引发了青少年哪些心理矛盾？

答：(1)青少年生理发展的一般特点

青春期是个体生长发育的第二个高峰期。在这一时期，青少年的身体和生理机能都发生了急剧的变化，主要表现在身体外形的变化、体内机能的增强以及性的发育和成熟三个方面。

①身体外形的变化

青春期的少年身体发育很快，身高、体重及面部等变化使他们在外形上逐渐接近成人。

②体内机能的增强

在青春发育期，个体体内的各种生理机能都在迅速增长并逐渐达到成熟。其中包括：心脏压缩机能的增强；肺的发育；肌肉力量的增强；大脑的发育。

③性的发育和成熟

生殖系统是人体各系统中发育成熟最晚的，它的成熟标志着人体生理发育的完成。其中包括：性激素的增多；性器官的发育；性机能的发育。

(2)身心发展的不平衡引发诸多矛盾的心理

①生理变化对心理活动的冲击

a. 身体外形的变化

身体外形的变化使青少年产生了成人感。因此，在心理上他们也希望能尽快进入成人世界，重新体会人生的意义，但在新的追求中他们又感到种种困惑。

b. 性的成熟

性的成熟使青少年对异性产生了好奇和兴趣，滋生了对性的渴望，但又不能公开表现，所以体会到一种强烈的冲击和压抑。

②心理上成人感与幼稚性的矛盾

a. 青春期少年的心理活动处于矛盾状态，其心理水平呈现半成熟、半幼稚性。

b. 青春期少年心理上的成人感及幼稚性并存，表现出种种心理冲突和矛盾，具有明显的不平衡性。具体表现为：反抗性与依赖性、闭锁性与开放性、勇敢和怯懦、高傲和自卑、否定童年又眷恋童年。

3. 青少年的个性发展具有哪些基本特点？

答：青少年在个性发展上的特点，表现在自我意识、情绪情感、日常心态以及与父母、同伴的关系等诸多方面。总体来讲，青少年的个性特点有二：其一是不平衡性；其二是极端性或偏执性。具体包含了下面几个方面的内容：

(1)自我意识所包含的自我概念、自我评价、自我同一性等多个方面开始发展。

(2)青少年的情绪表现充分体现出半成熟、半幼稚的矛盾性特点。其情绪的感受和表现形式不再像以往那么单一了，但还是表现出明确的两面性。

(3)青少年早期儿童的道德发展水平主要以第二阶段和第三阶段为主，即天真的利己主义和"好孩子"的定向。到青少年中期，第三阶段的道德判断逐渐占据优势，同时也出现了第四阶段的道德判断，即"维护权威和秩序的道德观"。青少年晚期，处于第四阶段的人数明显增加，对社会责任以及社会秩序的维持等在道德判断中所占的比例也更多。

(4)人际交往包括同伴关系、师生关系、父母关系等多个方面都有了较大的发展。

4. 青少年的情绪发展有哪些特点?

答: 青少年的情绪和情感已趋向成熟和稳定，但与成人相比，又显得动荡不稳。其主要特征有:

(1)热情、容易激动

青少年办事积极、富有热情、易伤感、行动迅速，表现为奔放、果断。但由于生理和自我意识上的急剧变化，有时青少年的情绪、情感容易过于激动。

(2)情感的内容越发丰富、深刻

青少年的几种基本情绪如愤怒、恐惧、欢乐、悲伤和爱的起因以及表现特点与儿童期不同，表明其情绪情感已经从不成熟发展到成熟。由于智力和社会需要的不断增长，青少年慢慢地形成许多具有明确道德意识的社会性情感，如集体荣誉感、社会责任感、义务感、正义感和民族自豪感等，其深刻性和持久性明显提高。

(3)对情感的自我调节和自我控制的能力提高，情感逐渐稳定

这一方面表现在青少年情感持续的时间延长，情感不再像儿童那样容易转换，受外部情境的影响减少。另一方面表现在青少年的情感类型正从外倾型向内隐型过渡，他们能根据条件的需要在一定程度上支配和控制自己的情感，表现出外部表情与内心体验的不一致。

5. 简述影响青少年行为的主要因素。

答: 青少年时期身心发展的不平衡，感受诸多的心理冲突和压力，导致许多矛盾的出现，情绪、性格、行为容易出现偏差。

(1)生理、心理上发展的阶段性变化的影响

初中阶段在人的一生中，无论在生理上或心理上都是一个急剧变化的关键时期。这个时期最根本的特征就是处于人生的过渡时期。他们身体的各个方面都在迅速发育并逐渐达到成熟；然而心理发展的速度却远跟不上其生理的发展，这就造成初中生在身心发展上的种种矛盾和一些特殊表现，并使其面临一些心理危机。

在经过初中生的过渡后，个体已基本上适应了在生理上发生的各种变化，生理和心理发展上的矛盾已基本解决，初中生所经历的那种情绪上的动荡、不安等也已逐渐平息，自我初步确立，进入了高中生这个相对平稳的发展状态。

(2)思维存在自我中心，自我意识高涨

由于初中生产生了一种强烈的成人感，进而产生了强烈的独立意识，他们不服从权威，不愿意轻易接受成人的意见，常处于一种与成人相抵触的情绪状态中。这种意识容易导致他们观点行为的偏激。

(3)人际交往上的特征

进入初中后，初中生的感情重心逐渐偏向亲密的朋友，朋友在他们的生活中日益重要。到高中阶段后，对朋友的认识更加深入，而朋友、伙伴对行为方式的影响也更加明显。

(4)家庭、学校环境的影响

在小学阶段，儿童对大部分教师都基本认可，初中生则不盲目接受任何一名教师，在每个初中生心目中都会有一两位最钦佩的教师，他们会更努力地学习所喜爱教师所授的课程。高中生心理上的成熟，使得他们对教师的评价更加客观，形成了自己的判断力，因此学校教育方式、环境影响他们的发展；家庭教育方式、父母的教养方式过于专制，或父母过于保护的教育方式都会影响青少年的行为方式的变化。

五、综合分析题

1. 当前中国青少年较普遍地存在手机、游戏和网络依赖，同时伴有亲子冲突、师生冲突及其他行为问题，请运用你所学的心理学知识并结合生活实践尝试对其成因进行分析。[华中师范大学2017年研]

答：青少年期作为个体发展的过渡时期，生理、认知和社会性方面均发生了巨大的变化，使其心理发展表现出与其他阶段不同的特点。

(1)青少年的身心发展处在一种非平衡状态，这种不平衡状态会引发各种心理发展上的矛盾，进而体现在青少年行为的各个方面。这一时期心理发展的一般特点如下：

①生理变化对心理活动的冲击。

②心理上成人感与幼稚性的矛盾。

(2)青少年期，个体的自我意识经历第二次飞跃，同时生理上中枢神经系统兴奋性增强和独立意识的增强，导致个体在该阶段出现比较强烈的反抗心理，如果这种反抗心理得不到合适的引导和宣泄，通常会引发亲子关系和师生关系甚至是同伴关系的冲突。

(3)由于个体心理和生理发展的阶段性，青少年期情绪的发展也表现出了半成熟和半幼稚的特点，情绪表现出两极性，同时在心境上也容易出现烦恼增多、孤独和压抑的情况。这种情绪上的变化是个体容易出现手机、游戏和网络成瘾的原因之一。

综上所述，青少年期是个体发展过程中所面临问题相对较多的一个阶段，同个体在该阶段身心发展的特点有着紧密的联系，大多数时候这些问题都会随着个体的成长和发展而逐渐消失或减少。

2. 下面是一位14岁男生的日记摘抄，试分析日记内容反映的初中生的典型心理特点。

大人们常说“少年不识愁滋味”，其实他们并不了解我们。

不到两年，我长高了，吃得多了，有了自己的主见，而不再是“小小少年”。但是在父母眼里，我仍然还是个孩子，逛公园、逛商店或外出散步，妈妈还是像过去一样，拉着我的手，生怕我会走丢似的。要是被同学看见了，真是丢死人了。更让我苦恼的是，妈妈总是事无巨细地管着我，每天骑车上学，妈妈总是不断地唠叨：“马路上多加小心”；晚上做完作业，刚打开电视想看看体育新闻，妈妈又会问；“作业做完了吗？早点休息，明天一大早还得上学呢！”运动鞋想买阿迪达斯的，妈妈却非要买耐克的……

……

走进教室，我总觉得有几十双眼睛在盯着我，跟女同学打个招呼会感到脸红心跳；一次考试取得好成绩会欣喜若狂，一次小考考砸了会垂头丧气；为了一个小问题，会与同学争得面红耳赤；当答不出老师的提问时，又会觉得羞愧难当……

……

在同学的眼中，我帅吗？在老师和同学的心目中。我是一个好学生吗？……尽管有这么多烦恼，父母却浑然不知，有时候想和他们交流，但又总觉得有些难以启齿。真不知道该向谁诉说。仔细观察班上其他同学，虽然他们表面上显得若无其事，但似乎又都与我有同样的问题、困惑和迷茫……

答：日记内容反映了初中生在青春期前后的自我意识、情绪情感、和思维这三方面的心理变化特点。

(1)自我意识的发展

①自我评价的发展

a. 自我评价的独立性增强，表现在有主见、注重同学和老师的评价。日记中写道："有了自己的主见，而不再是小小少年"，"答不出老师的提问时，会觉得羞愧难当"，等都说明这位少年在意老师和同学对他的评价和看法，希望自己可以在别人面前建立良好的形象。

b. 对自己的评价更加全面，从关注生理的自我如关注身高、外貌等向心理的自我转变如关注自己的烦恼、感受，更多关注自己内心世界。日记中提到"我长高了，吃多了……但是在父母眼里，我仍然是个孩子"，可以看出，该生不愿意让别人看到他妈妈对他像小孩子一样，他希望自己可以按照自己的想法做事情，做出判断。他在日记里问自己，"我帅吗?我是一个好学生吗?"等等，说明他对自己的思考不仅仅停留在外表上，而且对自己有心理的自我的关注。

②自我体验的发展

a. 成人感显著增强，感到自己已经长大成人，希望独立于父母，产生反抗心理。反抗性表现在和父母的关系上。初中生认为自己有能力在生活细节上做出决定，不再需要父母的意见。如日记中提到他想买自己喜欢的鞋子，但是妈妈却买别的等，妈妈总是不断地唠叨让他注意很多事情，而他认为自己已经不是小孩子，有能力自己决定一些事情，希望独立于父母。

b. 心理上出现闭锁性，很多事情难以启齿，无从倾诉。在日记的最后，该生写到"尽管有这么多烦恼，父母却浑然不知……真不知道该向谁诉说。"他认为老师、同学、父母都不理解他，并且同学和他有一样的苦恼，他希望交流，但是又不知该如何和同学交流，因此表现出闭锁性。

c. 自我体验更复杂、深刻，日记显示该学生对于自我的思考更加深入。他知道自己有许多苦恼、问题、困惑、迷茫，希望得到解决，他感觉别的同学和他面临相同的问题，他对自己表现出的行为有了进一步的思考，说明其自我体验更加复杂。

(2)情绪情感的两极性特征

①强烈、狂暴与温和、平静共存。从日记中的许多情绪描述如"欣喜若狂、垂头丧气""面红耳赤"等可以看出，同样的刺激在初中生那里引起更大的情绪反应，但这时的情绪表现较过去已不太开放和充分，并能适当地控制消极情绪。

③内向性和表现性共存。从"难以启齿"和希望倾诉之间的矛盾可以看出，初中生有时会隐蔽某些情绪。而在表露情绪时，自觉或不自觉地带上一定表演痕迹，失去了情绪表现

的自然性。

(3)思维中自我中心再度出现

初中生思维中的自我中心再度出现，在心理上，他们制造出了假想的观众。因此，感觉每天就像生活在舞台上一样受到别人的欣赏或批评。初中生非常重视别人对自己的评价，所以要花很多时间和心力来应付这些假想的观众。如日记中提到感到有几十双眼睛在监督自己，因而常感到手足无措。

3．试析青少年面临的主要心理社会问题。

答：(1)青少年面临的心理社会问题

青少年的心理社会问题指的是青少年在发展过程中所表现出来的不符合或违反社会准则与行为规范，或不能良好地适应社会生活，从而给社会、他人或自身造成不良影响甚至危害的问题。青少年的心理社会问题分为成瘾行为、内部失调和外部失调等方面：

①成瘾行为

主要涉及吸烟成瘾、游戏成瘾和网络成瘾等。

②内部失调

主要是指向个体内部的问题，具体表现为认知或情绪上的烦恼、压力，如抑郁、焦虑、青春期精神分裂、自杀倾向等。

③外部失调

主要是指向外部的问题，表现在行为方面，如反社会行为、青少年犯罪等。

(2)避免这些问题产生的措施

①营造良好的家庭环境

家庭对人的心理发展影响甚大，因为家庭的经济地位、政治态度、思想倾向、文化素质、人际关系以及家庭氛围等都对孩子起着潜移默化的长远的作用，只有民主和谐的家庭才会培养出身心健康的孩子。

②树立平等积极的学校教育理念

青少年学生的向师性很强，教师是他们生活中的重要人物；同时，学校的环境风气、课堂教学、校园活动无不对学生的心理产生直接的影响，学校教育将影响他们的一生，对他们树立正确的人生观、价值观有积极的导向作用。

③加强社会因素的积极导向作用

社会因素的影响一方面是指个人的经历、遭遇、生活中的突发事件等可造成心理挫折，尤其是黏液质和抑郁质的人往往经受不住过于强烈的意外打击，从而形成心理问题；另一方面是指社会活动、文化活动、人际关系、习俗风尚等对人的影响。家长和教师要注意培养青少年正确的受挫折意识，增强他们承受挫折的能力，同时在全社会建立健康的主流文化意识，鼓励青少年积极参与健康的社会活动，完善他们自身的知识结构。

④加强解决青少年自身的矛盾，尤其是生理和心理的急剧变化所产生的矛盾

近年来处于青春期前后的青少年性发育、性成熟普遍提前，青春期延长，但性心理成熟却较之呈现滞后状态，面临生理心理矛盾冲突的急剧发展，出现了许多心理障碍，心理学家称之为“心理断乳期”“第二反抗期”。家长和教师要积极和他们沟通，让青少年学会正确处理生理和心理的不和谐，引导他们寻找合理的发泄途径，让他们保持健康良好的心态。

第9章　成年早期个体的心理发展

9.1　复习笔记

【知识框架(庖丁解牛)】

成年早期个体的心理发展
- 成年早期的基本问题
- 成年早期的认知特点
- 成年早期自我的形成
- 成年早期人生观、价值观的形成与稳固
- 成年早期的恋爱、婚姻及事业

【考点归纳(游刃有余)】

考点一、成年早期的基本问题

表9－1　成年早期的基本问题

要点		具体内容
年龄规定		18～35岁，又可细分为： ①青年中期(18～25岁)。 ②青年晚期(25～35岁)
一般特征		①从成长期到稳定期的变化。 ②智力发展到达全盛时期。 ③恋爱、结婚到为人父母。 ④创立事业到紧张工作。 ⑤困难重重到适应生活
成年早期的发展课题	设定依据	身体上的成熟；心理上的成熟；社会、文化的要求、期待和压力；个人的价值观、抱负等
	内容	张日昇观点： ①对身体的发育，特别是对因性成熟所引起的诸多变化的理解和适应。 ②从精神上和经济上脱离父母并走向独立。 ③逐渐完善作为男性或女性的性别角色。 ④对新的人际关系，特别是异性关系的适应。 ⑤正确认识自己在社会中的角色，通过各种社会活动完善自己。 ⑥树立作为社会一员所必须具备的人生观和价值观。 ⑦掌握作为社会一员所必须具备的知识和技能并付诸社会实践。

续表

要点	具体内容	
成年早期的发展课题	内容	⑧选择职业及工作适应。 ⑨恋爱、结婚及婚姻适应。 ⑩成就感的获得与自我实现

考点二、成年早期的认知特点

表9－2　成年早期的认知特点

要点	具体内容	
影响因素	新的环境、新的任务	
发展任务	①运用知识、经验、技能及道德规范，解决问题，取得成绩。 ②担任“传递者”角色，把社会文化传递给他人或下一代	
一般特点	智力结构	成熟稳定，同时仍向高一级水平发展
	一般认知能力	①观察的目的性、自觉性、持久性进一步增强，精确性和概括性也明显提高。 ②记忆力有所下降。 ③想象力更具实际功用
	元认知能力	达到了内控和自动化水平，运用元认知策略的水平也更高
成年早期的思维优势	①个体思维形态从以形式逻辑为主向以辩证逻辑为主的转变。 ②是表现创造性思维的重要时期，30岁末或40岁初达到顶峰	

考点三、成年早期自我的形成

表9－3　成年早期自我的形成

要点	具体内容	
成年早期自我意识的发展	自我意识的定义	是指个体对自己的认识和态度，是人格的重要组成部分，是使人格部分整合和统一起来的核心力量
	关注内部世界的原因	①身体的急剧成熟。 ②社会人际关系的扩大。 ③认识能力的发展
	具体表现	①自我概念：开始具备复杂的多维度、多层次的心理结构。 ②自我评价：更加独立，也更加独特，更趋于稳定。 ③自我体验：内容更加丰富，与自我有关的内心体验更加深刻，也更加敏感
	自我意识发展的意义	①促进自我的形成。 ②形成独立的判断标准。 ③自我同一性的确立
成年早期个体自我同一性	自我同一性的定义	是指个体的需要、情感、能力、目标、价值观等特质整合为统一的人格框架，即具有自我一致的情感与态度，自我贯通的需要和能力，自我恒定的目标和信仰
	确立时间	大约要到大学期间（埃里克森）

续表

要点	具体内容	
成年早期个体自我同一性	确立过程	①心理的延缓偿付期：由于确立自我同一性需要一定的时间，在这段时间内，青年可以暂时合法地延缓所必须承担的社会责任和义务。 ②双环模型：自我同一性由广度探索、深度探索、沉浸探索、做出承诺、认同承诺五个维度构成，它们彼此独立但又高度相关
	不同状态	多数处于中间状态，少数属于完成型或弥散型。
	发展顺序	并不总按顺序发展，有可能出现倒退，即失衡、固化、整合失败(克罗齐)
	自我同一性状态与心理健康的关系	①完成型的人心理健康水平最高，弥散型的人心理健康水平最低。 ②自我意识的发展和自我同一性的确立是成年早期的重要发展任务，决定着个体自我发展的方向和水平

考点四、成年早期人生观、价值观的形成与稳固

表9-4　成年早期人生观、价值观的形成与稳固

要点	具体内容	
人生观	定义	是对人生目的和意义的根本看法和态度，是一定的世界观在人生问题上的看法，是以人生目的为核心，包括对人生的态度、评价、情感、意志等内容在内的个体人格的总和
	构成	包括价值观、道德观、社会观
	形成过程	青年早期(能提出各种人生疑问)、青年中期(考虑人生问题更加主动和经常化)、青年晚期(人生观日趋稳定和巩固)
价值观	定义	是指人们对客观事物、现象，以及对自己行为结果的意义、作用、效果和重要性的评定标准或尺度
	对价值的理解	①客体必须满足主体的需要。 ②价值必须能够对应作为客体的性能和属性，包括认识和评价客体。 ③价值存在的基础是存在的目的、存在的理由和存在的意义
成年早期的价值观	形成	在社会化过程中，学习并掌握基本的行为方式和价值准则
	影响因素	社会因素、文化变迁、自我的发展、榜样的作用
与心理发展的关系	人生观、价值观的形成规定成年早期的青年价值评价的标准、价值体验的本质及价值判断的根据，促进成年早期人格的整合与完善	

考点五、成年早期的恋爱、婚姻及事业

表9-5　成年早期的恋爱、婚姻及事业

要点	具体内容	
恋爱	爱情的定义	是指男女间一方对另一方所产生的爱慕恋念的感情
	爱情的三种层次	卢家楣：以性爱为主；以情爱为主；性爱和情爱的和谐统一
	爱情的三个特征	排他与守一的统一；冲动与韧性的统一；自私与无私的统一

续表

要点	具体内容		
恋爱	爱情的理论模型	成人依恋理论	①阿藏和谢弗：视爱情关系为一种依恋过程。 ②巴塞洛缪和霍罗威茨：将成人依恋关系分为安全、专注、恐惧、冷漠四类
		爱情风格理论	李采：提出浪漫式、游戏式、占有式、伴侣式、奉献式、现实式六种类型
		爱情三元理论	斯滕伯格：提出爱情包括亲密成分、激情成分、决定或承诺成分三种成分，是爱情三角形的三个顶点
	爱情关系的建立		双方能够相互吸引，并愿意为建立和维持关系做出努力
	成年早期恋爱及爱情观		①恋爱动机多元化。 ②择偶更注意个体内在的素质和爱情等精神需要。 ③注重忠诚，同时对婚前性行为更为包容
婚姻与家庭	理想家庭的必备条件		“同一屋檐下”生活、夫妻“力动均衡”、亲子“一线之隔”“自由与受保护”的空间、“父性原理”与“母性原理”的协调、相同的志向
	新婚生活的适应		性生活，人际关系，经济收入使用安排，子女抚养教育等的适应
成年早期的事业	职业选择的影响因素		①个体因素：职业的兴趣、价值观、技能等。 ②社会因素：社会需求、家庭期待等
	当代大学生择业标准		①选择理想职业的择业标准：“充分发挥能力”“收入”“自主”等。 ②选择现实职业的择业标准：“收入”“充分发挥能力”“工作的稳定性”等
	职业适应		与个体所希望的角色、职业训练(学历)、职业能力、个体年龄等有关系
	事业与家庭的关系		平衡家庭和工作角色是成年早期所必须解决的重要课题

9.2 典型题(含考研真题)详解

一、单项选择题

1. 个体价值观达到相对稳定的时期是(　　)。[统考2020年研]

A. 婴儿期　　B. 幼儿期　　C. 青少年期　　D. 成年早期

【答案】D

【解析】个体价值观达到相对稳定的时期是成年早期。①个体在儿童和少年阶段，即从出生到十三四岁这段时间，处于价值观形成的潜意识模仿阶段，其思维发展水平和自我意识分化的程度还很不完善，还不能够对外界事物和自身形成比较明确而深刻的认识，所以这个阶段儿童和少年的观念和态度主要是在外部条件的影响下，经由灌输和潜意识模仿而得来的；②等进入青少年期，即十五六岁时，个体价值观开始萌芽，开始产生一些较本质的、较稳定的社会观念和生活态度。但是，这个阶段的青年具有很多内心矛盾和冲突，价值观很容易受所接触的外界环境和人们的影响而改变；③到了成年早期，即二十岁左右，一个人的价值观就开始逐渐确立和稳定起来。

2. 某种智力理论认为，成年人智力活动的特点是与其对环境的适应分不开的，智力功能在一定程度上根据环境的要求发展：人一生的智力发展可以分为获取、实现、责任和整合等阶段。该理论的提出者是(　　)。[统考2013年研]

A. 巴尔特斯(P. Baltes)　　B. 沙伊(K. Schaie)

C. 金兹伯格(E. Ginzberg)　　D. 拉文格(J. Loervinger)

【答案】B

【解析】题干所描述的内容为沙伊的成人智力适应理论，沙伊认为成年早期，青年人开始从事工作，建立家庭，主要任务是实现自己的理想和奋斗目标。中年人是社会的中坚力量，与其他年龄阶段的人相比，他们的社会责任最为重大。60岁以后进入老年时期，此时智力活动的主要任务转向了自己的内心世界，重新融合自己一生的经验，如一些老年人写自传、回忆录等。

3. 埃里克森认为，刚毕业的大学生的心理社会性发展的主要矛盾是(　　)。

A. 信任对不信任　　B. 勤奋感对自卑感

C. 亲密感对孤独感　　D. 同一性对角色混乱

【答案】C

【解析】根据埃里克森的人格发展阶段，A项，信任对不信任是婴儿期(0~1.5岁)的主要矛盾。B项，勤奋感对自卑感是学龄期(6~12岁)的主要矛盾。C项，亲密感对孤独感是成年早期(18~25岁)的主要矛盾，刚毕业的大学生一般处于成年早期。D项，同一性对角色混乱是青年期(12~18岁)的主要矛盾。

4. 在佩里对青年期思维发展阶段的划分中，约定性阶段表现为(　　)。

A. 对问题的看法非此即彼

B. 不再毫无区分地把知识当作不变的真理

C. 能结合个人的实际情况具体问题具体分析

D. 什么事情都无所谓对错

【答案】C

【解析】美国心理学家佩里对青年期的思维进行了研究，发现青年期的思维发展可以分为三个阶段：①二元论阶段，青年初期的个体对问题的看法非此即彼，要么对，要么就错，没有“灰色区”，易将知识视为固定不变的真理；②相对性阶段，处于这一阶段的个体不再毫无区分地把知识当作不变的真理，而是通过比较不同的理论、方法，进而找到有效的理论和方法；③约定性阶段，个体在分析问题时已有自己的立场和观点。处于约定性阶段的个体不仅能进行抽象逻辑思维，而且在分析事物时具有自己的立场和观点：对各种现象的解释能持相对的态度。由于能意识到所有事物都具有运动及变化的性质，因此，既能坚持那些约定俗成的立场和思想观点，又能随时对此做出调整。

5. 拉鲍维-维夫认为成人思维(　　)。

A. 是形式运算思维　　B. 严格按照逻辑法则进行

C. 并不严格按照逻辑法则进行　　D. 表现出坚定性的特点

【答案】C

【解析】拉鲍维－维夫认为，成年早期的思维表现出一种变通性。由于能意识到现实生活中的各种条件及限制，因此可以根据问题情景进行具体的和实用的分析和思考，并不严格按照逻辑法则进行。

6. 埃里克森认为，在成年初期的发展课题是(　　)。

A. 自我同一性的确立　　B. 发展成熟

C. 亲密的人际关系　　D. 繁衍

【答案】C

【解析】据埃里克森人格发展阶段理论，成年早期从 18 岁到 25 岁，其发展任务是获得亲密感以避免孤独感，体验着爱情的实现。在成年初期的发展课题是亲密的人际关系。

二、多项选择题

1. 成年早期应关注的心理卫生问题是(　　)。

A. 树立正确的择偶观，正确对待爱情中的挫折

B. 增强择业意识的自主性，促进职业生涯的顺利发展

C. 提高人际交往能力积极适应社会变化

D. 尊重独立意识，帮助他们度过反抗期

【答案】ABC

【解析】张日昇认为，成年早期的发展课题应该包括以下十个方面：①对身体的发育，特别是对因性成熟所引起的诸多变化的理解和适应；②从精神上和经济上脱离父母并走向独立；③逐渐完善作为男性或女性的性别角色；④对新的人际关系，特别是异性关系的适应；⑤正确认识自己在社会中的角色，通过各种社会活动完善自己；⑥树立作为社会一员所必须具备的人生观和价值观；⑦掌握作为社会一员所必须具备的知识和技能并付诸社会实践；⑧选择职业及工作适应；⑨恋爱、结婚及婚姻适应；⑩成就感的获得与自我实现。D 项，属于青春期应该关注的问题。

2. 我国学者提出的青年发展课题包括(　　)。

A. 对身体的发育及其变化予以理解和适应

B. 从精神上脱离家庭或成人而自立

C. 学习并逐渐完善性别角色

D. 学习如何认识社会和对待社会

【答案】ABCD

【解析】我国学者提出的青年发展课题包括：①对身体的发育及其变化予以理解和适应；②从精神上脱离家庭或成人而自立；③学习并在学习过程中逐渐完善作为男性或女性的性别角色；④对新的人际关系，特别是对异性关系的适应；⑤学习如何认识自我和理解自我；⑥学习如何认识社会和对待社会；⑦学习并确立作为社会一员所必须具备的人生观和价值观；⑧学习并掌握作为社会一员所必须具备的知识和技能；⑨做选择职业和工作的准备；⑩做结婚和过家庭生活的准备。

三、名词解释

1. 辩证逻辑思维

答：辩证逻辑思维是抽象思维的高级阶段或状态，反映客观现实发展变化的辩证法，即人们通过概念、判断和推理等思维形式进一步对客观事物的辩证发展过程做出正确的反应。其主要特点是：既反映事物之间的相互区别，也反映相互联系；既反映事物的相对静止，也反映相对运动；在强调确定性和逻辑性的前提下，承认相对性和矛盾性。在成年早期，辩证逻辑思维逐渐发展成为主要的思维形态。

2. 人生观

答：人生观是个体对人生目的和意义的根本看法和态度，是一定的世界观在人生问题上的看法。人生观是以人生目的为核心，包括对人生的态度、评价、情感、意志等内容在内的个体人格的总和。每个人都会对人生有个根本看法，且伴随着相应的态度。人们经常会考虑自身活着的意义、目的及社会地位、道德标准等问题，并要对群己关系和自我修养等问题持一定的观念，这一切都是人生观。人生观的成熟或稳定，主要表现在价值观、道德观和社会观三个方面。它对人的行为具有导向、定位、调控和动力作用，并且人生观是一个多维度、多层次的系统。一般来说，青年早期是人生观的萌芽时期，青年晚期人生观日趋稳定和巩固。

四、简答题

成年早期个体的认知特点有哪些?

答：成年早期个体的认知特点包括：

(1)在观察力方面

成年早期个体具有主动性、多维性及持久性的特点；而且在实际观察中，观察的目的性、自觉性、持久性进一步增强，精确性和概括性也明显提高。

(2)在记忆力方面

成年早期个体的机械记忆能力有所下降，但成年早期的前一阶段是逻辑记忆能力发展的高峰期，有意记忆、理解记忆占主导地位，记忆容量也很大。

(3)在想象力方面

成年早期个体想象中的合理成分及创造性成分明显增加，使想象更具实际功用。

五、综合分析题

试述成年早期个体心理的发展。

答：(1)成年早期个体心理发展的一般特征

①从成长期到稳定期的变化

儿童及青少年阶段被称为成长期。青少年时期个体生理发展达到了高峰，心理也趋向初步成熟。进入成年早期后，个体进入稳定期。

②智力发展到达全盛时期

成年早期个体的智力发展进入全盛时期。思维方式由形式逻辑思维为主转为以辩证逻辑思维为主，思维更加具有相对性、变通性、灵活性、整合性和实用性。在成年早期的最后阶段，个体的创造性思维发展也达到高峰，开始在不同领域内表现出不同程度的创造力。

③恋爱、结婚到为人父母

18～35岁是恋爱、结婚、养儿育女的年龄段。

④创立事业到紧张工作

成年早期的个体进入了现实阶段。现实阶段始于18岁，这时个体开始选择职业，并在一定领域内实现自己的愿望。个体所选择的职业一般是和兴趣、能力、价值观联系在一起的，于是职业必然成为个体的一个立足点，并成为实现自我价值的重要手段。

(2)成年早期个体的主要发展课题

①对身体的发育，特别是对因性成熟所引起的诸多变化的理解和适应。

②从精神上和经济上脱离父母并走向独立。

③逐渐完善作为男性或女性的性别角色。

④对新的人际关系，特别是异性关系的适应。

⑤正确认识自己在社会中的角色，通过各种社会活动完善自己。

⑥树立作为社会一员所必须具备的人生观和价值观。

⑦掌握作为社会一员所必须具备的知识和技能并付诸社会实践。

⑧选择职业及工作适应。

⑨恋爱、结婚及婚姻适应。

⑩成就感的获得与自我实现。

第10章 成年中期个体的心理发展

10.1 复习笔记

【知识框架(庖丁解牛)】

- 成年中期个体的心理发展
  - 成年中期的发展任务
  - 成年中期的智力发展
    - 智力发展模式
    - 智力活动性质的变化
  - 成年中期的个性发展
    - 自我调节与控制理论
    - 成年中期个性特点的稳定性与变化
  - 成年中期的生活

【考点归纳(游刃有余)】

考点一、成年中期的发展任务

表10-1 成年中期的发展任务

要点	具体内容
成年中期的发展任务	①埃里克森：获得繁衍感，避免停滞感，体验着关怀的实现。 ②莱文森：个体要面临四个重要的问题：依恋、分离、渴望亲密关系以及需要时间内省和认识自己。 ③古尔德：34~45岁会逐渐感受到死亡这个主题，同时也会意识到每个人都可能有其阴暗的一面；45岁以后需要赋予生活意义，容忍错误和矛盾，接受生活现状，也接受死亡。 ④哈维格斯特：提出履行公民责任与社会责任、建立与维持生活的经济标准、开展成年期业余活动、教育未成年孩子、同配偶保持和谐的关系、承受并适应中年人生理上的变化、与老年父母相适应等七个发展任务
中年危机现象	小部分人在成年中期会经历身心疲惫，主观感受痛苦的阶段

考点二、成年中期的智力发展

1. 智力发展模式

表10-2 智力发展模式

要点	具体内容	
晶体智力与流体智力	研究者	R. B. 卡特尔、霍恩
	定义	①晶体智力：受教育与文化的影响的能力，如词汇、言语理解，常识信息储存等能力。 ②流体智力：以神经生理为基础的能力，如知觉速度、机械记忆、识别图形关系等能力

续表

要点	具体内容	
晶体智力与流体智力	发展轨迹	①青少年期以前，两种智力都随年龄增长而不断提高。 ②青少年期以后，流体智力缓慢下降，而晶体智力则保持相对稳定，甚至会因知识经验的日益丰富而有所上升
认知机械成分与认知实用成分	研究者	巴尔特斯等新机能主义者
	定义	①认知机械成分：可看成流体智力概念的引申，反映的是神经生理结构的认知操作水平，负责基本的信息加工活动以及对知觉信息的比较、分析与归类。 ②认知实用成分：可看成晶体智力概念的引申，反映的是文化的作用，为个体在后天环境中积累知识、信息或经验
	发展轨迹	①认知机械成分的毕生发展呈先上升后下降的倒 U 字形，成年早期为从升至降的转折点。 ②认知实用成分的毕生发展随着知识经验的愈益丰富而不断增长
两个问题	同辈效应	成人智力发展水平受遗传、教育、健康状况、职业等多方面的影响，由于出生年代的差异，相应的生活条件、教育水平，以及日后职业生涯都会有明显的不同，这些因素直接影响了中年人的智力水平
	个体差异	分为个体间差异(同一特质/能力在不同个体之间的差异)、个体内差异(同一个体在不同特质/能力表现上的差异)

2. 智力活动性质的变化

表 10－3　智力活动性质的变化

要点	具体内容	
智力活动的性质	智力的任务	个体在儿童时期智力活动的任务是“我应该知道些什么”，在青年和中年时期智力活动的任务是“我应该怎样运用我所知道的东西”，在老年期智力活动的任务是“我为什么要知道”
	智力的主要成分	①智力的外显理论：可分为心理测量理论、信息加工理论两种。特点是研究更多是侧重于智力的量变，考察某种智力成分水平的变化，未能够从生活实际和社会的角度去分析各年龄段智力活动性质的变化。 ②智力的内隐理论：人们(包括心理学家和普通人)在日常生活和工作背景下所形成的且以某种形式保留于个体头脑中的关于人类智力结构及其发展的看法。代表人物是斯滕伯格等
	智力的操作方式	即智力的认知加工方式，重点研究智力活动的内部特征： ①皮亚杰：智力发展阶段论，即个体的智力发展经过感知运动、前运算、具体运算和形式运算四个阶段。 ②里格尔：提出认知发展的高级阶段或成熟的思维形式是辩证运算。 ③辛诺特：提出相对后形式运算，认为它是成人智力发展的最高形式。 ④拉布维－维夫：认为成熟的问题解决者的思维形式更多地转为对具体情境、观念以及情绪等主观维度的反省认知。 ⑤克雷默：认为对知识相对性的意识、接受矛盾、在辩证的整体内整合矛盾是不同的理论模型的共同特征

续表

要点	具体内容	
智慧与专长	智慧	①智慧的内隐理论： a. 克莱顿：智慧者的典型特征体现在情感特质、反省过程、认知品质智慧者的典型特征体现在三个维度上。 b. 斯滕伯格：智慧被描述为推理能力、通情、对观点与环境的领悟力、判断力、有效利用信息、反应敏锐六个维度。 ②智慧的外显理论 巴尔特斯：智慧的发展要以一定的经验因素为前提，这种经验因素主要包括个人一般因素、特殊经验因素和相关经验背景；这些因素必须经过认知与情绪等心理过程的组织或调节，才能使个体获得与保持属于智慧范畴的知识和能力
	专长	①定义：是指胜任某一领域的活动任务所必须具备的心理特征。 ②构成：陈述性知识(是什么)和程序性知识(怎么做)。 ③研究方法：比较专家与新手之间的异同 a. 斯滕伯格认为新手成长为专家必须取决于知识、效率、洞察力三个方面的发展。 b. 新手对工作的程序及相关活动还不熟悉，需要获取职业知识与技能；而专家对情境的变化高度敏感，能以非分析性、非随意性的方式，迅速理智地做出恰当的反应。 c. 专家技能的形成：涉及原有的能力、知识和经验，大量的职业练习(最重要途径)，工作反思，操作知觉和信息加工活动，从业动机等。 ④专长发展规律： a. 与其流体智力功能的老化不同，中老年人的某些能力可以保持甚至提升到相当高的水平。 b. 专长对认知老化有补偿作用，故中年人的工作技能甚至优于年轻人

考点三、成年中期的个性发展

1. 自我调节与控制理论

表10－4　自我调节与控制理论

要点	具体内容		
自我意识	自我		自我是人格的核心，对个体的道德、价值、目的和思想过程进行整合
	自我的发展		自我的发展是个人与环境交互作用的结果
	成年期自我发展过程		洛文杰：成年期自我发展主要经历遵奉者、公正、自主、整合四个水平
控制理论	基本假设		人类总是努力想做好一些事情，使得自己在世界上留下生存的印迹。为了达到这个目的，个体就会被激活去控制自身以及所生存的环境，并试图解释人与环境之间的适应性
	行为控制系统	初级控制	①定义：是指改变环境的企图。 ②两维模式：真实性(真实的/虚幻的)、功能性(功能良好的/功能不良的) ③功能：能使个体改变环境，从而满足自己的某些特殊需要并优化地发展潜能

续表

<table>
<tr><th>要点</th><th colspan="3">具体内容</th></tr>
<tr><td rowspan="2">控制理论</td><td>行为控制系统</td><td>次级控制</td><td>①定义：是指适应环境并改变自己以顺应环境的企图。
②三维模式：真实性、功能性、起作用时间。
③功能：个体可以进行认知重构，从而恢复自信，准备应对下一次的挑战</td></tr>
<tr><td>成年中期控制策略的特点</td><td colspan="2">①根据个体所面临的困境和挑战，初级控制和次级控制会发生相互转换。
②次级控制一般发生在初级控制受阻之后。
③成年期的初级控制水平是基本保持稳定的，而次级控制水平的发展则贯穿于整个成年期</td></tr>
</table>

2. 成年中期个性特点的稳定性与变化

表 10－5　成年中期个性特点的稳定性与变化

<table>
<tr><th>要点</th><th colspan="2">具体内容</th></tr>
<tr><td rowspan="2">稳定性</td><td>两层含义</td><td>①人格结构的成分不变。
②各成分的平均水平不变</td></tr>
<tr><td>成年中期个性特点</td><td>保持相对稳定</td></tr>
<tr><td rowspan="4">变化</td><td>人格的研究</td><td>中年人的宜人性和谨慎性比年轻人更高，而外向性、神经质和开放性比年轻人更低</td></tr>
<tr><td>个性发展的研究</td><td>过了 50～60 岁表现得更为内倾和善于反思</td></tr>
<tr><td>自我的重要作用</td><td>①在成年中期，自我是应对生理变化和社会压力的资源。
②成年中期、晚期与成年早期群体都是次级控制人数占多数，但成年早期相初级控制的人数与次级控制的人数最为接近</td></tr>
<tr><td>情境因素</td><td>①对成人的策略取向有较大影响。
②对不同年龄段成人所产生的效应存在明显差异</td></tr>
</table>

考点四、成年中期的生活

表 10－6　成年中期的生活

<table>
<tr><th>要点</th><th colspan="2">具体内容</th></tr>
<tr><td>家庭</td><td>家庭生命周期</td><td>格里克：提出家庭生命周期的八阶段模式：
①初始期：维持与父母、兄妹和同伴的关系，接受教育，发展家庭生活的基础。
②离家期：发展亲密关系，培养工作认同感和经济独立性。
③婚前期：选择伴侣，发展关系，并确定与谁共组家庭。
④生育前期：与配偶形成共同生活的模式，调节与原生家庭的关系。
⑤家有儿童期：为儿童留出空间，初为父母者适应父母角色，帮助儿童发展同伴关系。
⑥家有青少年期：调整亲子关系并培养青少年的自主性，调节家庭关系并关注中年生活和事业问题，承担原生家庭的家庭责任。
⑦子女离家期：解决中年问题，与子女协商成年发展问题，回归二人家庭，将(外)孙子孙女纳入家庭圈，解决原生家庭父母的身体失能和死亡问题。
⑧家庭后期：应对自身和周围人的身体功能衰退问题，将培养下一代作为维持家庭的中心，重视老人智慧和经验，为即将到来的死亡做准备</td></tr>
</table>

续表

要点	具体内容		
家庭	成年中期的家庭关系	夫妻关系	①两种常见的看法： a. 夫妻关系多半会由亲密、和谐、热烈朝着较为冷静、现实的方向变化。 b. 夫妻关系的变化发展呈U字形，即热烈(初婚)——降温(有子女后)——升温(老年)。 ②利文森等人：老年夫妻比中年夫妻有更低水平的冲突和更高水平的快乐。 ③里迪等人：感情牢靠、尊重、交流、帮助与游玩、性关系融洽、忠心耿耿等六项因素对婚姻幸福有着从高到低的影响
		与未成年子女的关系	①与未成年子女互动的关系分类：有权威的控制、专制式的控制、听其自然的放任。 ②与未成年子女的差异与隔阂：受价值观念、生活态度、行为方式影响
		与父母的关系	①中国成年子女与父母同住的比例大大高于美国。 ②中国成年子女每周至少看望父母一次的比例(66%)高于美国(45%)。 ③大多数已婚子女倾向于选择与父母分开住，而且不少经济上相对独立且生活自理能力仍很强的老年人也宁愿不和子女住在一起。 ④老年人从子女身上获得的经济和服务支持越多，他们的心理满意度就会越低，抑郁水平也越高。 ⑤老年人对子女孝顺期待的水平越高，子女所给予老年人的支持和帮助就越多
职业	职业生涯发展理论	休珀将人一生的职业生涯分为成长阶段(0~14岁)、探索阶段(15~24岁)、建立阶段(25~44岁)、维持阶段(45~59岁)、衰退与脱离阶段(60岁以上)	
	成年中期职业发展的具体问题	①职业成熟度：在20岁以上的个体中，职业成熟度与年龄并无明显的线性关系，个人的个性特征、现实条件、工作性质、知识经验以及社会情景等因素对职业成熟度会产生复杂的影响。 ②工作满意感：在成年期，随着年龄的增长，个体的工作满意感可有一定程度的提高。但这种年龄与工作满意感的相关性并非简单的关系，而是受到许多复杂因素的制约。 ③职业倦怠：高工作负荷与高职业倦怠具有正向关系，高工作资源和高工作卷入度与低职业倦怠具有正向关系	

10.2 典型题(含考研真题)详解

一、单项选择题

1. 根据埃里克森的发展理论，成年中期的主要要求是(　　)。[统考2021年研]

A. 获得亲密感，避免孤独感　　B. 获得同一性，避免同一性混乱

C. 获得繁殖感，避免停滞感　　D. 获得完善感，避免厌倦感

【答案】C

【解析】A项，为成年初期的主要任务。B项，为青年期的主要任务。C项，根据埃里克森的发展理论，成年中期的主要任务是获得繁殖感，避免停滞感，体验关怀的实现。

D 项，为成年晚期或老年期的主要任务。因此答案选 C。

2. 在个体发展过程中，衰退最早的心理机能是(　　)。[统考 2011 年研]

A. 感觉和知觉　　B. 记忆　　C. 想象　　D. 思维

【答案】A

【解析】人进入中年后，老化倾向明显。感受功能衰退，尤其是视听能力衰退和减弱明显。

3. 下列关于成人中期的人格发展特点的表述，错误的是(　　)。[统考 2011 年研]

A. 自我发展处于从众水平　　B. 性别角色进入整合阶段

C. 对生活的评价具有现实性　　D. 对自己的内心世界日益关注

【答案】A

【解析】成年期的自我发展主要经历四个阶段：遵奉者水平、公平水平、自主水平、整合水平。每个阶段代表自我发展的一种水平。中年期的成熟和智慧，使他们在解决各种复杂问题的过程中逐渐表现出一种具有相对性、变通性、实用性的思维形态。中年期的个性发展特点：①自我调节功能趋向整合水平；②对内心世界日益关注，老练、深沉、持重，不再如年轻时富有激情、外向。自我发展早已摆脱从众水平，有着自己独立的看法和追求。

4. 成人发展是由一系列交替出现的稳定期和转折期构成的。持这一观点的心理学家是(　　)。[统考 2010 年研]

A. 莱文森(D. Levinson)　　B. 哈维格斯特(R. Havighurst)

C. 拉文格(J. Loervinger)　　D. 何林渥斯(H. Hollingworth)

【答案】A

【解析】莱文森认为，成人发展是由一系列交替出现的稳定期和转折期构成的。哈维格斯特认为，成年中期是人一生中的一个特殊时期，它不仅是个体对社会影响最大的时期，也是社会向个体提出最多、最大要求的时期。拉文格认为，自我是人格的核心，自我发展是过程和类型的综合，即自我的发展既是一个过程，又是一个结果。何林渥斯最先提出要追求人的心理发展全貌，而不是满足于孤立地研究儿童心理，他的著作《发展心理学概论》是世界上第一部发展心理学著作。

5. 在成人中期，一般不随年龄增长而衰退的能力是(　　)。

A. 逻辑推理　　B. 知觉速度　　C. 图形识别　　D. 机械记忆

【答案】A

【解析】A 项，逻辑推理是与思维的基本形式紧密相关的智力技能，主要功能在于负责信息加工和问题解决的组织，在中年期仍保持相对稳定。BCD 三项，众多成人智力发展研究表明，中年人的智力发展模式是晶体智力继续上升，流体智力缓慢下降；智力技能保持相对稳定，实用智力不断增长。其中，流体智力是以神经生理为基础，随神经系统的成熟而提高，相对地不受教育与文化的影响，如知觉速度、机械记忆、识别图形关系等。因此答案选 A。

6. 根据埃里克森的观点，成年中期的发展任务是(　　)。

A. 发展信任感，克服不信任感

B. 获得创生感(繁衍感)而避免停滞感，体验着关怀的实现

C. 获得亲密感以避免孤独感，体验着爱情的实现

D. 获得完善感和避免失望和厌倦感，体验着智慧的实现

【答案】B

【解析】成年中期，即中年期，一般指35~60岁这段时期。根据埃里克森的观点，成年中期发展的主要任务是获得繁衍感，避免停滞感，体验着关怀的实现。

7. 中年期自我意识发展相对稳定，按照荣格的说法，这一时期的特点是(　　)。

A. 社会性　　B. 停滞性　　C. 内倾性　　D. 外倾性

【答案】C

【解析】按照荣格的理论，人到中年，特别是进入中年后期更多地表现出内倾性的特点。从个体心理发展过程看，青年期以前的社会化过程要求个体适应外界社会环境，从而也要求他们的心理活动多指向外部、他人，所以他们的意识倾向也更多地表现为外倾性。中年后期需要寻找自我意识的平衡，再由于知识和经验的积累，他们变得老练持重，遭遇挫折时能够反思，自我意识的变化主要表现为向内的倾向性。

8. 关于成人智力发展，正确的说法是(　　)。

A. 流体智力缓慢上升，晶体智力缓慢下降

B. 流体智力缓慢下降，晶体智力继续上升

C. 流体智力继续上升，晶体智力保持稳定

D. 流体智力、晶体智力均缓慢下降

【答案】B

【解析】晶体智力是指通过掌握社会文化经验而获得的智力；流体智力是以神经生理为基础，随神经系统的成熟而提高，相对地不受教育与文化的影响的能力。研究表明：①中年人的智力发展模式是晶体智力继续上升，流体智力缓慢下降；②智力技能保持相对稳定，实用智力不断增长。

9. 从配偶一方死亡到配偶另一方死亡是家庭的(　　)阶段。

A. 解体　　B. 空巢　　C. 稳定　　D. 收缩

【答案】A

【解析】据家庭生命周期显示，A项，解体阶段为配偶一方死亡到配偶另一方死亡。B项，空巢阶段为由最后一个孩子离开父母家到配偶一方死亡。C项，稳定阶段为由最后一个孩子出生到第一个孩子离开父母家。D项，收缩阶段为由第一个孩子离开父母家到最后一个孩子离开父母家。

10. 哈维格斯特认为，个体对社会影响最大的时期，而且也是社会向个体提出最多、最大要求的时期是(　　)。

A. 成年初期　　B. 成年中期　　C. 成年晚期　　D. 青年期

【答案】B

【解析】哈维格斯特曾于 1974 年提出了关于中年发展任务的观点。他认为，发展任务主要源于个人内在的变化、社会的压力，以及个人的价值观、性别、态度倾向等方面。中年期是人的一生中的特殊时期，它不仅是个体对社会影响最大的时期，而且也是社会向个体提出最多、最大要求的时期。

11．所谓中年期“完美人格”，是指(　　)。

A．一种男性化的人格

B．男性更加“男性化”，女性更加“女性化”

C．男性“女性化”，女性“男性化”

D．一种女性化的人格

【答案】C

【解析】中年期性别角色日趋整合，中年男性在原先男性人格的基础上逐渐表现出温柔、敏感、体贴等女性特点，而中年女性则逐渐表现出果断、大度、主动等男性特点，即出现男性“女性化”，女性“男性化”的变化趋向，这种“男女同化”的人格被认为是一种“完美人格”。

二、多项选择题

1．哈维格斯特认为，成年中期的发展任务有(　　)。[统考 2020 年研]

A．获得完善感，避免绝望感

B．履行成年人的公民责任与社会责任

C．保持与配偶的和谐美好

D．选择职业及就业

【答案】BC

【解析】哈维格斯特把成年中期的发展任务具体地归纳为七点：①履行成年人的公民责任与社会责任；②建立与维持生活的经济标准；③开展成年期业余活动；④帮助未成年的孩子成为有责任心的、幸福的成年人；⑤同配偶保持和谐的关系；⑥承受并适应中年人生理上的变化；⑦与老年父母相适应。

2．根据莱文森的观点，个体在 40～45 岁期间的成年男性要控制的重要冲突有(　　)。

A．保持年轻还是保持成熟

B．破坏性的还是建设性的

C．男性化还是女性化

D．与他人保持亲密还是保持距离

【答案】ABCD

【解析】根据莱文森的观点，个体到成年中期的过渡要持续 5 年的时间(40～45 岁)，在这期间，成年男性要控制自青少年期以来就存在的四类重要冲突：①保持年轻还是保持成熟；②破坏性的还是建设性的；③男性化还是女性化；④与他人保持亲密还是保持距离。

3．下列说法中正确的是(　　)。

A．对于依靠体力和反应速度的工作，中年期的工作绩效开始下降

B．对于依靠体力和反应速度的工作，中年期的工作绩效一直保持在很高的水准

C．对于依靠认知技能的工作，中年期的工作绩效开始下降

D．对于依靠认知技能的工作，中年期的工作绩效一直保持在很高的水准

【答案】AD

【解析】20 世纪早期的一些理论家都确信，随着年龄的增长、生理功能的衰退，中老年

人的智力水平不可避免地下降。然而，这种单调下降的智力理论随着研究的深入而被质疑。智力是由不同成分构成的，各种成分的发展变化轨迹又是互不相同的。AB两项，体力和反应速度都是以神经生理为基础，属于流体智力。流体智力在中年期呈缓慢下降趋势，因而导致中年人的工作绩效开始下降。CD两项，认知技能的工作属于晶体智力。中年人已掌握较多的社会文化经验，其晶体智力水平较高，并且随着社会经验的不断丰富，晶体智力也不断提高。

4. 下面对中年期心理发展的理解和认识正确的是(　　)。

A. 中年期是人生的特殊时期，它不仅是个体对社会影响最大，也是社会对个体提出要求最多、最大的时期

B. 中年人重要的任务是教育子女、照顾老人、维护家庭和谐

C. 中年期是充满挑战的人生阶段，存在中年危机现象

D. 中年人倾向拘泥于刻板行为，并趋于保守

【答案】ABC

【解析】中年期是一个充满挑战的人生阶段，也是人生的特殊时期。在这个时期，中年人要面临家庭、工作和社会的压力，在众多角色和责任的压力下，会产生中年危机现象。但中年人的行为并不刻板，刻板、保守是老年人的人格特征。

三、简答题

1. 简述晶体智力和流体智力的含义，并说明这两种智力的发展趋势。[统考2015年研]

答：根据能力在人的一生中的不同发展趋势以及能力和先天禀赋与社会文化因素的关系，可分为晶体智力和流体智力。以下是关于两种智力及其发展趋势的介绍：

(1)晶体智力及其发展趋势

晶体智力，是指获得语言、数学等知识的能力，它决定于后天的学习，与社会文化有密切的关系。晶体能力在人的一生中都在发展，只是到25岁以后，发展的速度渐趋平缓。

(2)流体智力及其发展趋势

流体智力，是指在信息加工和问题解决过程中所表现出来的能力，它是随着神经系统的成熟而提高的。如对关系的认识，类比、演绎推理能力，形成抽象概念的能力等。它较少地依赖于文化和知识的内容，而决定于个人的禀赋。流体能力的发展与年龄有密切关系。一般人在20岁以后，流体智力的发展达到顶峰，30岁以后将随年龄的增长而降低。

2. 简述控制理论的内容，并说明成年中期控制策略的特点。

答：(1)控制理论的内容

控制理论认为人的行为控制系统包括两个方面，即初级控制和次级控制。

①初级控制

a. 初级控制的定义

初级控制是指改变环境的企图，这是人的根本愿望。

b. 初级控制的两维模式

初级控制策略的两维模式从真实性和功能性两个维度确定了不同类型的初级控制策略。

第一，真实且功能良好的初级控制

既能提高短期控制，又能促进长期初级控制，是最理想的初级控制，因为这意味着当前外在目标的成功实现以及长期控制能力得到提高。

第二，真实的但功能不良的初级控制

虽然能获得短期目标，却破坏了长期的控制能力。尽管个体能达到短期目标，但持续的超强度的工作将耗尽长期的控制资源。

第三，虚幻的且功能不良的控制

这是所有初级控制策略种类中最有害的，因为它既不能达到当前的目标，又削弱了长期的控制能力。

第四，虚幻的但功能良好的行为

其特征是尽管做对了，却是出于对原因的不正确认识。

c. 初级控制的功能

对个体发展和适应而言，初级控制的功能比较强大，初级控制是指向外部的，它能使个体改变环境从而满足自己的某些特殊需要并发展潜能。没有指向外部的活动，个体就不能实现自身的发展。与次级控制相比，个体更愿意进行初级控制。

②次级控制

a. 次级控制的定义

次级控制是指适应环境并改变自己以顺应环境的企图。

b. 次级控制的三维模式

从真实性（真实的、虚幻的）、功效（功能良好的、功能不良的）以及起作用时间（行为发生前，体现在对目标的预期；行为发生的过程中，体现在调整目标的价值；行为发生后，体现在对结果的归因）三个维度出发，次级控制可以分为十二种策略。

c. 次级控制的功能

个体可以通过对行为的目标、预期以及归因进行调整，对事件进行认知重构，从而改变对事件的认识，恢复自信，整装待发，准备应对下一次的挑战。

（2）成年中期控制策略的特点

①初级控制和次级控制常常交织在一起，根据个体所面临的困境和挑战，两者会发生相互转换。

②次级控制一般发生在初级控制受阻之后。不同个体采用的次级控制策略会有所区别，这种区别直接影响到个体是否能对初级控制的失败产生有效的缓冲作用。

③成年期的初级控制水平是基本保持稳定的，而次级控制水平的发展则贯穿于整个成年期。

四、综合分析题

谈谈你对“中年危机”的看法。

答：中年危机，即成年中期个体所经历的身心疲惫、主观感受痛苦的状态。中年期，一般指 35 ~ 60 岁这段时期，处于这一时期的中年人经历着身心、人际关系等一系列的变化，面临更多的压力，这些变化易引发一些心理问题，若得不到及时调整，易出现中年危机。

(1)中年期的身心变化

①生理的变化

人到中年最明显的特征是生理变化，身体机能开始走下坡路，精力、体能都不如以前，容易感到疲劳，过去很少出现的健康方面的小毛病频频光顾。不论是男性还是女性，在中年后期都会经历更年期，这些变化使中年人不得不用较多的精力去关注自己的健康，而且引起一系列心理变化。

②心理的变化

中年人面对因身体功能减退而产生的心理不适，因社会地位的演变及家庭角色的转换产生的心理不适，同时他们也存在着事业与家庭、是保持独立个性还是随波逐流等诸多矛盾。中年人若是不能正确处理这些问题，便会导致种种心理冲突及困扰的频频发生，产生如焦虑、失望、烦躁、忧郁、压抑等不良情绪，继而严重影响身心健康。

(2)中年期的人际关系改变

①亲子关系的改变

从大多数家庭看，中年父母面对子女踏入青少年后期至成年初期，这时的孩子不再像以前那么听话顺从，也不再像过去那样依赖家长，这些变化使得中年父母难以适应，或者与子女常发生冲突，或者出现焦虑、孤独、无助感。

②双亲衰老与病故

步入中年，许多中年人不得不面对自己以及配偶的父母年事已高，逐渐衰老，甚至离去的残酷现实，从而产生悲伤、内疚等心理。

③夫妻关系调整与婚姻危机

中年阶段是婚姻最容易亮起红灯的时刻。不少中年夫妇在以往的日子里对夫妻关系及感情关注不足，沟通不良，待子女逐渐独立，夫妻间反而有种陌生的感觉，最终以离异告终；也有一些夫妇由于面临性生理与性心理的改变，未能及时调适，性生活不协调，婚姻不满足感增加，而踏入婚外情的陷阱。

(3)中年危机的心理调适

①要了解和认识中年人将面对哪些变化，这些变化将会引起什么心理反应，对人生产生什么影响，以便心中有数，早做准备。

②接受生理的变化，关注自身健康，增加体育锻炼的时间，有意识地调整身体，改善饮食，培养健康的生活方式。

③学会处理工作的压力。人到中年事业稳定，但一般所负责任也大，常常超时工作，透支体力。如果目标明确、沟通良好、劳逸结合，可以缓解压力。

④重视婚姻关系。珍惜夫妻间的感情，满足彼此的需要，分担彼此的重担。子女长大少了牵挂，多余的时间去培养新的兴趣，发展自己，增添人生乐趣，增进婚姻满足感。

⑤做自己喜欢做的事。人到中年时，事业、家庭趋于稳定，生活变得平淡，有时易产生怠倦感，缺乏新意。多一些时间反省自己，调整生活，学会拿得起、放得下，做自己喜欢做的事，大胆去进行新的尝试，心态永远保持年轻。

人到中年并不等于发展停滞、难以创新、生活重复，关键在于怎样面对中年危机，中年可能是人生又一新起点。

第11章　成年晚期个体的心理发展

11.1　复习笔记

【知识框架(庖丁解牛)】

成年晚期个体的心理发展
- 老龄、老化与发展
  - 老龄与老化
  - 两种不同的老年心理发展观
- 成年晚期的认知
- 成年晚期的情绪情感
- 成年晚期的个性和社会性
- 成年晚期的心理卫生和长寿心理
  - 成年晚期面临的挑战与适应
  - 成年晚期主要的心理卫生问题
  - 人类的自然寿命与长寿心理
  - 生命的最后阶段

【考点归纳(游刃有余)】

考点一、老龄、老化与发展

1.　老龄与老化

表11－1　老龄与老化

要点	具体内容
老龄	是指进入老年期的年龄
老龄化	是指人口年龄结构的变化，具体是指老年人口在总人口中比重提高的过程
老化	是指个体在成熟期后的生命过程中所表现出来的一系列形态学以及生理、心理功能方面的退行性变化
衰老	是指老化过程的最后阶段或结果，如心智钝化、记忆减退、体能失调等
老化原因的理论	遗传预设理论、可变速率理论、新近理论
延缓或适应老化的理论	积极活动理论、减少参与理论或脱离理论、连续性理论、社会构造理论

2. 两种不同的老年心理发展观

表11－2 两种不同的老年心理发展观

要点		具体内容
传统发展观	基本观点	老年期各种心理机能处于衰退阶段，不再发展。这种变化是“老化”而不是“发展”
	理论根据	①把人主要视为一个生物有机体，其心理活动随着机体的发展而发展，随着机体的衰老而衰退。 ②认为心理的发展是单向前进的、不可逆转的
	评价	①是消极、悲观的。 ②否定心理发展的连续性
毕生发展观	基本观点	①个体发展贯穿一生。 ②发展形式多样。 ③发展过程复杂。 ④心理发展的可塑性。 ⑤多重影响系统决定心理发展
	评价	①是积极、乐观的。 ②未足够重视成年晚期心理变化走向衰退的总趋势

考点二、成年晚期的认知

表11－3 成年晚期的认知

要点	具体内容
感知觉	视觉、听觉减退，味觉、嗅觉和皮肤觉迟钝
记忆	总体减退，但个体差异大，具体特点为： ①再认成绩好于回忆成绩。 ②内容有关联的和有意义的记忆成绩好于无意义的机械记忆成绩。 ③初级记忆成绩好于次级记忆成绩。 ④日常生活记忆成绩好于实验室记忆成绩。 ⑤内隐记忆的年龄差异小于外显记忆。 ⑥语义记忆的年龄差异小于情景记忆
思维	概念学习、解决问题效能减退；更多地运用后形式运算思维
智力	有所减退，表现为记忆障碍、思维固执、注意力难以集中；但并非全部减退，言语(含常识、理解两项)测验成绩还保持较高水平；环境及文化因素对智力下降的程度存在影响

考点三、成年晚期的情绪情感

表11－4 成年晚期的情绪情感

要点	具体内容
一般特点	①情绪较易消极。 ②情绪表达较含蓄。 ③情感体验深刻、持久。 ④情绪体验的最重要的激发事件是各种“丧失”

续表

要点	具体内容
我国情况	老年人生活满意度较高，这与社会制度、文化背景有密切关系

考点四、成年晚期的个性和社会性

表 11－5　成年晚期的个性和社会性

要点		具体内容
个性	基本情况	有所变化，如急躁、抑郁、自卑、多疑、孤独等个性特征均随年龄的增长而增长，但个性持续稳定多于变化
	适应性类型	①赖卡德的分类：成熟型、安乐型、防御型、愤慨型、自责型。 ②林崇德的分类：重建型、聚焦型、脱离型、坚持型、退缩型、寻求援助型、冷淡型、紊乱型
自我概念		①认为年龄的增加可以增加知识和智慧，通常会有较为积极的自我概念。 ②认为老化是身体衰败、控制丧失，通常会有较为消极的自我概念
人际关系		①以工作单位为中心向以家庭为中心转变。 ②由工作驱动型向享乐型转变。 ③由对象的多变型向对象的稳定型转变
社会支持		老年人的幸福感、生活质量与所获得的社会支持呈正相关

考点五、成年晚期的心理卫生和长寿心理

1. 成年晚期面临的挑战与适应

表 11－6　成年晚期面临的挑战与适应

要点	具体内容
成年晚期面临的挑战与发展任务	西方心理学家的综合观点： ①三大挑战 a. 适应生理上的变化。 b. 重新认识过去、现在和未来。 c. 形成新的生活结构。 ②四项发展任务 a. 接受自己(退休后)的生活。 b. 促进智力发展。 c. 将精力投入到新的角色和活动中。 d. 形成科学的死亡观
成年晚期的适应模型	巴尔特斯的 SOC 模型： ①选择(S)：确认最有价值或最重要的机遇或活动领域。 ②最优化(O)：有效地分配和提炼资源，以便在所选择的领域中发挥更大的作用。 ③补偿(C)：在资源减少的情况下，确定一些可以弥补损失和将其对功能的消极影响减少到最小的策略

2. 成年晚期主要的心理卫生问题

表11-7　成年晚期主要的心理卫生问题

要点	具体内容
退休对老年人心理的影响	①阿奇利：分为前退休期、退休期、幻灭期、重新定向期、常规的退休生活期、退休终结期六阶段。 ②张向葵：社会角色丧失(社会联系减少、职务地位丧失、经济收入降低)的应付方式：退避、幻想、淡化，三种应付方式直接或间接影响心理健康
疾病对老年人心理的影响	根据老年人患病时间长短和病情轻重，一般可分为以下5种类型："早年型"(60岁以前就患病)"晚年型"(60岁以后开始患病)"轻型""重型""卧床型"
社会生活紧张事件对老年人心理的影响	配偶死亡、离婚、子女迁移

3. 人类的自然寿命与长寿心理

表11-8　人类的自然寿命与长寿心理

要点	具体内容	
人类的自然寿命	①性成熟期测算法：哺乳动物的寿命一般是其性成熟期的8~10倍。人的性成熟期是14~15年，据此推算，人的寿命应是110~150岁。 ②生长期测算法：哺乳动物的自然寿命相当于它生长期的5~7倍。人的生长期需要20~25岁，人的最高寿限应是100~175岁。 ③细胞分裂次数和分裂周期测算法：人的最高寿命应是细胞平均分裂次数(50次)和平均每次分裂周期(2.4年)相乘的乘积	
长寿老人的经验与特点	影响长寿的心理因素	①退休后应继续做点工作。 ②建立起各种业余爱好。 ③不要谈论衰老，避开那些为衰老而忧愁的人。 ④避免各种令人烦恼的事，至少应懂得如何对待、处理这些事。 ⑤不要为孩子们担忧
	长寿的心理特点	热爱生活、心情愉快、性格开朗

4. 生命的最后阶段

表11-9　生命的最后阶段

要点	具体内容
对死亡的认知过程	①童年期和青少年期的个体对死亡的认识：死亡的不可逆性，所有的生物都会死亡，死去后生命功能会终结。 ②成年期的个体对死亡的认识： a. 成年早期：根本不去想与死亡有关的事。 b. 成年中期：死亡的主题越来越具体。 c. 成年晚期：不会因为自己生命的终结而感到沮丧

续表

要点	具体内容	
死亡心理	外部防御	对死亡恐惧、焦虑，无生命回顾，无他人视角，自我防御
	内在成长	对死亡接受、反省，生命回顾，他人视角，有益社会
对死亡的情绪反应	屈布勒－罗斯提出临终心理变化的五个阶段：否认、愤怒、交易、抑郁、承受。这是迄今最具代表性的理论，但没有更细致的研究来证实	

11.2　典型题(含考研真题)详解

一、单项选择题

1. 根据屈布勒－罗斯(E. Kübler－Ross)的观点，死亡应对可以分为五个阶段。这些阶段依次是(　　)。[统考 2016 年研]

A. 愤怒——否认——抑郁——乞求——接纳

B. 否认——抑郁——乞求——愤怒——接纳

C. 愤怒——抑郁——否认——乞求——接纳

D. 否认——愤怒——乞求——抑郁——接纳

【答案】D

【解析】老年人在临终时的心理或精神状态一般要经过如下五个阶段，即否认阶段、愤怒阶段、乞求阶段、抑郁阶段、接纳阶段。

2. 根据埃里克森的理论，老年期的发展任务是获得(　　)。[统考 2015 年研]

A. 繁殖感　　B. 亲密感　　C. 完善感　　D. 认同感

【答案】C

【解析】埃里克森提出人格发展过程的八个阶段以及每个阶段的发展任务，其中第八个阶段为老年期，从 50 岁直到死亡，发展任务是获得完善感和避免失望、厌倦感，体验着智慧的实现。

3. 对同一批被试分别在其 55 岁，65 岁和 75 岁时测试了他们各方面的能力。随年龄增长，其中表现出明显下降趋势的是(　　)。[统考 2014 年研]

A. 对事实性知识的回忆

B. 感觉记忆能力

C. 限时条件下的动作反应速度

D. 控制了视敏度的个别差异后对线段长度的比较判断

【答案】B

【解析】18～30 岁是人的记忆的“黄金时期”，记忆的效率最高。35 岁以后，记忆逐步减退。减退的趋势，假定 18～35 岁时记忆的平均成绩为 100%(最高)，那么 35～60 岁时记忆的平均成绩则为 95%，60～85 岁时为 80%～85%。AD 两项，对事实性知识的回忆和对线段长度的比较属于晶体智力，晶体能力在人的一生都在发展，只是到 25 岁以后，发展的速度渐趋平缓。而动作反应速度在 55 岁、65 岁和 75 岁时都很慢，没有显著变化。

4. 认知功能的老化与视、听觉的严重衰退关系密切。持这种观点的理论是(　　)。

A. 感觉功能理论　B. 加工速度理论　C. 抑制理论　D. 工作记忆理论

【答案】A

【解析】感觉功能理论认为老年人的认知功能老化是因为视听觉的严重衰退导致的。而加工速度理论认为老年人的思维变慢，心理加工速度减慢；抑制理论认为老年人随着年龄的增加，其抑制功能降低。

5. 老年人长时记忆衰退的主要表现是(　　)和组织加工的效率降低。

A. 再认能力减退　B. 对材料的加工缺乏主动性

C. 回忆能力明显减退　D. 理解性加工能力减退

【答案】B

【解析】长时记忆是指信息经过充分的和有一定深度的加工后，在头脑中长时间保留下来的记忆。在长时记忆的组织加工方面，老年人记忆衰退的主要表现是：①对材料的加工缺乏主动性；②组织性加工的效率降低。

6. 老年人记忆变化的总趋势是(　　)。

A. 记忆广度不变，但机械识记、再认和回忆等减退或下降

B. 记忆广度、机械识记下降，但再认和回忆等保持稳定

C. 随着年龄的增长而下降

D. 再认下降较多，而回忆下降并不明显

【答案】C

【解析】就大多数老年人来说其记忆变化的总趋势是随着年龄的增长而下降的，主要表现为：机械记忆减退，记忆广度变小，规定时间内的速度记忆成绩下降，再认能力较差，回忆能力显著减退等。

7. 自愿退休的人对退休抱以期待的心情，而不愿退休或被迫退休的人则相反。这是退休过程中的(　　)。

A. 稳定期　B. 适应期　C. 退休期　D. 期待期

【答案】D

【解析】适应退休的过程可以分为4个时期：①期待期，自愿退休的人对退休抱以期待的心情，而不愿退休或被迫退休的人则相反；②退休期，愿意退休的人心情舒畅，而不愿退休而又不得不退休的人心情比较沉闷或易发牢骚，易动肝火；③适应期，很多老年人在刚退休的一段时间内感到怅然若失或茫然，出现退休综合征，一般经过一年左右的时间便能逐渐习惯或适应下来，转向稳定而有新的生活秩序的时期；④稳定期，经过一年左右时间的适应期，退休老人一般都能清楚地认识到退休是任何一个就业人员必经的时期，因而在思想认识和情感上都能比较冷静而客观地对待退休。

8. 老年人听觉感受性降低的特点是首先丧失对(　　)。

A. 低频声音的听觉　B. 中频声音的听觉

C. 高频声音的听觉　D. 低频和高频两端声音的听觉

【答案】C

【解析】人类听觉的感受性和年龄有关，20 岁以前随年龄的增长感受性逐渐提高；60 岁以后随年龄的增长感受性逐渐降低。老年人听觉感受性的降低的特点是：他首先丧失的是对高频声音的听觉，随着年龄的增长听觉丧失的范围逐渐向低频方向发展，当扩展到中频的范围时就影响到了言语的听觉。

9. 一般来说，老年期退行性变化出现最早的心理过程是(　　)。

A. 感觉　　B. 想象　　C. 思维　　D. 记忆

【答案】A

【解析】在成年晚期的各种心理活动中，感知觉的变化最明显。成年晚期几种主要感觉衰退的一般模式是：最早开始衰退的是听觉，许多人不到 60 岁衰退就非常明显；其次是视觉，直到 55 岁仍然十分稳定，以后便出现相当急剧的衰退；味觉的衰退和视觉相似，在 60 岁之前的几年还相当稳定，但随后对咸、甜、苦和酸等物质的感受性便陡然下降。

10. 埃里克森认为老年期的主要任务是进行自我整合，获得完善感。但也有人提出，老年期最主要的任务是要解决(　　)问题。

A. 回顾一生　　B. 反省自我　　C. 悦纳自我　　D. 如何面对死亡

【答案】D

【解析】埃里克森的人格发展观认为老年人主要为获得完善感和避免失望与厌恶感，体验着智慧的实现。这时人生进入了最后阶段，如果对自己的一生获得了充分的评价，则产生一种完善感。后来出现了一批老年学和发展心理学家，他们关注的课题在于如何面对死亡以及临终老人的心理反应。

11. 鼓励老年人适当地参与社会活动，与他人保持必要的沟通，最重要的原因是沟通(　　)。

A. 获得信息　　B. 改善人际关系　　C. 交流思想　　D. 维持心理平衡

【答案】D

【解析】人际沟通是人类特有的需求，如果人的这种需求得不到满足，就会影响个人的身心健康。人际沟通对老年人来说，更是不可忽视的动力源泉之一。如果老人之间缺乏信息的传递，个人就会感到空虚、抑郁，还会促使脑细胞萎缩。凡是在人际关系方面保持较多来往并较为协调的老人，比那种很少与人往来的老人，有更多的幸福感，而后一种老人更多地体验到的是悲伤感和孤独感。

二、多项选择题

1. 根据毕生发展理论，下列观点正确的有(　　)。[统考 2019 年研]

A. 文化因素对个体发展的影响在各个阶段是恒定的

B. 任何时候的发展都是获得与丧失，成长与衰退的整合

C. 发展并没有在成熟时结束，而是贯穿于整个生命过程

D. 因年龄增长导致的功能丧失可以通过提升其他技能得到弥补

【答案】BCD

【解析】毕生发展观的主要观点有：①心理发展贯穿一生；②不同心理机能的发展形态和发展速率有差异，发展较早者衰退也较早，反之亦然；③心理发展总是由生长和衰退两个方面构成的；④心理发展具有很大的可塑性，即由于生活条件和经验的变化，个体心理发展也出现发展形势的变化；⑤影响心理发展的因素很多，其中主要有成熟，社会历史文化，非规范事件；⑥生物学和文化的相对影响在生命全程中会变化。

2. 按照罗斯(E. Ross)的研究，濒临死亡者体验的内容有(　　)。[统考2018年研]

A. 否认死亡　　B. 接受死亡　　C. 沮丧情绪　　D. 愤怒情绪

【答案】ABCD

【解析】库布勒·罗斯把临终的状态过程大致分为五个阶段：①否认阶段：病人否认死亡的现实；②愤怒阶段：病人，常表现出愤怒情绪，迁怒家属及医护人员；③乞求阶段：病人希望发生奇迹；④抑郁阶段：当病人知道死亡无法避免之后，便进入重度抑郁；⑤接纳阶段：病人开始接纳一切，对自己即将面临死亡有所准备。

3. 下列选项中，体现了毕生发展思想的有(　　)。[统考2014年研]

A. 心理发展贯穿于人的一生

B. 心理发展包括成长和衰退两个方面

C. 心理发展过程存在选择、优化、补偿三者之间的协调

D. 从中年到老年的心理变化是一个逐步老化和衰退的过程

【答案】ABC

【解析】AB两项，毕生心理发展观点认为：①个体发展是贯穿一生的，发展中的心理和行为变化可以在人生中的任何一个时候发生；②发展的形式具有多样性，发展的方向因心理和行为的种类不同而有差异；③任何一种心理和行为的发展过程都是复杂的，发展不是简单地朝着功能增长方向的运动，而是由获得(成长)和丧失(衰退)组成的；④个体的心理发展有很大的可塑性；⑤心理发展是由多重影响系统共同决定的。C项，心理发展过程存在选择、优化、补偿是毕生发展观的元理论的观点。D项，老化和衰退的过程是老年丧失观的观点，不属于发展的思想。因此答案选ABC。

4. 下列选项中，中老年人衰退比较明显的方面有(　　)。

A. 语义理解　　B. 空间记忆　　C. 推理能力　　D. 知觉速度

【答案】BCD

【解析】中老年在由机体的生理功能影响的流体智力方面的衰退比较明显，而在由后天的学习和经验影响的晶体智力方面的衰退则并不明显。因此，老年人在空间记忆、推理能力和知觉速度方面的衰退很明显，而在语义理解方面的衰退则不明显。

5. 老年人听觉感受性降低的特点包括(　　)。

A. 首先丧失对高频音的听觉　　B. 首先丧失对低频音的听觉

C. 逐渐从高频向低频方向发展　　D. 逐渐从低频向高频方向发展

【答案】AC

【解析】老年人听觉感受性的降低特点：首先丧失对高频声音的听觉，随着年龄的增长

听觉丧失的范围逐渐向低频方向发展，当扩展到中频的范围时就影响到了言语的知觉。

6. 老年人心理发展中常见的问题是(　　)。

A. 不适应离退休生活　　B. 主观健康评价差

C. 对死亡的恐惧　　D. 家庭与事业的双趋冲突

【答案】ABC

【解析】老年人心理发展中常见的问题有：①不适应离退休生活。离退休的实质是一个人功能的转变。这种功能的转变意味着社会角色的转变；②主观健康评价差。随着老年人体质的下降，躯体各器官功能的减弱，就会更多地关注自身躯体内部的变化，主观评价逐步变得十分悲观；③对性生活毫无兴趣。更年期后，虽然没有了生殖功能，但对异性的要求还是存在的，只有适当的性生活才能满足这种需求；④对死亡的恐惧。老年人最忌讳的词就是"死"。

7. 老年人调适自己适应老化，应做到(　　)。

A. 积极转换社会角色和活动内容　　B. 维护自我尊严，积极体现自我生活价值

C. 夫妻恩爱、家庭和谐、深化友谊　　D. 避免消极的逃避式的适应方式

【答案】ABCD

【解析】老年人调适自己适应老化，应做到：①对老年期的退行性变化和对老年期生活做好心理准备；②转换自己的角色和活动方式，寻求适应自己的活动内容并积极参与；③充分利用自己的优势，体现自己的生活价值；④夫妻恩爱、家庭和谐；⑤深化朋友之间的友谊关系；⑥避免逃避式的适应方式。

8. 老年人的人格特征的变化表现在(　　)。

A. 不安全感增加　　B. 老年孤独感

C. 适应性差，拘泥刻板与保守　　D. 容易回忆往事

【答案】ABCD

【解析】随着年龄的增长，由于老化和衰老，老年人的人格特征也会发生某些重要变化。具体表现为：①不安全感增强，表现在身体健康和经济保障两方面；②孤独感；③适应性差，不容易适应新环境和新情境；④拘泥于刻板性并趋于保守；⑤回忆往事。

三、简答题

1. 简述毕生发展观的基本观点。[北京师范大学 2017 年研]

相关试题：简述毕生发展观。[华东师范大学 2012 年研]

答：毕生发展观是 20 世纪 70 年代以来欧美国家出现的新的发展心理学的观点，以德国的巴尔特斯为代表的心理学家提出了一系列新的心理发展的基本观点：

(1) 个体发展是贯穿一生的，发展中的心理和行为变化可以在人生中的任何一个时候发生，亦即从胚胎形成到衰亡的整个一生都在发展，发展不仅仅限于儿童和青少年，中年、老年也在发展。

(2) 发展的形式具有多样性，发展的方向因心理和行为的种类不同而有差异。有的心理能力发展较早，衰退也较早；反之亦然。有的心理能力的发展有较长时间的稳定期，而有

的则很快衰退，有的却很少变化。在同一个年龄阶段内，不同的心理能力可以处于不同的发展方向。

(3)任何一种心理和行为的发展过程都是复杂的，发展不是简单地朝着功能增长方向的运动，而是由获得(成长)和丧失(衰退)组成的。

(4)个体的心理发展有很大的可塑性。由于个体生活条件和经验的变化，发展可有多种形式。

(5)心理发展是由多重影响系统共同决定的。个体发展的任何一个过程是年龄阶段、历史阶段、非规范事件相互作用的产物。年龄只是影响心理变化的重要因素之一，不是唯一的影响因素。

毕生发展观提出了一系列心理发展的基本观点，强调人到成年期以后，心理仍然继续发展。这已被众多的研究材料所证实，无疑是正确的、乐观的，应予以充分的肯定。但同时也应当指出，这种理论在强调心理发展贯穿于个体整个一生，即强调心理发展的连续性的同时，对人到成年期尤其是成年晚期，其心理变化的总趋势是衰退或下降的这一事实，未能予以足够的重视。

2. 什么是SOC模型?

答: (1)SOC模型的内涵

在人生发展的不同时期，个体可以利用的资源，如时间、体力、智力乃至于金钱等总是有限的，不可能同时拥有展示自己能力或才华的所有机会。鉴于此，巴尔特斯等人提出的SOC模型。该模型的假设基础是：人的一生中不但会面临各种资源的限制(如疾病)，而且也会遇到各种机遇(如教育)，而这些又都可以通过选择、优化和补偿三种成分相互作用而得到调整适应。

根据该理论模型，适应要整合以下三种过程：

①选择(selection)

确认最有价值或最重要的机遇或活动领域。

②最优化(optimization)

有效地分配和提炼资源，以便在所选择的领域中发挥更大的作用。

③补偿(compensation)

在资源减少的情况下，确定一些可以弥补损失和将其对功能的消极影响减少到最小的策略。

(2)对SOC模型的评价

这种模型能够说明介于得与失之间的动态平衡，也就是说，一方面，老年人储备资源减少，生理、心理和社会领域中的损失增加；而另一方面，晚年也具有潜在的成长和可塑性。这个元模型浓缩了毕生发展的目标，提供了不同的成功准则，强调了老年人在面对损失时如何实现个人目标，即成功老龄化，并且它可以被运用于个体或更大范围(如集体)的水平。在这个模型中，成功老龄化被定义为获得积极(想要得到)的结果并使之最大化，避免消极(不想要)的结果并使之最小化。

四、综合分析题

1. 沙伊在西雅图随机选择了 500 名被试，对其进行了一系列认知能力测试，第一次测试时，被试年龄范围是 20～70 岁。年龄相差 5 年的为一组，每 7 年对这些被试进行一次测试，得到的研究结果如下图所，请回答：

(1) 该研究采用了何种设计？

(2) 从图中能得到什么结论？

(3) 解释认知老化的代表性观点有哪些？分别如何解释认知老化现象？［统考 2016 年研］

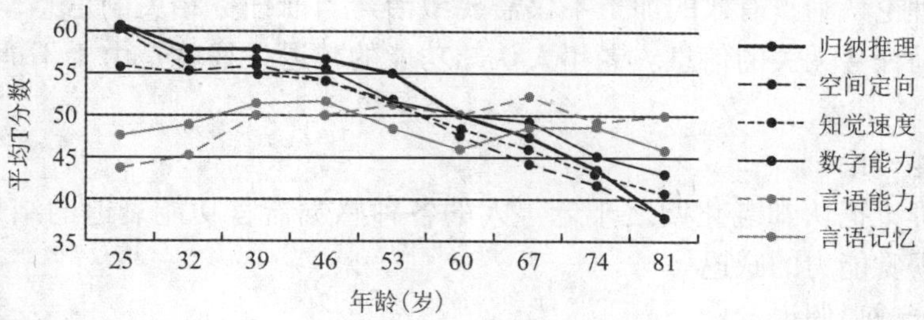

答：(1) 该研究采用了聚合交叉设计

聚合交叉设计是指在纵向研究图式中分段进行横断研究，选择不同年龄的群体为研究对象，在一定时期内重复观察这些对象，这样既克服了纵向研究的缺点，又保持了横断研究的长处。

在沙伊的研究中，第一次测试时被试年龄范围 20～70 岁，此为横断研究；每 7 年进行一次测试，此为纵向研究。

(2) 由图可得：

①归纳推理能力、空间定向能力、知觉速度、言语记忆（流体智力）随着年龄的增长，分数呈下降趋势。

②数字能力和言语能力（晶体智力）随着年龄增长保持稳定或稍有提高（小范围内先上升后下降，再持平）。

③出现认知老化现象：在 60 岁之前呈明显的下降趋势，70 岁之后下降更快。

(3) 认知老化的代表观点主要有：

①加工资源理论

加工资源理论认为，认知加工是否成功进行是受数量有限的加工资源所限制的，而加工资源直接受年龄的影响。因此，认知功能的年老减退归因于老年人加工资源的减少。主要的加工资源理论有加工速度理论、工作记忆理论和抑制功能理论。

a. 加工速度理论

加工速度理论是认知老化研究领域内最为成熟和影响力最大的一种理论。该理论认为，加工速度减慢是认知功能年老减退的主要原因。速度减慢对认知加工可能造成的影响包括：

第一，对信息的编码较浅和组织程度较低。

第二，对信息提取的时间延长。

第三，建立新旧信息关联的速度减慢而造成理解困难。

第四，影响依赖于早期加工的深层加工的进行。

b. 工作记忆理论

工作记忆理论认为，工作记忆的下降是导致认知功能年老减退的一个主要原因。

Baddeley将工作记忆系统划分为三个成分，包括一个中央执行器和两个存储子系统：语音环路和视空间模板。工作记忆是年龄与认知变量之间的另一个主要的中介因子，工作记忆在认知老化过程中可能起一种重要作用，而工作记忆的年老减退主要是由中央执行功能的减退引起的。

c. 抑制功能理论

抑制功能理论认为，有效的加工不仅需要激活与当前任务相关的信息，更重要的是要同时抑制与当前任务无关的信息。老年人认知功能的减退往往就是由于不能有效地抑制无关信息所致。

②感觉功能理论

感觉功能理论把认知老化归之于老年人的各种感觉器官功能衰退的结果，比如视觉、听觉、味觉、嗅觉能力的减退。

③执行功能减退假说

执行功能负责对认知操作进行协调和控制，对认知活动的影响广泛。近年来神经生物学的研究表明，额叶，尤其前额叶是老化最敏感的一个脑区，并且发现认知功能的年老减退与额叶皮层功能或执行功能的减退关系密切。

2. 试述认知退行的观点，举两例说明。[北京师范大学2006年研]

答：成人晚期认知退化(又称认知老化)的观点主要有感觉功能理论、加工速度理论、抑制理论和工作记忆理论等。

(1)感觉功能理论

感觉功能理论把认知老化归之于老年人的各种感觉器官功能衰退的结果。认知活动的退行性变化是老年期心理发展总趋势的一个特征。大量的研究资料表明：各种感觉机能的退化速度和时间是不一样的。成年晚期几种主要的感觉衰退的一般模式是：在各种感觉中受老化影响最明显的是听觉和视觉。据科索的研究，最早开始衰退的是听觉感受性，许多人不到60岁，衰退就非常明显；其次是视力，直到55岁仍然十分稳定，以后便出现相当急剧的衰退；味觉的衰退和视觉相似，在60岁之前的几年还相当稳定，但随后对咸、甜、苦、酸等物质的感受性便陡然下降。此外，老年人的温度觉也较迟钝。高龄老人不但对室温敏感程度降低，而且身体的体温也随年龄增长而降低。

(2)加工速度理论

Salthouse提出了认知老化的加工速度理论(PST)，加工速度一般包括感觉运动速度、知觉速度和认知速度三个层次。加工速度理论认为，加工速度减慢是认知(记忆)能力减退的主要原因。加工速度是年龄和认知变量之间的一个中介因子，说明加工速度在认知老化过程中起一种重要的中介作用。研究发现，由于中枢神经系统的机能老化，老年人从登记信息、信息编码到信息提取，整个记忆过程需要的时间都太长，导致记忆加工过程的速度变慢。

(3)抑制理论

Hasher和Zack(1998)提出抑制能力降低的假设，认为工作记忆的年龄差异是由于老年人对无关刺激的抑制能力减退造成的。该理论认为，抑制主要负责控制工作记忆并通过两种机制实现：一是防止无关的信息进入工作记忆干扰有关信息的加工，二是防止那些不再相关的信息继续留在工作记忆中，两者一起影响着有关信息的加工、编码和提取。随着个体的衰老，这两种机制的效率逐渐下降，干扰因素更容易进入到工作记忆中，减少其有效工作量，降低活动效率，从而导致这个认知过程的衰退。

(4)工作记忆理论

工作记忆老化及其在认知老化过程中的作用，已成为当前认知老化机制研究的一个热点。工作记忆系统是一种对信息进行暂时性加工和储存的记忆系统。近三十年来的多项研究证明，工作记忆对于学习、思维、语言理解等复杂认知任务起非常重要的作用。国内外学者研究发现，成人的工作记忆随增龄而下降。工作记忆相当于计算机中的内存。工作需要的信息和问题的解决都是在内存中完成的。即便硬盘上储存的程序很多，如果内存有限，就不可能同时打开多个程序；如果内存较小，打开程序所需要的时间就会较长。研究表明，工作记忆容量随增龄而变小，是老年期记忆减退的根本原因。

3. 试述国内外关于成年晚期情绪情感特点的研究。

答：国内外关于成年晚期情绪情感特点的研究主要有以下几个方面：

(1)比较容易产生消极的情绪情感

①国外研究

国外有心理学家指出，老年期是一个充满危机的紧张焦虑的时期。人到老年期，由于生理、心理的退行性变化以及退休后角色地位、社会交往的变化，比较容易产生抑郁感、孤独感、衰老感和自卑感等消极情绪情感。

②国内研究

a. 女性老年人的状态－特质焦虑水平高于男性老年人，存在着显著的性别差异。

b. 不同年龄、不同文化水平的老年人，其状态－特质焦虑水平不存在显著差异。

c. “社会福利”和“个人健康”两大类因素对老年人状态－特质焦虑水平具有显著影响，并且对特质焦虑影响更大。

(2)情感体验深刻而持久

①情绪体验的程度

老年人的情感体验比较深刻，主要表现在道德感、美感方面。

②情绪体验持续的时间

老年人情绪体验持续的时间比较长，同时由于老年人形成了比较稳固的价值观以及较强的自我控制能力，他们的情绪情感一般不会轻易因外界因素的影响而发生起伏波动。

(3)情绪表达方式较为含蓄

老年人对于自己的情绪表现和情感流露更倾向于控制。随着年龄的增长，老年人在性格方面往往有一个由外向到内向变化的倾向，因此在情绪表达方式上较为含蓄，这与老年人长期的生活经验有关。老年人遇事，往往要考虑到事情的前因后果，照顾到方方面面，这在一定程度上缓冲了老年人活动的倾向性和表达方式。久而久之，老年人逐渐形成了内向的性格，情绪表达日趋含蓄。

(4)各种“丧失”是情绪体验的最重要的激发事件

影响老年人情绪体验的事件(或因素)非常繁杂。在影响老年期情绪体验的各种因素中，各种“丧失”，包括社会政治、经济地位、专业、健康、容貌、配偶等的丧失是最重要的激发事件。

(5)我国老年人生活满意度较高

生活满意度是以个体生活愿望和需要为中介的、对生活持积极与肯定态度的内心体验。由于人的情绪情感与社会制度、文化背景有极为密切的关系，生活在具有尊老爱幼传统的社会主义制度下的我国老年人，情绪情感的“基调”或基本特征是生活满意度较高。